U0565571

金融检察与金融刑法

程序与实体的双重维度

林喜芬 肖 凯 等◎著

FINANCIAL PROSECUTION AND
FINANCIAL CRIMINAL LAW
Procedural and
Substantive Perspectives

上海三联书店

作者简介

林喜芬　法学博士,上海交通大学凯原法学院教授、博士生导师。

肖　凯　法学博士,上海市人民检察院检委会委员、金融检察处
　　　　处长。

叶良芳　法学博士,浙江大学光华法学院教授,博士生导师。

吴卫军　法学硕士,上海市人民检察院金融检察处副处长。

吴　波　法学博士,上海市普陀区人民检察院副检察长。

高　通　法学博士,南开大学法学院讲师。

李小文　法学博士,上海市人民检察院金融检察处检察员。

黄　翀　法学博士,上海市人民检察院第二分院研究室助理检察员。

目　录

上篇　金融检察：程序之维

下篇　金融刑法：实体之维

序

　　金融,乃资金融通之事业。在现代社会中,金融扮演着越来越重要的作用。然而,自20世纪70年代以来,无论是宏观的金融体系,还是微观的金融行为,都变得日益发达和复杂。即使在现代法治国家,金融也越来越需要法治程序的保障,在中国这样的转型国家,金融就更需要法治程序的保驾护航,急需一套能够保证金融顺畅运行的组织机构、制度体系和程序架构。对这一论题,金融学界与金融法学界都做出了重要贡献,一时间,金融监管、金融创新、金融危机、金融治理、金融稳定等成为各界普遍接受乃至熟知的概念和知识内涵。但是,金融在刑事法领域还属于较为新兴的范畴,"司法(包括检察)是否应介入金融监管"、"司法(包括检察)应如何介入金融治理"、"检察职能应如何应对金融犯罪"、"检察程序在金融犯罪治理的背景下如何转型",这些程序法论题的发掘还处于破荒状态;即使在实体刑法领域,虽然很多刑法学者已作出诸多努力,但金融创新的速度和金融刑事实务的发展速度往往是超出想象的,诸如"众筹融资与非法集资的关系"、"操纵证券期货市场犯罪的司法实务问题"等,亟需认真对待。即使是理论上探讨较多的议题,如信用卡诈骗犯罪,等等,如果着眼于司法实践,新衍生出的问题(无论具体还是抽象,无论微观还是宏观)都非常棘手,需要深入挖掘和更多的学术努力。更重要的是,刑事法领域还远没有从程序与实体的两重维度,从刑事一体化的角度去探知"刑事司法介入金融犯罪治理"这一学术富矿。

　　正是在这一背景下,林喜芬、肖凯等青年学者撰写了《金融检察与金融刑法——程序与实体的双重维度》一书,较为系统地诠释了"金融检察"

的丰富内涵。该书在内容上分为两篇,上篇涉及的主要是金融检察中的程序问题,包括金融检察的司法政策,金融犯罪追诉的行刑衔接机制,金融检察的审查批捕机制,金融检察的审前转处机制,金融检察的起诉策略,金融检察的检察建议;下篇涉及的主要是金融检察的实体问题,包括恶意透支型信用卡诈骗的司法认定,集资诈骗的司法认定,操纵证券期货市场犯罪的司法认定,购买未上市公司股权(股票)的司法认定,众筹融资中非法集资的司法认定。由此可见,作者对金融检察的程序架构以及金融刑法的核心议题有着充分的认知和较深入的探索,在此意义上,学科体系性和刑事一体化视角乃是本书较大的亮点。在我看来,该书也是目前学术界较系统地研究金融检察的著作之一。

该书第二个特点就是理论与实务的紧密结合。从作者团队上看,该书的主要组织者林喜芬教授和肖凯处长的学术经历和研究方法均强调理论与实务的融通。喜芬教授专攻刑事诉讼法、司法制度,近年来对检察学有较多的研究,曾在上海市人民检察院法律政策研究室挂职副主任,现为最高人民检察院理论研究所的特聘研究员。肖凯处长乃是凯原法学院教授出身,现为上海市人民检察院金融检察处处长,同时也是上海检察系统中金融检察部门发展的亲历者和主要推动者之一。不仅如此,该书还汇聚了以下青年学者和实务专家——浙江大学法学院叶良芳教授、南开大学法学院高通老师、上海市人民检察院金融检察处吴卫军副处长、李小文检察官、上海市普陀区检察院吴波副检察长和上海市人民检察院第二分院黄翀检察官。他们都经受过扎实的学术训练,有较多的学术创见,或有丰富的实务经验,是金融刑事法领域的后起之秀。从内容上讲,该书所研究的很多论题都紧贴当前检察改革中的试点举措,或者旨在回应检察实务中较疑难的操作问题。

应该说,我也是该书的主要见证者之一。2013年底,上海交通大学与上海市人民检察院共同筹建"金融检察法治创新研究基地"这一服务于上海国际金融中心和自由贸易试验区建设的综合性研究平台,该基地乃是我国目前唯一的金融检察法治研究机构,喜芬老师和肖凯处长是基地的主要研究人员。作为基地负责人,我当时就希望他们能在各自前期研究基础上深入挖掘金融检察实务中的一些热点、难点问题。如今,两年有余,基地在学术界产生了一定的影响,在检察实务界也获得诸多好评。与此同时,两位研究者联合其他几位青年学者辛苦耕耘的成果也已成型。值此之际,喜芬教授邀我为他们的专书作序,我欣然应允。一来是对他们的学术努力和研究发现感到高兴;二来也希望更多的学界同仁能更多地关注金融检察理论与实务,积极投身于该领域的研究中。当然,该书也不可避免地会存在一些可争议之处,例如,对域外经验的借鉴,还可进一步延伸到传统欧陆法系国家或日韩等东亚国家,抑或巴西、南非、印度、俄罗斯等新兴金砖国家。又如,对金融刑法专题的探究,还可更多元化一些。

　　是为序!

张绍谦

上海交通大学刑事法研究所　所长

上海交通大学—上海市人民检察院金融检察法治创新研究基地　主任

二〇一六年二月十七日

导　论　中国金融检察职能
专业化的背景与趋势

在我国,上海等一些地方的检察机关正试点或拟试点创设独立的金融检察部门,旨在应对金融危机中的诸多刑事司法问题,从而为理性的金融创新、稳健的经济转型提供支撑。这为理论上进一步挖掘"金融检察职能的优化与拓展"提供了契机。

一、亟需重视的中国金融检察职能

早在 2008 年金融危机之前,就有学者以中国转型期为特殊背景探讨法治与司法政策,[1]并分析了我国经济犯罪防控与宽严相济司法政策的适用可能性,[2]这成为探讨经济转型期司法责任的先导之一。随着金融危机的爆发及深度扩张,一些学者开始关注国外金融危机中的一些司法应对经验,如美国"安然"司法调查的启示;[3]也有一些学者开始关注我国金融安全的刑事司法保护问题,[4]但这两方面的研究或者属于报道性质,或者没有深入到具体程序环节,所提出的研究结论也相对抽象,如"加强刑事司法解释等对立法精神的准确把握"、"提高对金融犯罪新罪名的司法认定水平"等等。

---

〔1〕参见龙宗智:《转型期的法治与司法政策》,载《法商研究》2007 年第 2 期。

〔2〕参见龙宗智:《经济犯罪防控与宽严相济刑事政策》,载《法学杂志》2006 年第 4 期。

〔3〕参见王振中、李鹏:《美国"安然"司法调查对我国金融监管的启示》,载《国际金融》2007 年第 12 期。

〔4〕参见杨武力、陆洋:《金融安全的刑事司法保护》,载《中国检察官》2009 年第 5 期。

鉴于研究的深入和实务的需要,学界对金融检察的重要性及相关范畴(如政策导向、衔接机制、批捕起诉程序等)有了进一步的认识。针对政策导向,有学者分析了金融司法责任的方式,探讨了司法能动性的意义与弊端,[1]也有学者认为检察机关介入金融监管应遵循积极介入、补充性、行为先期违法性等原则,[2]针对金融执法与金融检察的衔接,有学者提出了行政与司法并重[3]、检察与银监部门合作等模式。[4] 针对金融检察程序问题,有学者提出了"捕诉衔接模式",以弥补"捕诉分立"和"捕诉合一"模式的不足。[5]

但客观地讲,这些研究还有待于大力完善。第一,关于金融检察的刑事政策研究,不仅需要有机地融合我国一般性的政策理念——宽严相济,更需要有机地结合我国在金融危机中刑事案件的办案实践经验。第二,关于衔接机制的研究,需要进一步深化"如何并重"、"如何合作",这尤其需要结合经济转型期集中爆发的"非法集资案"等金融刑事案件的治理经验。第三,关于检察程序的研究,一方面,需要对上海地区的实践经验展开调研;另一方面,也需要与现代刑事诉讼的权力制衡原理形成有机平衡,不宜过度迁就转型期的特殊情势。第四,关于金融刑法的实体认定问题,在实践中和理论上也存在一系列疑难问题亟需解决,这些问题包括但不限于恶意透支型信用卡犯罪的司法认定问题,集资诈骗罪的司法认定问题,操纵证券期货市场犯罪的司法认定问题,新型金融犯罪的识别与定性问题,以及近年来较时兴的众筹融资过程中非法集资的刑法规制问题,等等。

在境外,关于金融危机与司法回应的探讨,多集中于英美等金融发达

〔1〕参见秦前红、黄明涛:《试论司法权的能动性——金融危机中的司法权论辩》,载《海峡法学》2010 年第 3 期。

〔2〕参见陈辐宽:《检察机关介入金融监管的依据与标准》,载《法学》2009 年第 10 期。

〔3〕参见延红梅:《行政与司法手段并重:努力形成打击金融犯罪的合力》,载《中国金融》2005 年第 10 期。

〔4〕参见田鹤城、惠怡:《涉众型金融犯罪中检察、银监部门合作模式探析》,载《西部金融》2012 年第 2 期。

〔5〕参见张勇:《检察一体化与金融检察专门机构职能模式选择》,载《法学》2012 年第 5 期。

国家和同样需要经济转型的我国台湾地区。2008 年金融危机之后,英美等国关于检察机关介入金融犯罪案件的实证文献较为丰富,相关研究考察了金融犯罪的实证状况,[1]分析了检察机关的介入情况和趋势,[2]介绍了基层检察机关应对金融危机的专业化组织策略和机构设置。[3] 这些文献提供了很好的域外经验,尤其是在检察机关应否介入以及在多大程度上介入金融犯罪案件的追诉。在具体的追诉策略和追诉程序方面,一些学者实证地考察了美国检察官针对金融刑事案件行使起诉裁量权的实践基准及适用暂缓起诉的状况[4],辩诉协商机制在后"安然"案件时代的运行现状。[5] 在处于经济转型期的台湾地区,检察机关享有金融犯罪案件的侦查和起诉权,相关研究探讨了金融监管部门与金融检察部门的权限分工,考察了金融舞弊案件的追诉模式[6],等等。但总体上,这些海外文献仍有待进一步吸收和融合。

二、中国金融检察专业化背景解读

(一)中国金融检察制度的专业化趋势

在我国,根据条块结合式的刑事司法体制配置,公安、检察、法院基本上各自承担起侦查、起诉、审判等环节。面对实务中层出不穷的、且带有极强专业色彩的金融犯罪案件,公检法三机关的应对速度显得不尽一致。由于侦查在我国刑事诉讼中具有非常特殊的地位——"侦查中心主义"可

---

〔1〕Roman Tomasic,"The financial crisis and the haphazard pursuit of financial crime", Journal of Financial Crime, Vol. 18(2011), Issue 1

〔2〕Criminal Prosecutions for Financial Institution Fraud Continue to Fall, http://trac. syr. edu/tracreports/crim/267/

〔3〕Russell K. Van Vleet, Utah Attorney General's Office Financial Crimes Prosecution Unit, http://www. justice. utah. gov/Documents/Research/Crime/Financial％ 20Crimes％ 20Prosecution％20Unit. pdf

〔4〕Memorandum from Larry D. Thompson, Deputy Attorney General, *on Principles of Federal Prosecution of Business Organizations to Heads of Department Components*, United States Attorneys (Jan. 20,2003).

〔5〕Lucian E. Dervan, Plea Bargaining's Survival: Financial Crimes Plea Bargaining, a Continued Triumph in a Post-Enron World, Oklahoma Law Review, Vol. 60, No. 3, Fall 2007.

〔6〕陈盈良、施光训:《金融舞弊犯罪动机、型态与侦查模式之探索研究》,载《警学丛刊》2006 年第 9 期。

谓是对中国刑事司法较为准确的概括,也充分说明了公安和侦查在犯罪控制与犯罪人治理问题上的重要角色意义,使得公安机关在应对金融犯罪案件的问题上发展最早、走得最快。早在原1979年刑法的体系下,由于当时处于改革开放之初,各种类型的经济犯罪层出不穷,一方面,国家立法机关在十余年间陆续出台了一系列旨在规范和打击经济犯罪的法律法规,[1]设定了一系列新的经济犯罪罪名,当然其中也包括了一些金融犯罪罪名。另一方面,作为侦查部门的公安机关,纷纷探索设立办理经济犯罪案件的专职部门。由于此时检察机关尚保有少量经济犯罪案件(如税务案件、侵犯知识产权案件)的侦查权,导致公安和检察机关之间在经济犯罪侦破问题上还有一定交叉。但自1997年刑法修订之后,一方面,原来检察机关负责的经济犯罪案件侦查,现在全部归为公安机关办理;另一方面,公安机关在经济犯罪侦查的机构设置上逐渐走上正规化。1998年公安部将经济保卫局更名为经济犯罪侦查局。进入21世纪,为了应对证券类金融犯罪的特殊性,2003年公安部经济犯罪侦查局加挂公安部证券犯罪侦查局牌子,随后,自2008年起,公安部陆续在北京、大连、上海、武汉、深圳、成都等一些大城市公安机关设立证券犯罪侦查局直属分局,直接承办证券期货领域重特大刑事案件,行使《刑事诉讼法》赋予的刑事侦查权。[2]相对应的,法院系统自2008年金融危机之后,也逐渐推行专门性的金融审判庭。一方面,在司法高层,时任最高人民法院院长王胜俊在2010年召开的全国高级法院院长会议上指出,人民法院根据审判工作的需要,可以设置相应的专业法庭,既是司法实践的客观需要,也是审判职能的细化和深化,同时也符合人民法院组织法相关规定的精神。另一方面,在地方上,上海等经济发达地区也已经试点并完成金融专业审判庭

---

〔1〕例如,《关于严惩严重破坏经济的罪犯的决定》、《关于惩治走私罪的补充规定》、《关于惩治假冒注册商标犯罪的补充规定》、《关于惩治生产、销售伪劣商品犯罪的决定》、《关于惩治侵犯著作权的犯罪的决定》、《关于惩治违反公司法的犯罪的决定》、《关于惩治破坏金融秩序犯罪的决定》、《关于惩治虚开、伪造和非法出售增值税专用发票犯罪的决定》,等等。

〔2〕参见曹坚:《构建专业化金融刑事司法体制之基本路径(一)》,载《上海金融报》2011年1月11日。

的设置。[1]然而,相比之下,金融检察无论是从机构配置上,还是人员培养上,均落后于公安部门和法院部门。正如《上海检察机关金融检察工作专业化调研报告》指出的,上海市检察系统尚处于逐步设置金融检察办案部门的阶段,至于如何协调批捕、起诉及其他原职能部门的关系,如何分配批捕权、起诉权等权能关系,仍处于摸索阶段。[2]而从全国范围内看,金融检察在其他地区和城市,几乎是一个极为陌生的概念。当然,之所以呈现出落后于我国公安和法院系统的态势,可能是因为检察机关的职能区分、职责定位、运行机制等较之公安、法院兄弟部门更为复杂,很难在较短时间内厘清。但无论如何,金融检察的"滞后"发展,一定程度上造成了检察系统在办理金融犯罪案件时与公安、法院系统之间衔接不畅的弊端,这也催促着金融检察的大力发展和完善。

(二)中国金融检察专业化的实践缘由

从实践角度讲,在当前经济转型期间,探索金融检察的基本内涵至少具有以下一些方面的现实意义。

第一,金融犯罪的专业性与复杂性,给金融检察的专业化提出了新的要求。一般而言,所谓金融犯罪,是指以欺诈、伪造以及其他方法破坏金融秩序,依法应受刑罚处罚的行为。金融犯罪乃是最为严重的金融不法或金融违法行为。当然,金融犯罪的本质特征在于其所侵害的法益,是市场经济的金融秩序。金融犯罪以发生在金融市场或金融机构为限。而金融市场是现代市场经济的高端表现形式。可以说,无论是证券、保险和银行领域,均具有相当高深的知识壁垒和专业槽,不是专门从事金融理论和业务的人士,几乎无法深入地了解其中的奥妙,更遑论对金融犯罪分子的行为进行定性与评估,对金融犯罪案件进行证据权衡与认定,乃至最终做出准确的批捕、追诉及有罪的裁断。再加上,金融犯罪几乎是与金融创新相伴而生。金融犯罪手法随着金融政策开放、科技发达更新而不断翻新,不仅严重破坏金融市场秩序,啃噬经济发展的成果,更给金融执法和司法

---

〔1〕参见曹坚:《构建专业化金融刑事司法体制之基本路径(一)》,载《上海金融报》2011年1月11日。

〔2〕参见上海市人民检察院课题组:《上海检察机关金融检察工作专业化调研报告》,载http://www.docin.com/p-377660291.html。

人员提出了严峻挑战。在此意义上,金融检察机构的建设、金融检察队伍的培养、金融检察职能的拓展就显得尤为迫切、势在必行。

第二,金融犯罪的严重性以及与其他严重犯罪的互生性,给金融检察的专业化提出了新的要求。金融犯罪最直接的危害,主要体现为给银行存款人、证券投资人、保险投保人的财产利益带来损害。同时,金融犯罪也将导致正常的金融秩序或经济秩序受到破坏。而与一般的经济犯罪或其他侵财性犯罪相比,金融犯罪所造成的经济利益损害可谓是天文数字。以业界熟知的"德隆刑事第一案"为例,2001 年 6 月至 2004 年 8 月,德恒证券公司以开展资产管理业务为名,采取承诺到期后归还委托资产本金并支付固定收益的方式,变相吸收公众存款 208 亿余元供上海友联公司统一调拨、使用,案发后尚有 68 亿余元资金无法兑付。[1] 不仅如此,金融犯罪由于涉案金额庞大,影响深远,很容易引发更大规模的金融危机或经济危机。正如台湾学者陈春山指出的,"金融犯罪防治系控制道德风险之重要一环,藉由道德风险及金融犯罪之防治措施,得以使个别金融机构倒闭或金融危机获得控制,相反地,若无法有效防治道德危机及对金融犯罪为防范,将形成广义或狭义之金融危机",而一旦金融危机爆发,"可能使整体社会必须对处理该等金融问题付出极大之成本。"[2]1987 年美国纽约华尔街股市崩盘,全球股市均受其害,1997 年发生在东南亚的金融风暴,同样蔓延至南韩、日本、香港、俄罗斯,甚至拉丁美洲,再次显示世界金融互动频繁,彼此影响的事实。[3] 除此之外,由于金融在现代社会的重要作用,金融犯罪还经常与其他犯罪类型相勾连。金融犯罪不仅经常与毒品犯罪、有组织犯罪等相结合,而且还容易引发腐败,与职务犯罪、白

---

〔1〕后来,2005 年 12 月 27 日,德恒证券被判罚金 1000 万元,7 名管理人员以非法吸收公众存款罪被分别判刑 1 年半至 5 年并判罚金 10 万至 30 万元。该案因为是德隆系第一个公开审理的刑事案件,因此被业界称为"德隆刑事第一案"。

〔2〕参见陈春山:《金融犯罪查缉及法制改革》,载 http://www.google.com/url? sa=t&rct=j&q=&esrc=s&frm=1&source=web&cd=1&ved=0CCMQFjAA&url=http%3A%2F%2Fwww.jcic.org.tw%2Fpublish%2F031002.doc&ei=cXlWUJvqFobVyAHzuYD4Dg&usg=AFQjCNHQlHEdLBY5p4in91sX2zuB4VI1bw&sig2=g57bzcvRC_5hfVJ3IBQq9g

〔3〕Michel Chossudovsky, "The Global Financial Crisis", http://www.heise.de/tp/english

领犯罪相连接。综上所述,面对一种如此严重、专业化极强且极易"交叉感染"的犯罪类型——金融犯罪,显然需要检察机关予以有针对性的应对,也对办理此类案件的队伍之专业化提出了较为严苛的要求。

第三,我国金融犯罪的多发性和频发性,给金融检察的专业化提出了新的要求。伴随着经济的高速发展,近年来我国进入了一个金融犯罪高发期。根据王军等学者的统计,2006 年至 2010 年,全国各级检察机关共受理移送起诉金融犯罪案件 3 万余件 5 万余人,其中破坏金融管理秩序罪占 37.47%,金融诈骗罪占 62.53%。5 年来,金融犯罪受案数持续激增,从 2006 年的 4000 余件增长至 2010 年的 12000 余件,年均增幅高达 31.67%。其中,金融诈骗罪增幅尤为明显,年均增长率高达 41.74%,成为金融犯罪数量整体大幅增长的主要动因;破坏金融管理秩序罪虽不如金融诈骗罪增长幅度大,但除 2010 年受案数略有下降外,其余各年均保持大幅增长,年均增长率达 18.31%。[1] 作为中国经济坐标的上海,金融犯罪案件近年来增幅明显。2009 年 1 月至 6 月,上海市检察机关共受理金融犯罪案件 446 件,分别超过 2006 年、2007 年全年的总数。到 2011 年已上升到 1090 件。而且,2009 年至 2011 年三年间,上海市检察机关办理的金融犯罪案件,平均每年都在 1000 件以上。[2] "近些年,除了破坏金融秩序、金融诈骗案件数量急剧攀升外,金融类非法经营犯罪也数量猛增,不仅犯罪手法新颖且涉及面广,涵盖外汇保证金交易、无实物黄金买卖、非上市公司股权转让、证券咨询等多种类别。"[3] 而上海市某些金融机构较多的区,也同样反映出类似的趋势。上海市黄浦区人民检察院的《白皮书》指出:近年来,随着金融市场的逐渐开放和公众金融投资意识的苏醒,一些犯罪分子通过非正规途径或方式在金融投资领域实施犯罪的问题日益突出,发案率上升。2007 年至 2011 年期间,该院共办理涉及

---

〔1〕参见王军、张晓津、李莹:《金融犯罪态势与金融犯罪研究》,载 http://www.jcrb.com/procuratorate/finance/theory/201110/t20111025_741159.html

〔2〕参见杨柳、王义杰:《上海市检察院检察长:上海金融犯罪案年超千件》,载《检察日报》2012 年 3 月 9 日。

〔3〕参见徐燕平:《充分发挥检察职能,服务国际金融中心建设》,载《检察风云》2009 年第 18 期,第 62 页。

金融投资领域的犯罪案件 25 件 45 人。其中前四年年均发案仅 3.75 件，2011 年上升为 10 件 13 人，同比上升 167%。[1] 毋庸置疑，带有很强专业性、技术性的金融犯罪，已经成为我国经济转型期亟需治理的犯罪类型，这也催促着刑事司法机关对之给予充分的关注和应对。

第四，在经济转型背景下研究金融检察职能，有利于与金融司法、金融侦查职能实现无缝对接。在我国，面对实务中层出不穷的且带有极强专业色彩的金融犯罪案件，公检法三机关的应对速度显得不尽相同。早在 1990 年代，公安机关就开始探索设立办理经济犯罪案件的职能部门，自此，机构设置与措施探索逐渐走上正规化。2008 年金融危机之后，上海等经济发达地区的法院也已经试点并完成金融专业审判庭的设置及程序规则的拓展。相比之下，金融检察无论从机构配置上，还是人员培养上，均落后于公安和法院系统。目前，上海检察系统尚处于逐步设置金融检察办案部门的阶段，至于如何协调批捕、起诉及其他原职能部门的关系，如何分配批捕权、起诉权等权能关系，仍处于摸索阶段。金融检察的"落后"发展，已造成侦查、起诉、审判程序衔接不畅等弊端，这也催促着金融检察的继续完善和金融检察研究的大力发展。

第五，在经济转型背景下研究金融检察职能，有利于改变当前以传统刑事案件为中心的研究现状，丰富检察理论研究。众所周知，我国当前的检察理论及检察职能配置是以传统犯罪形态为中心的，检察工作也一般都是从工作程序角度进行分工，比如批捕、起诉、反贪等，然而，随着经济、社会的快速发展，一些新型的犯罪形态，尤其是和经济要素、经济转型紧密相关的金融类犯罪逐渐增多，并且对国家的经济秩序、社会秩序造成了巨大的冲击，甚至直接关系到国家战略的实现程度。而与此同时，我们发现，传统的检察理论及检察职能配置已经与金融类犯罪治理产生了一定的鸿沟，而检察机关内部的传统分工类型"在面对一些领域比较独立、专业性知识很强的案件时，由于检察官平时缺乏相关专业知识的积累，办案

〔1〕参见《〈金融检察白皮书〉发布投资渠道受限致金融犯罪飙升》，载 http://www.chinalawinfo.com/fzdt/NewsContent.aspx？id=35005

过程中就显得有些'力不从心'。"[1]事实上,这并非是一种地域性的司法议题,相反,更是一项全球性司法难题。在我国台湾地区,也有学者指出,"台湾社会已从农业、工业社会进化至全球化社会,但台湾司法机关侦查、审理的「核心能力」仍集中在以抢夺、杀人与勒索等为主的犯罪型态,面对新型态犯罪往往束手无策,适足以证明司法机关落后时代变迁甚多。"[2]在这样的背景下,如何创新检察理论、搭建和优化金融检察职能配置,便成为摆在法学理论界的一个重要议题。本书正是致力于深化那些与金融检察职能优化与拓展紧密相关的诸多理论议题,包括宏观的政策理念、中观的制度规范、微观的程序操作。

第六,在经济转型背景下研究金融检察职能,有利于缓解实务中已呈现较多的程序操作与实体定性之难题。在经济全球化的时代背景下,中国已无法回避金融创新和金融治理的诸多问题,而实践中层出不穷的金融创新现象,其中不乏一些表面合理但实际上危害严重的金融违法犯罪行为。众多与金融相关的案件在捕与不捕、诉与不诉、罪与非罪、此罪与彼罪等问题上,争议颇大。这些实体和程序方面的疑难问题,亟需金融司法(包括金融检察)予以回应。事实上,在法治发达国家,金融检察机构的成立与发展就是因应上述犯罪趋势的产物。例如,美国犹他州总检察长办公室设立金融犯罪检察处的初衷,就是因为犹他州乃是毒品犯罪分子经常利用合法商业或金融形式洗钱的焦点地域。[3] 实际上,即使是在美国这样的发达国家,即使是在被视为 2008 年金融危机中重要司法成果的麦道夫(Bernard Madoff)案件中,也同样凸显着金融调查和金融司法机构在专业化和办案能力上的欠缺和不足。麦道夫因为金融诈骗于 2009 年 7 月被定罪,并被判处 150 年的监禁,这看起来似乎是法律制度在应对

---

〔1〕参见杨柳、王义杰:《上海市检察院检察长:上海金融犯罪案年超千件》,载《检察日报》2012 年 3 月 9 日。

〔2〕参见林伟澜:《司法奈何不了金融犯罪?》,载 http://www.jrf.org.tw/newjrf/RTE/topic_sue_detail.asp?id=1133

〔3〕Russell K. Van Vleet, Utah Attorney General's Office Financial Crimes Prosecution Unit, http://www.justice.utah.gov/Documents/Research/Crime/Financial％20Crimes％20Prosecution％20Unit.pdf

金融不法行为时的标志性成果,但是,事实上,该案件耗费了当局大约 20 年的时间,而且在此期间,证券交易委员会早已介入,并减少了因庞氏骗局而导致的 650 亿美金的损失。近年来,世界各国均不同程度地肩负着经济转型或复兴的重要使命,而如何发挥检察与司法的功能,营造良好的金融法治环境,无疑是其中非常重要的单元之一。2008 年以后,中国进入重要的经济转型期,上海也正致力于构建国际金融中心。在此过程中,频繁发生且危害深远的金融犯罪不仅挑战着传统的刑事诉讼机制,也一定程度上影响着国家经济振兴的战略计划。因此,如何通过优化和拓展传统检察职能,有效地打击和治理金融犯罪活动,从而为上海乃至全国营造良好的金融法治环境,无疑是摆在诉讼法学界和司法实务界面前的重要议题。[1]

　　本书旨在以金融检察专业化(包括组织、实体和程序等层面)为切入点,以比较法上的制度与实践经验为借鉴,探讨金融检察的优化之路,提出金融刑法中若干实践问题的操作方略。从程序法的角度讲,本书将主要探讨以下议题:金融检察的司法政策问题,金融追诉的行刑衔接问题,金融检察中的审查批捕机制,域外金融检察中的审前转处制度和起诉制度,金融检察建议问题。从实体法的角度讲,本书将主要探讨以下议题:恶意透支型信用卡诈骗罪的司法认定问题,集资诈骗罪的司法认定问题,操纵证券期货市场犯罪的司法认定问题,购买未上市公司股权(股票)的司法认定问题,众筹融资中的非法集资问题。

(林喜芬　撰)

---

　　[1] Economist, 2008, pp. 119 - 120.

上篇

金融检察：程序之维

第一章　中国应确立何种金融检察政策：宽严相济的视角

宽严相济理念对西方金融犯罪的治理主要体现为两个维度：刑事实体法层面，量刑严苛，旨在威慑；刑事程序法层面，司法是否积极介入金融犯罪案件较为审慎，同时习惯采用辩诉交易或暂缓起诉的追诉策略。在我国，宽严相济理念之内涵及外延还存在一些争议。宽严相济理念下我国金融犯罪的治理，不仅应谨防严控理念与运动执法的短路相接，也应正确区分刑民纠纷界限，"抓大防小"，而且有必要借鉴"实体严苛、程序灵活"的策略。

一、西方国家的宽严相济刑事政策：两个维度

宽严相济之刑事政策，又称宽严并进之刑事政策，乃是严厉刑事政策与和缓刑事政策的综合。在西方世界，该刑事政策是英美等发达国家自20世纪80年代以来在面对高犯罪率的社会现状时，逐渐发展出的一种两极分化的刑事处遇方式。它主要强调两个方面：一方面，当犯罪者进入刑事司法系统时，区分严厉或和缓两种截然不同的处理态度以及相对应的处遇流程。另一方面，将犯罪者分为两类：一类是需要集中打击火力给予严厉制裁的类型；另一类则是尽量藉由审前转化或审后的自由刑替代方案，尽可能地将犯罪者排除在刑事审判体制或监狱之外。[1]

从政策起源上讲，宽严相济的刑事政策之所以在西方，尤其是英美法

---

〔1〕参见谢煜伟：《宽严并进刑事政策之省思》，载《月旦法学杂志》2005年第11期。

系国家中兴起,主要是基于以下两方面的因素:一方面,晚近欧美社会的犯罪率激增,尤其是暴力犯罪、毒品犯罪等严重犯罪大幅度上升,社会治安恶化,民众对于犯罪的集体性恐惧增加,由此,民众也要求严惩犯罪,这使刑事政策的设定也必须顺应和调整"强硬对待犯罪"的民意。然而另一方面,对犯罪强硬的后果使监禁率不断提高,监狱人满为患,这对一国的司法财政而言乃是一个相当沉重的负担。要缓解国家财政恶化的问题,就必须将强硬打击的犯罪集中在犯行凶残、犯罪倾向严重的行为人身上,而其他尚有挽回余地的犯罪人应尽量以节约司法资源的方式,在司法程序中(如刑事和解、恢复性司法等)或刑罚执行上(如假释、罚金、社区劳动等)寻求替代机制。[1]

当然,这仅仅是宽严相济刑事政策在实体法层面的表现特征。除此之外,宽严相济刑事政策在程序法层面的表现特征也同样值得重视。

在西方的刑事司法语境中,正当程序与司法成本一直以来都是互相博弈且相互并存的一对关键词。对于正当程序这一层面,体现出严格司法的一面,对于严重犯罪案件中被追诉人,国家不仅应充分尊重其基本人权,而且应给予其公正审判和正当程序的待遇。这势必要耗费大量的国家司法资源,导致大量案件积压与久拖不决,因此,对于司法成本这一层面,就主要从轻微刑事案件上着眼。一来,侦查机关有一定的立案选择权。例如,德国刑事诉讼法虽然规定了侦查法定原则:德国刑事诉讼法第 158 条、160 条和 163 条规定,一旦有犯罪行为嫌疑时,警察应当接受对犯罪行为的告发、告诉和启动侦查程序,但实际上对于某些案件,警察却往往不履行这个法定义务。如在家庭、朋友或者邻居等社会亲近范畴内发生了轻微的身体伤害、强迫或者侮辱情况的时候,警察往往是拒绝受理告发。这是因为,面对这类情况,警察不怎么视自己为一个犯罪行为追究机关,而更视自己是一个调解、安抚部门,它不愿意启动程序,以免进一步加深争执。[2] 在这里,警察作出决定的依据主要就是国家刑事政策。二来,检察机关有充分的起诉裁量权。例如,在美国司法实务中盛行着辩

---

〔1〕参见谢煜伟:《宽严并进刑事政策之省思》,载《月旦法学杂志》2005 年第 11 期。

〔2〕《德国刑事诉讼法典》,李昌珂译,中国政法大学出版社 1995 年版,中译本引言。

诉交易机制,美国刑事案件的大约 90% 以上是由控辩双方协商后,不经正式庭审而结案的。其中,以纽约市为例,纽约市 1990 年犯重罪而被逮捕的有 118000 人次,其中 64000 人在侦查阶段就作了辩诉交易处理,占 54.24%;有 54000 人是按辩诉交易解决的,占 83.33%;5000 人因证据不足而撤销案件,占 9.26%;仅 4000 人按正式程序开庭审判,占7.41%。[1]在英美法系以外,德国等传统欧陆法系国家检察机关的不起诉裁量权也呈逐渐扩张之趋势。事实上,正是因为这些轻缓的微罪处理机制降低了大量的司法耗费,从而使得严重刑事案件的正当程序变得如此“从容”。

二、西方宽严相济刑事政策对金融犯罪的治理

金融系以货币作为交换媒介进入总体经济活动,尤其是在信用发达的时候,各种金融工具加速运转,使得其影响力更为深远,它不但与个人发生关系,而且与家庭、工商企业,甚至国家的关系也密不可分,现代社会中若缺乏金融,其经济发展必将僵化,缺乏活力,更无法期待其安定繁荣。现代西方经济的重要支撑之一,即是金融业的发展和发达。同时,西方国家也更早地经历了、并继续经历着金融犯罪所带来的金融风险。因此,西方国家如何应对金融犯罪,尤其是在刑事政策上有何特征等问题,殊值探讨。经过梳理,笔者认为,以美国为典型的西方国家在金融犯罪治理的刑事政策上表现出较典型的特征,甚至可以说,是宽严相济刑事政策的一种独特应用,即刑事实体法严苛、刑事程序法灵活。

1. 刑事实体法的严苛惩罚

第一,在实体法层面,域外金融犯罪领域的严苛惩罚主要表现为量刑方面的严苛化。[2]由于金融不法行为(如内幕交易、挤油交易等)具有隐蔽性强、不易发现、不易侦查的特点,因此,对金融不法行为(包括金融犯罪)的处理就天然地带有惩罚性特征,以减少不法行为者攫取暴利的利益驱动,弥补投资者、受害者的过度损失,同时体现国家惩治金融不法行为

---

〔1〕卞建林译:《美国联邦刑事诉讼规则和证据规则》,中国政法大学出版社 1996 年版,第 10 页。

〔2〕当然,对某些新型金融行为的入罪化,会持谨慎态度。

的效能。例如,因为只有三分之一内幕交易案件被调查,所以,一旦违法者被追究,被要求给予三倍损害的赔偿,就可能是合理的。也正是基于此,美国在《内幕交易惩戒法案》(1984)、《内幕交易与证券欺诈执行法案》(1988)中均规定,内幕交易违法者除了返还不法利益之外,还应上缴不法牟利三倍的罚款。[1] 对此,Edward D. Cavanagh 也曾针对违反信托法的不法行为指出,在实际对等的损失之外,对不法行为者施以惩戒性的处罚,这之所以是必要的,主要是因为很多违法很难被发现,也很难侦破。[2]

第二,在实体法层面,域外金融犯罪领域的严苛惩罚主要表现为威慑,而非惩办。从金融犯罪的影响来看,当一个重要公司因金融诈骗而导致数以千计的人失业或破产时,在公众意识中,一定会希望该公司或该公司管理者对此负责,正如一些学者指出的,"事实上,如果仔细考察政府与市场的互动关系,不难发现,通过使用刑事手段来管制商业行为已经形成一般潮流,其结果就是美国联邦刑事立法的爆炸性增长。"[3] 然而,尽管政府当局和社会公众均希望严厉惩治金融犯罪,尤其是在经济危机期间,对于引发金融危害的公司或管理者,就更是如此。但与此同时,各国均不得不承认,刑法乃是一种杀伤力强却又顿挫的法律工具。[4] 鉴于此,在美国,尽管金融刑事立法呈增长趋势,但是,无论理论上,还是实务中,是否动用刑法都并非是一味迎合民意,检察官在追诉金融犯罪的问题上会积极地去引导公众的认知。例如,如果将"安然"的失败解释为是金融衍生品的连锁反应和 9·11 事件后能源需求方面的下滑,则公众可能就不

---

[1] See Jerry Edward Farmer, Note, The Role of Treble Damages in Legislative and Judicial Attempts to Deter Insider Trading, 41 WASH. & LEE L. REV. 1069,1071(1984); Michael Siconolfi, NASD Is Developing Guidelines for Punitive Awards to Investors, WALL ST. J., June 7,1991, at C1.

[2] Edward D. Cavanagh, Detrebling Antitrust Damages: An Idea Whose Time Has Come?, 61 TUL. L. REV. 777,787(1987)

[3] 参见萧凯:《美国金融检察的监管功能:以暂缓起诉协议为例》,载《法学》2012 年第 5 期。

[4] 刑法要不然就惩治效果极强,要不然就很难发生效力。Anne Bowen Poulin, Prosecutorial Discretion and Selective Prosecution: Enforcing Protection After United States v. Armstrong, 34 AM. CRIM. L. REV. 1071,1080 n.33(1997).

会全部都为此而生气。事实上，在一个金融衍生品或金融创新畅行的时代，经常性地诉诸刑事追诉也并不公平。[1] 正是在此意义上，刑法的严厉性在美国金融犯罪的治理问题上主要体现为威慑性，而非惩治性。同样的，英国也存在类似的情况。正如英联邦安全署执行局主任指出的，"作为金融犯罪之一种，市场滥用行为，如内幕交易，可能没有暴力犯罪那样在道德上刺痛公众的神经，但在我们看来，同样也在英国政府看来，它的确是一种非常严重的白领犯罪。英国规定触犯该罪名可能被判处最高达 7 年有期徒刑的刑罚。……但我们至今还没有动用该刑罚去起诉内幕交易者；我们认识到最有效的威慑乃是保障潜在的犯罪人担心被抓住，同时，我们也担心刑事定罪和审前羁押可能带来的潜在风险。"[2]

2. 刑事程序法的灵活操作

各国在加大刑法对金融犯罪的惩治力度的同时，（尤其是在实务操作层面）也非常注重刑事程序的灵活性。

第一，是否以及如何介入金融犯罪的追诉？对此，即使是在金融和经济发达国家，如美国，检察机关和监管者是否以及在多大程度上积极地介入到金融犯罪问题的调查之中，至今为止仍然是一个争论不休的问题。[3] 检察机关过度介入金融领域，将导致好的金融机构和金融管理者变得过度保守，这是投资者不想看到的。因此，从投资者福利的角度出发，应当限制检察机关过度介入金融领域。[4] 在美国，相关的统计数据显示，自从 1991 年至 2011 年间，美国刑事司法机构对金融机构的诈骗类案件起诉数量呈逐渐降低趋势，在此二十年，前后历经老布什、克林顿、小布什、奥巴马等四任总统，其中，当前的奥巴马政府的案件起诉数量是最低的。这与 2008 年（奥巴马 2009 年开始任美国总统）之后的金融危机不

---

〔1〕See, Richard A. Booth, What is a Business Crime? http://ssrn. com/abstract＝1029667

〔2〕Financial Crime LAWS 65062, http://ssrn. com/abstract＝1354052

〔3〕In Financial Crisis, No prosecutions of Top Figures, http://investmentwatchblog. com/in-financial-crisis-no-prosecutions-of-top-figures/

〔4〕Richard A. Booth, What is a Business Crime? http://ssrn. com/abstract＝1029667

无关系。(参见表1)[1]这也导致社会各界纷纷批评奥巴马时期在金融检察方面的刑事司法政策。无独有偶,英国在金融危机期间的情况也较为类似。在银行主席及相关主管针对银行破产及金融危机所带来的风险和危害,纷纷向股东、雇员及其他人致歉之时,却并无任何人对引发危机的诸种事件负个人责任。例如,Sir Fred Goodwin,苏格兰皇家银行(RBS)的CEO;Andy Hornby,苏格兰哈里法克斯银行(HBOS)的CEO。[2]

表1 最近20年刑事金融机构诈骗犯罪的起诉情况

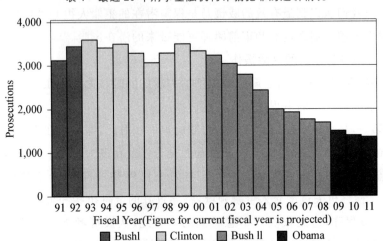

Figure 1:Criminal Financial institution Fraud Prosecutions over the last 20 years

第二,刑事司法机关在办理金融犯罪案件的过程中经常采用辩诉交易[3]或暂缓起诉等诉讼策略。以暂缓起诉为例,"近年来,由于金融危机的蔓延,美国司法部在惩治金融犯罪领域中较为广泛地采取了一种新兴手段——暂缓起诉协议,取得了良好的效果,被称为金融检察的结构性变

---

[1] Criminal Prosecutions for Financial Institution Fraud Continue to Fall, http://trac. syr. edu/tracreports/crim/267/

[2] Roman Tomasic, "The financial crisis and the haphazard pursuit of financial crime", Journal of Financial Crime, Vol. 18(2011), Issue 1 p. 13

[3] 关于辩诉协商,参见林喜芬、成凯:《程序如何衍生:辩诉协商的制度逻辑与程序改良》,载《厦门大学法律评论》2008年第1期。

迁。"[1]之所以采取暂缓起诉的方式应对金融犯罪,也是有其原因。据萧凯教授考察,"毫无疑问,当公司涉及严重犯罪行为时,科以刑事追诉不但符合刑法的基本价值追求,也是检察机关基本职责所在;但另一方面,对公司进行刑事追诉在很多情况下也会带来殃及无辜的连带后果:诸如公司员工、退休人员、股东、债权人、消费者甚至社会公众等,虽然没有参与犯罪行为、不知道也无力阻止犯罪的发生,但也不得不承担该公司犯罪的严重后果。正是基于对公司追诉的社会效果的全面考虑,美国司法部出台了《联邦起诉商业组织的原则》,要求联邦检察官在裁量是否起诉公司时,合理考虑刑事定罪的连带影响,并使用刑事追诉之外的其他手段来为受害者和公众实现正义的目标。这其中,暂缓起诉协议以及不起诉协议正是重要手段。"[2]

三、我国宽严相济的刑事政策：两个争议及界定

在我国,宽严相济刑事政策也逐渐成为当前刑事司法体系利用刑罚手段与犯罪作斗争的基本策略思想。它要求在与犯罪作斗争时,"实行区别对待,注重宽与严的有机统一,该严则严,当宽则宽,宽严互补,宽严有度。"[3]然而,虽然从字面含义上去解析,具有以上共识基础,实务中,也有很多积极的探索与应用。例如,2005 年浙江省高级人民法院、省检察院和省公安厅联合下发的《关于当前办理轻伤犯罪案件适用法律若干问题的意见》规定,在符合刑事诉讼法的前提下,可对轻伤犯罪案件适用法律作出明确规定,其中民间因纠纷引发的此类案件可以不再追究刑事责任。另外,2004 年江苏无锡惠山区检察院开始探索"恢复性司法"模式,2006 年烟台市检察院推行"平和司法"程序等,这些改革举措的法律依据主要就是"宽严相济"、"轻轻重重"、"便宜主义"等轻刑化刑事政策。但是,学理界和司法界对如何界定宽严相济刑事政策仍然存在多重争议。

1. 宽严相济刑事政策是仅限于刑事实体法层面,还是包括了刑事程

---

[1] 参见萧凯:《美国金融检察的监管功能:以暂缓起诉协议为例》,载《法学》2012 年第 5 期。

[2] 参见萧凯:《美国金融检察的监管功能:以暂缓起诉协议为例》,载《法学》2012 年第 5 期。

[3] 参见最高人民检察院《关于在检察工作中贯彻宽严相济刑事司法政策的若干意见》(高检发研字[2007]2 号)第 2 条。

序法层面？

2010 年 2 月最高人民法院发布的《关于贯彻宽严相济刑事政策的若干意见》，就将政策的基本内容解读为依法从"宽"的政策要求、依法从"严"的政策要求，以及宽严"相济"的政策要求。[1] 当然，最高人民法院和最高人民检察院对宽严相济的界定也不尽相同。由于检察系统涉及更多的审前程序环节，因此，在对宽严相济的刑事政策界定上范围更为广泛，包括刑事实体层面，也包括了刑事程序层面。[2] 具体而言，最高人民检察院《关于在检察工作中贯彻宽严相济刑事司法政策的若干意见》第 2 条明确规定："对犯罪的实体处理和适用诉讼程序都要体现宽严相济的精神。"文件的第二部分"在履行法律监督职能中全面贯彻宽严相济刑事司法政策"中，对检察环节贯彻宽严相济政策提出了具体要求。其中相当一部分是程序性要求，如就职务犯罪侦查，"对罪行严重、拒不认罪、拒不退赃或者负案潜逃以及进行串供、毁证等妨害诉讼活动的，要果断采取必要的侦查、控制手段或者拘留、逮捕等措施。对于罪行较轻、真诚悔罪、证据稳定的，特别是其中的过失犯罪，可以依法不予逮捕或者及时变更强制措施。"（第 6 条）。文件的第 7 条，更是明确而具体要求"严格把握'有逮捕必要'条件，慎重适用逮捕措施。"在此，笔者比较同意一些学者的广义界定，即宽严相济刑事政策是国家基于特定刑事治安形势的要求，以符合法治要求的方式，从"宽"与"严"两个向度上合理运用刑事权，通过实体刑法与程序刑法（包括行刑法）的制定、修改、实施，以应对复杂的犯罪态势和犯罪人类型，从而达到防卫社会、保障人权、增进社会和谐的刑事策略系统。[3]

2. 宽严相济刑事政策是"宽字当头"，还是"以严为主"？

固然，宽严相济刑事政策包容了宽缓和严苛两个层面，法学界和法律界也均较为强调宽缓和严苛两个层面的互补，但是，作为一项宏观的刑事

---

〔1〕最高人民法院《关于贯彻宽严相济刑事政策的若干意见》（法发［2010］9 号）第二、第三、第四部分。

〔2〕参见龙宗智：《宽严相济政策相关问题新探》，载《中国刑事法杂志》2011 年第 8 期。

〔3〕参见刘沛谞：《宽严相济视阈下罪刑圈的标准设定》，载《中国刑事法杂志》2008 年第 1 期。

政策,仍显得过于模糊,缺乏宏观导向。在基层实践中,如果诉诸自由裁断,就很容易使该刑事政策成为具体操作的借口。由此,一些学者主张,"以严为主",认为"当前和今后一个时期,从总体上来说,我们应当实行'宽严相济、以严为主'的刑事政策。具体来说,在刑事立法上,应对各类犯罪保持较重的刑罚配置,并进一步严密法网,以发挥法律的威慑力,而不宜大幅度地轻刑化、去罪化,即要实行宽严相济、以严为主的刑事立法政策"。[1] 另有一些学者主张,"以宽为主",认为宽严相济刑事政策相比较于惩办与宽大相结合的刑事政策,它的重点体现在"宽"上;它的实质要义是呼唤刑事立法、刑事司法和刑事执行的"宽和"。[2] 尽管上述观点都有一定的支撑理由,同时,尽管学者们和实务者们试图分析出一种核心导向,但是,笔者认为,宽严相济刑事政策除了在一般意义上强调"重罪严苛、轻罪宽缓"之外,很难在理论上推演出到底以宽为先,还是以严为主。不仅如此,"以宽为先或以严为主"在具体领域的犯罪治理或具体罪名的犯罪治理上,很容易流于简单化;更为重要的是,"以宽为先或以严为主"很容易停留在实体法层面讨论,而忽视了具体犯罪的治理问题。实际上,很多特定类型的犯罪治理很可能会存在"实体法层面严厉,程序法层面宽缓"或者"实体法层面宽缓,程序法层面严厉"等政策设定,如近年来英美国家在金融犯罪的治理上所呈现的政策趋势。因此,关于宽严相济刑事政策在我国金融犯罪领域的具体应用问题,仍需要进行深入探讨。

四、通过宽严相济实现我国金融犯罪治理的路径

尽管宽严相济刑事政策在整体层面尚存在一些争议,但是,随着该刑事政策在我国刑事领域的广泛适用,立法机关与司法机关已经在办理普通刑事案件(如人身伤害案件、传统侵财类案件等)的问题上达成了一些基本的原则和共识。然而,对于之前社会各界较为忽视、司法界应对不足的金融类犯罪案件如何适用宽严相济刑事政策,则没有一定之规。为此,

---

〔1〕参见周玉华:《宽严相济刑事政策的定位与司法适用》,载《法制日报》2009 年 12 月 9 日。

〔2〕参见黄京平:《宽严相济刑事政策的时代含义及实现方式》,载《法学杂志》2006 年第 4 期。

根据现有的法律法规及实践中的相应问题,笔者认为,今后检察机关在办理金融犯罪案件过程中,至少应在以下一些方面给予充分的注意:

1. 从我国金融犯罪刑事政策的历史沿革看,立法和司法机关较为注重严控,这可能会与"宽严相济"发生冲突。

自 20 世纪 80 年代起,由于社会转型加剧、经济犯罪日增,我国已逐步加强对金融犯罪的法律治理。至 1997 年修订后《刑法》出台,通过出台《关于严惩严重破坏经济的犯罪的决定》(1982)、《中国人民银行法》、《票据法》、《保险法》、《关于惩治破坏金融秩序犯罪的决定》(1995)等,分别增加了套汇罪、加重了对走私、投机倒把牟取暴利犯罪的惩罚,金融法律体系得以建立。"这一时期国家继续严密金融犯罪的法网,调低金融犯罪的入罪门槛,加大刑罚资源的投入,保持对金融犯罪的高压态势。同时,相关金融行政法律法规加大了对金融活动的行政监管,行政金融与刑事金融一体化的监管格局初见成效。"[1]1997 年《刑法》吸收了之前规范所确立的多种金融犯罪罪名,是金融犯罪治理的一个集大成者。1997 年之后,国家主要是通过颁布单行刑法或发布刑法修正案的方式调整、增加、修改金融罪名。[2] 总体上,我国金融刑法乃呈现出"逐步细化"、"偏向严厉"的发展趋势。相对的,刑事司法政策也保持经济犯罪领域一向较为严苛的打击趋势。首先,在整个经济领域,2001 年 4 月,最高人民检察院与

---

〔1〕参见曹坚:《金融犯罪刑事政策的历史变迁》,http://www. shfinancialnews. com/xww/2009jrb/node5019/node5036/fz/userobject1ai98410. html。

〔2〕单行刑法,例如,全国人大常委会于 1998 年颁布的《关于惩治骗购外汇、逃汇和非法买卖外汇犯罪的决定》,增加了骗购外汇罪。通过刑法修正案修改增加金融犯罪罪名,例如,《刑法修正案》对内幕交易罪、操纵证券、期货市场罪、非法经营罪等作了修改补充;《刑法修正案(五)》集中对信用卡犯罪作出了全面修订,增加了妨害信用卡管理罪、窃取、收买、非法提供信用卡信息罪,修改了信用诈骗罪的犯罪构成要件;《刑法修正案(六)》修改了违规披露、不披露重要信息罪的犯罪构成要件,进一步完善了操纵证券、期货市场罪,新增了虚假破产罪、背信损害上市公司利益罪、骗取贷款、票据承兑、金融票证罪、背信运用受托财产罪等金融犯罪新罪名;《刑法修正案(七)》对内幕交易、泄露内幕信息罪作了新的补充修改,同时新增了利用未公开信用交易罪,修改完善了非法经营罪;《刑法修正案(八)》删除了虚开增值税专用发票罪中原有"有前款行为骗取国家税款,数额特别巨大,情节特别严重,给国家利益造成特别重大损失的,处无期徒刑或者死刑,并处没收财产"的规定,从而废除了该罪的死刑,另外增加了持有伪造的发票罪。参见曹坚:《金融犯罪刑事政策的历史变迁》,http://www. shfinancialnews. com/xww/2009jrb/node5019/node5036/fz/userobject1ai98410. html。

公安部联合下发关于经济犯罪案件追诉标准的规定，使《刑法》的制裁条款具体化和量化，增强了《刑法》的操作性。这个追诉标准实际上也规定了一种实际上比较严厉的追究制裁制度。[1] 其次，就金融领域的经济犯罪而言，《最高人民法院关于贯彻宽严相济刑事政策的若干意见》也指出，当前和今后一段时期，对于集资诈骗、贷款诈骗、制贩假币以及扰乱、操纵证券、期货市场等严重危害金融秩序的犯罪，[2]要依法从严惩处，维护国家的经济秩序，保护广大人民群众的生命健康安全。可见，最高法院非常有针对性地强调对金融诈骗类犯罪中的集资诈骗、贷款诈骗，货币犯罪中的伪造、出售假币犯罪，以及证券、期货犯罪中的操纵金融市场交易型犯罪予以严厉打击。[3] 可以说，这在一定程度上与我国"乱世用重典"的刑事传统或建国以来的"严打"刑事政策，是一脉相传的。

但事实上，这种针对金融犯罪的"严控"政策与当前的宽严相济刑事政策确实存在一定的冲突，尤其是体现在刑事司法层面。一方面，笔者担心，这种"严控"政策在金融危机期间，很容易与"运动式"的严打政策短路相接，形成对金融犯罪乃至经济犯罪的大范围打击和治理。这显然是与宽严相济刑事政策的价值理念相悖的。正如学者指出的，宽严相济刑事政策"一改'严打'政策针对犯罪的消极被动反应和'运动式'治理弊端，因应各种犯罪的性质和程度，结合国家总体刑事安全局势和刑事防治目标，在刑罚和诉讼程序的配给上区别对待，使有限的司法资源投入取得最佳的刑事治理效益。"[4]另一方面，这种刑事司法层面"严控"政策也过度高估了刑事司法在治理金融犯罪方面的威慑功能，同时，也可能过度损伤金

---

〔1〕如该追诉标准规定：虚报注册资本或者抽逃出资给他人造成经济损失 10 万元以上的，"应予追诉"；偷税数额在 1 万元以上，并且偷税数额占各税种应纳税总额的百分之十以上的，"应予追诉"；虚开增值税发票 1 万元，或骗税 5 千元，"应予追诉"；国有公司、企业、事业单位的工作人员，滥用职权造成经济损失 30 万元，严重不负责任失职造成经济损失 50 万元，"应予追诉"；当企业破产倒闭时，隐匿财产或提前分配财产造成债权人或其他人 10 万元损失，"应予追诉"，等等。参见龙宗智：《经济犯罪防控与宽严相济刑事政策》，载《法学杂志》2006 年第 4 期。

〔2〕除此之外，还包括生产、销售假药、劣药、有毒有害食品等严重危害食品药品安全的犯罪，走私等严重侵害国家经济利益的犯罪，造成严重后果的重大安全责任事故犯罪，重大环境污染、非法采矿、盗伐林木等各种严重破坏环境资源的犯罪，等等。

〔3〕参见曹坚：《金融犯罪刑事治理应关注三大问题》，载《上海金融报》2011 年 5 月 24 日。

〔4〕刘沛谞：《宽严相济政策的模式构建与实证研判》，载《犯罪研究》2007 年第 1 期。

融创新的热情。

2. 应正确区分刑事犯罪和民事纠纷的界限,适度非犯罪化,"抓大防小"。

首先,应正确区分刑事犯罪与民事纠纷的界限,谨防刑罚权过度介入民事纠纷。一些实证数据显示,在经济危机期间,我国法院"收案数量的增加主要在于民商事案件收案数量的大幅增加,尤以民间借贷、金融借款担保、国际贸易、劳动争议以及房地产等类型的案件为最。"[1]这说明刑法并不是最为亟需的法律手段。这就要求刑法做到"适度",一方面,既不能都以犯罪处理,造成打击面过宽,"尤其是转型时期,由于社会关系变化、社会利益调整,社会规制手段跟不上,不可避免地出现违法普遍甚至犯罪高发。国家刑罚权适用如缺乏谦抑性,划定犯罪圈及司法打击如不慎重,将会扩大社会打击面,增加社会消极因素,而实际上也不可行。"[2]实际上,在我国当前,针对金融行为,无论是经济性制裁举措,还是法律性制裁举措,均表现出"监管过度"的特点。"监管过度"不仅会影响金融创新行为,[3]而且会影响到经济行为主体的安全感。最近一项统计显示所显示的富豪撤资或离资现象,与此不无关系。据报道,"中国有两万名资产在 1 亿元(约合 1500 万美金)以上的富豪,他们中 27% 已经移民海外,47% 正在考虑移民。"[4]当然,另一方面,检察机关也不宜对金融犯罪行为一味纵容,也不能都以民事纠纷处理,否则将会陷入地方保护主义与例外横行的不良处境,使犯罪分子得不到应有的惩罚。相反,检察职能应承担起应有的司法责任,必要的示范作用是需要的。具体言之,如果金融纠纷在法律性质上已明显超出民事纠纷的范畴,而成为刑事纠纷,并且夹杂着诸多传统犯罪形态或犯罪行为(如绑架、勒索、杀人等),刑事司法机关对此应谨守刑事准则,积极介入,而不应过多迁就维持经济稳定等法律以

---

〔1〕参见青岛市中级人民法院课题组:《关于金融危机司法应对问题的调研》,载《山东审判》2010 年第 2 期,第 33 页。

〔2〕参见龙宗智:《宽严相济政策相关问题新探》,载《中国刑事法杂志》2011 年第 8 期。

〔3〕考虑到我国当前金融机制尚落后于西方国家,显然,金融创新行为更应当予以鼓励。

〔4〕参见《中国富豪们为什么要移民海外?》,载 http://www.360doc.com/content/11/1013/08/0_155639790.shtml

外的价值需求。[1]

其次,适度非犯罪化,采取"抓大防小"的刑事策略。金融犯罪内部也存在严重的与轻微的,在严重和轻微之间,宽严相济刑事政策本来就有很强的适用空间。"由于我国转型期社会存在的上述特点,在社会失范与无序化较为普遍,而支持规范运作的社会条件资源支持严重不足的情况下,我们不能以规范社会的规制方法应对转型期社会。因为,在普遍性违法及广泛的社会纠纷发生的情况下,我国目前的法律规制,难以切实做到普遍性的'严格执法'。"[2]除此之外,金融犯罪与金融创新紧密相关,因此,绝不能像普通刑事犯罪那样,存在"命案必破"、"打击数"等硬指标。对此,已有学者指出,应采取"抓大放小"的刑事策略,即对严重的金融犯罪采取严厉打击的政策,对轻微的金融犯罪或定性模糊的采取宽缓的刑事政策。[3] 这种观点总体上是值得采行的,毕竟,"在打击金融犯罪时,并非对所有符合构成要件的行为,都进行无差别对待,而是只选择其中一部分进行重点打击。这种情况在打击内幕交易、操纵证券期货等金融犯罪时比较突出。实践中更应强调对金融违法行为的行政处罚,扩大行政处罚的范围,而非一味追求金融犯罪的刑事立案率。行政处罚应当优先于刑事处罚,且应当通过大量的行政处罚,来掌握金融违法行为的规律和特点,为可能启动的刑事处罚积累经验。"[4]当然,在笔者看来,"抓大放小"也存在一定弊端,即金融犯罪的发展,都有一个由小及大的演化趋势,一味放纵会助长金融犯罪向严重的方向发展。并且,集中刑事手段治理严重的金融犯罪也并不意味着就要放纵轻微的金融犯罪。事实上,刑事手段的"有限性"和"谦抑性",主要目的乃是兼顾金融行为的自身规律,以其他规制手段为前提,避免越俎代庖。在此意义上,"抓大放小"不如"抓大防小"准确,后者不仅体现了宽严相济的理念,更体现了"刑法谦抑"和"综

---

〔1〕季卫东教授也指出,正确处理刑民交叉问题的法庭技术,慎重办理因资金链断裂引发的集резv刑事案件,不轻易动用刑事追诉。

〔2〕参见龙宗智:《宽严相济政策相关问题新探》,载《中国刑事法杂志》2011年第8期,第6页。

〔3〕参见龙宗智:《经济犯罪防控与宽严相济刑事政策》,载《法学杂志》2006年第4期。

〔4〕参见曹坚:《金融犯罪刑事治理应关注三大问题》,载《上海金融报》2011年5月24日。

合治理"的取向。

　　3. 坚持刑事实体法严苛与刑事程序法灵活相结合的原则。

　　金融犯罪方面的刑事实体法以严苛的面相进行犯罪威慑,确实可以在一定程度上打消潜在金融违规者恣意犯罪。但同时,也可能因为严苛而导致犯罪数和受案数激增。以上海为例,近五年间,金融犯罪案件占公诉案件受理比例从2005年的2％发展到2009年的5％,增长150％;受案增加绝对数为32、66、153、398(件),逐年上升的比例分别为9％、18％、36％、69％,绝对数和增长率均逐年翻倍,其中2009年相当于2007年和2008年的总和,比2007年上升130％。[1] 在此情势下,如何提升办理金融犯罪案件的效率,就变得非常重要。可以说,这也是世界范围内打击金融犯罪的一个普遍问题。在我国台湾,民间司法改革团体甚至以"金融犯罪做大,司法成帮凶"为题,指控司法审判的怠惰与粗糙。[2] 在我国当前经济转型期,检察机关在追诉金融犯罪的问题上也遭遇到一些困境,其中因为金融案件复杂导致的办案效率下降、办案成本增加、办案人员短缺等问题,已悄然呈现。在此意义上,积极地借鉴美国式的"实体法严苛"、"程序法灵活"的宽严相济策略,是有必要的。尤其是考虑到金融犯罪涉案证据多、办案压力大、办案成本多、被追诉人(或组织)反侦查能力强、社会影响重大等因素,在金融检察领域试点和践行辩护交易或暂缓起诉等起诉策略,可以很大程度上缓解上述压力。

　　　　　　　　　　　　　　　　　　　　　　　　(林喜芬　撰)

---

　　〔1〕参见上海市人民检察院课题组:《上海检察机关金融检察工作专业化调研报告》,载http://www.docin.com/p-377660291.html

　　〔2〕参见林伟澜:《司法奈何不了金融犯罪?》,http://www.jrf.org.tw/newjrf/RTE/topic_sue_detail.asp? id=1133

第二章 中国金融检察介入金融监管的实践探索与建议

金融的重要性不言自明,此次连绵至今的全球金融危机仍在不断警示我们,必须根据现实情况和社会发展的实际需要改革和完善我国的金融监管体系,才能保障国家金融安全。我国以政府行政部门为主导的金融监管现状存在诸多难以解决和消除的问题与弊端。金融由于其重要性和风险性,需要政府予以干预,但以行政监管为主体的金融监管体系存在监管空白、监管失灵、金融腐败、强制力不足等自身无法解决的问题,需引入外部机制予以完善和制约。在我国的司法语境中,检察机关在金融监管中的作用一直未受关注。金融监管必然是以法律为依据,依法进行,作为我国《宪法》规定的法律监督机关,检察机关在金融监管中实则已发挥出重要作用。而且,检察机关也应当充分履行自身职责,积极介入金融监管,促进金融监管体系的完善。本章试从近年来检察机关介入金融监管的实践出发,结合金融监管存在的问题,对金融检察介入金融监管的作用、途径作初步探讨。

一、金融检察介入金融监管的原因和作用

金融监管是政府对金融市场的干预,可视为"政府为弥补市场内在机制缺陷而进行的一种制度安排",[1]其目的主要是为克服金融领域的市场失灵,保证金融市场体系的稳定和投资者的利益。通常认为,金融监管

---

〔1〕丁邦开、周仲飞:《金融监管学原理》,北京大学出版社 2004 年版,第 12 页。

是一种政府管制,是政府采用行政或准立法、准司法手段,对行政相对人的控制活动[1],属于行政监管的范畴。然而,以政府为主导的行政金融监管并非万能。2008 年肇始于美国,席卷全球的金融危机,反映出"一向以规则细密、监管严苛而著称的美国,多年来却在酝酿着如此深重的金融风暴",[2]引发了许多学者的反思,但大多讨论集中于如何改进和完善金融监管,忽视了金融监管存在着自身无法克服的局限和不足。

(一)金融监管存在"真空",需建立多层次的法律监管体系予以完善

金融市场的发展离不开金融创新,但金融创新却天生具有规避监管的属性。[3] 由此,金融监管始终落后于金融创新,形成一个创新——监管——再创新——再监管的循环。我国处于经济转型期,金融业高速发展,金融创新不断推出,监管真空必然存在。我国实行分业监管的金融监管体制。金融创新的不断推进中,已出现兼有银行、证券、保险属性的金融"混血"产品。[4] 此类混血产品,在银行、证券、保险分业监管的体制下,到底由谁来监管就产生了争议,从而出现监管竞争和监管缝隙。更为严重的是,我国存在着规模巨大的非正规金融(又称地下金融),脱离于金融监管之外。金融监管被视为"政府对金融市场中金融机构的管理和约束规范"。[5] 在我国对金融业实行市场准入许可制度的现状下,金融监管部门很少会关注未经其许可的非正规金融活动,大多数情况下也不会将其纳入到日常监管之中。虽然针对非正规金融中常见的非法集资,国务院成立了部级联席会议,要求"三会一行"参与监管与处置,但事实上绝大部分非法集资行为并未受到监管部门的事先或事中的监管,大多是在资金链断裂,损害结果发生后,由地方政府出面处置,最终再通过刑事途

---

〔1〕丁邦开、周仲飞:《金融监管学原理》,北京大学出版社 2004 年版,第 10 页。

〔2〕罗培新:《美国金融监管的法律与政策困局之反思——兼及对我国金融监管的启示》,载《中国法学》2009 年第 3 期。

〔3〕参见韩国文:《金融创新的一种自组织演化理论分析和解释》,载《华中农业大学学报》2008 年第 1 期。

〔4〕罗培新:《美国金融监管的法律与政策困局之反思——兼及对我国金融监管的启示》,载《中国法学》2009 年第 3 期。

〔5〕丁邦开、周仲飞:《金融监管学原理》,北京大学出版社 2004 年版,第 4 页。

径追究行为人的刑事责任。非正规金融已成为当前金融监管最大的真空地带。

　　金融具有信息不对称性和风险蔓延性，需要政府力量予以介入和干预。金融交易又有着巨大的经济利益，失去政府监管和控制的金融交易，不可避免的会出现金融欺诈和其他违法违规行为。这些行为不仅损害投资人利益，而且"会通过金融商品的流动而扩散累积金融风险，酿成危害经济基本面的灾难"。[1] 最近一轮全球金融危机的爆发很大程度上就是由于美国金融监管制度出现了巨大的缝隙，[2]"CDO"（债务担保债券）、"CDS"（信用违约掉期）等金融衍生品没有得到有效的监管。我国非正规金融中，非法集资、高利贷、非法证券期货活动等已成为严重的社会问题，甚至在一些地方造成了局部金融风险，影响社会稳定。最近，浙江发生高利贷危机，因无法归还高利贷，出现企业主出逃和企业倒闭风潮，引发了民间金融危机。[3] 近年来，无论是前述浙江高利贷危机，还是曾经发生过的湘西吉首事件，[4]以及亿霖木业、蚁力神等非法集资大案，无不折射出脱离监管的非正规金融市场潜伏着的巨大风险和危机。

　　行政性金融监管存在自身不可填补的空白，必然要求其它公权力介入予以填补。为保障金融安全，防范金融风险，需要在行政监管基础上，建立一个多层次的法律监管体系，对金融市场予以管制。除行政监管部门外，还需由政府、公安、检察、法院各部门共同参与金融市场的管制，实现民事、行政、刑事层次递进的法律调整。检察机关作为法律监督机关，承担着批捕、公诉、国家工作人员职务犯罪侦查和预防、民事行政诉讼监督、立案监督等多项职能，这些职能在健全和完善金融监管法律体系中均

---

　　[1] 周友苏、廖笑非：《金融危机背景下中国金融监管模式的选择与完善》，载《清华法学》2009 年第 2 期。

　　[2] 冯果、田春雷：《从美国金融改革实践看我国金融无缝隙监管体系的构建》，载《武汉大学学报（哲学社会科学版）》2009 年第 6 期。

　　[3] 刘华、李伊琳：《悬崖拯救：浙江紧急解围"高利贷危机"》，载《21 世纪经济报道》2011年 10 月 3 日第 2 版。

　　[4] 2008 年爆发的湘西吉首非法集资案，涉及本金 168 亿余元，参与人数 6.2 万人，吉首市近 90％的家庭参与了非法集资，造成了地方性金融危机。参见骆海涛：《吉首非法集资大案　湘西首富与狂热吉首：谁逼疯了谁?》，载《南方周末》2010 年 2 月 4 日第 A01 版。

发挥着重要作用。

(二)金融监管存在"失灵",需引入外部机制予以制约

金融监管的目的是为了解决市场失灵,但金融监管作为直接的政府管制并不能完全解决市场发生的问题,有时会出现监管失灵——"监管所设定的目标未能实现"。[1]事实上,近十几年来相继爆发的墨西哥、东南亚金融危机,以及本次次贷危机,均反映出金融监管存在严重问题。[2]监管失灵有诸多原因,[3]仅依靠金融监管自身难以解决,尤其是其中的监管寻租和监管俘虏现象。

由于金融监管权可以影响乃至决定金融市场的资源配置,使被监管对象有租可寻,因而产生寻租现象。监管过程中,监管者与被监管者熟悉后,监管机构会逐渐受到被监管对象的影响和控制,以谋取更多的利益。金融监管寻租就源于政府主导的金融监管部门对金融行业的干预,只要存在监管管制和垄断空间,此类租金就不会消散。[4]我国金融监管权"近乎纯行政权,政府对市场干预较为明显,属于'政府主导型'",[5]且金融市场准入采用行政许可制的情况下,监管寻租很难避免。另一方面,我国金融监管部门与金融机构因历史原因,人员之间更为熟悉,交叉任职比较常见[6],监管俘虏也易发生。加之,我国金融机构国有资本占具主导地位的现实,也决定了监管部门和作为国有企业的金融机构之间存着共同的利益导向,有时难免形成利益共同体,出现重保护金融机构,轻投资

---

〔1〕郑少华:《论金融监管权的边界》,载《法学》2003年第7期。

〔2〕参见赵峰、高明华:《金融监管治理的指标体系:因应国际经验》,载《财政金融》2010年第9期;杨福明:《次贷危机中的监管"失灵"与中国金融安全体系构建》,载《经济学家》2009年第7期。

〔3〕监管失灵产生原因有行政监管的先天不足、监管的供需博奕(利益群体的争夺)、监管寻租、监管俘虏、道德风险、法规与监管政策的缺陷、监管功能的局限等原因,在此并不展开。

〔4〕该方面的讨论,可参见陈曦:《中国金融监管寻租问题研究》,吉林大学博士论文2008年。

〔5〕高西庆:《论证券监管权——中国证券监管权的依法行使及其机制性制约》,载《中国法学》2002年第5期。

〔6〕由于改革开放前,我国的金融机构主要是中国人民银行,故早年新设金融监管部门和金融机构的人员多源于中国人民银行。现实中,金融监管机构工作人员"下海"后,到金融机构任职的情况也较为常见。

人利益的现象。更需引起重视的是,在经济转型期,一些地方政府为促进当地金融市场发展,可能会降低本区域金融监管标准和放松监管,导致监管竞次和监管套利,引发新的金融风险。[1]

因此,仅依靠金融监管自身的改进和完善,不可能消除监管失灵,需要引入外部机制,监督和制约金融监管部门和金融机构。金融监管是执法过程,检察机关承担着执法监督职责,介入金融监管可以成为一种有效的外部制约机制,保障依法监管,防止监管失灵。

(三)金融监管强制力不足,需通过刑事司法程序予以保障

我国金融监管机关主要采用市场准入监管和持续性监管(交易和经营活动监管)等方式对金融机构和金融市场进行监管,拥有行政处罚权。[2] 然而,金融监管的行政处罚权强制力不足以抑制金融市场中的具有严重危害性的不法行为,难以达到维护金融秩序,保护投资人利益的监管目的。"金融市场的重要性和脆弱性兼具的特征,反映了金融监管不仅需要具有引导金融人依法正确实施金融行为,遵守和维护金融秩序的功能,同时也应具有惩罚金融违法和犯罪的强制性的规制功能",[3]当行政金融监管对违法行为的处理不足以抑止该违法行为、不能保护相应社会关系时,就需要动用刑法予以处罚。因此,对于金融市场中具有严重危害性的行为需要通过刑事途径给予严厉刑事处罚,方能有足够的强制力,起到威慑和教育作用。

同时,金融监管是金融法律实施的过程。实际上,刑法是保障其他法律得以实施的制裁力量,是法律体系中的保障法。[4] 当违反金融法的行为情节严重,已超出金融法调整范围时,也需要刑法来保障金融法的实

---

[1] 近年来,非法出售未上市公司股权案件多发,很大程度上是因为个别地方政府为维护地方利益,对当地的未上市股份公司和股权托管中心不加监管引发。最近,个别地区作为金融创新推出的私募股权基金也因监管缺失,出现了非法集资行为。

[2] 我国金融监管机关主要是人民银行、银监会、证监会、保监会以及地方金融办等。"三会一行"负责全国性金融机构监管,地方金融办等主要负责地方性金融机构的监管。三会一行均具有行政执法权,可对违法行为处以罚款、市场禁入、吊销从业许可、通报等行政处罚。

[3] 陈辐宽:《检察机关介入金融监管的依据与标准》,载《法学》2009 年第 10 期。

[4] 参见张明楷:《刑法在法律体系中的地位——兼论刑法的补充性与法律体系的概念》,载《法学研究》1994 年第 6 期。

施。刑法是法律上维护金融秩序的最后一道防线,是金融法充分发挥作用的保障。检察机关通过在刑事诉讼中履行批捕和公诉等职能保障金融监管有效实施。

(四)金融监管难以抑制金融腐败需检察机关介入予以防治

金融业由于其稀缺性和资产所有权与经营权分离的特点,极易产生道德风险,出现腐败行为。涉及腐败的诸多领域中,金融腐败对社会的危害尤其严重。金融是现代经济的命脉,且具有极强的公众性。金融腐败不但破坏金融秩序,损害政府形象,还易引发金融风险,进而影响整个社会经济的安全与稳定。我国的金融机构又多是国有或国有控股企业,金融腐败不仅造成国有资产流失,更会引起公众不满,激化社会矛盾。在当前国际金融危机延续,国内经济转型,社会矛盾凸显的形势下,金融腐败必须引起我们的高度重视。检察机关可以充分发挥查办和预防国家工作人员职务犯罪的职能,积极打击和防范金融腐败。

二、检察机关介入金融监管的实践与困难

(一)检察机关介入金融监管的实践

近年来,检察机关为维护金融秩序、保障金融安全、保护投资人利益,不断探索充分发挥检察法律监督职能作用的方法,积极介入金融监管,具体表现在如下几个方面:

1. 及时打击金融犯罪,保障金融监管实施、填补监管空白。

金融犯罪,特别是新类型金融犯罪极富传导性和负面示范效应,[1] 如果不及时动用最严厉的刑法予以处罚,就会不断蔓延、扩大,给投资人造成严重损害,甚至酿成金融风险。检察机关是刑事诉讼程序的第一道关口,负有启动刑事诉讼程序,打击犯罪的职责。因此,检察机关在秉承依法惩治金融犯罪理念的同时,更加注重打击金融犯罪的及时性,尤其对于新类型金融犯罪。一方面,加强刑事诉讼和行政执法程序的衔接,对行

---

〔1〕金融犯罪可以给行为人带来巨大的经济利益,在没有制约的情况下,某类不法行为带来的赚钱效应不仅促使原行为人更多的实施这一行为,而且会引起其他人效仿和学习,出现更多的同类行为。

政金融监管部门移送的新类型金融犯罪及时予以刑事处罚,严厉打击,强化金融监管力度和效果。例如,在证监部门牵头的打击非法证券活动中,上海检察机关反应迅速,不仅办理了打非第一案,还在全国范围内率先对非法出售股权案件以集资诈骗罪追究刑事责任,[1]增加了对投资人的保护力度,充分发挥了刑法震慑和教育作用,为阻止此类犯罪蔓延作出了一定贡献。另一方面,关注金融监管真空地带,及时研判其中出现的金融不法行为,打击非正规金融市场出现的金融犯罪,以完善金融监管法律体系。近年来,上海检察机关通过与公安、法院紧密协作,不仅严厉打击了各种类型的非法集资行为,还在全国首先对地下金融期货等新类型金融犯罪予以打击,[2]通过刑事责任追究,完善了金融监管法律体系,在保护投资人利益,维护金融秩序方面发挥了重要作用。

2. 开展综合治理,督促主管部门加强和改进金融监管,帮助金融机构完善规章制度,提高金融犯罪防范能力。

检察机关在办理金融犯罪案件的过程中,注重开展综合治理。针对办案中发现的金融监管部门工作不足和金融机构管理与制度中存在的漏洞等情况,及时采用检察建议等形式督促、帮助监管部门和金融机构堵漏建制。近年来,检察机关针对内外勾结的金融诈骗案频发、居民储蓄卡在银行 ATM 机上被大量盗码以及银行信用卡发放审核不严等问题,多次向监管部门和金融机构制发检察建议,得到监管部门和金融机构的采纳,促进了相关监管措施和规章制度的建立和完善,帮助金融机构提高了对金融犯罪的防范能力。同时,检察机关还密切关注金融犯罪的新情况、新特点和新动向给金融市场和金融监管带来的影响,经常性开展对一类问题的专题调查研究,为政府和监管机构防范金融风险、保障金融安全,积极建言献策。例如,2009 年,上海检察机关对境外机构在我国从事非法金融业务活动的情况进行的专题调研,得到金融监管等部门高度重视,起到了防范金融风险的作用。

---

〔1〕参见夏丽华:《上海"打非"动真格非法集资被判无期徒刑》,载《中国证券报》2006 年 8 月 14 日,第 A02 版。

〔2〕参见田享华、卢进:《中国黄金期货第一案有罪宣判涉案金额高达 200 亿元》,载《第一财经日报》2008 年 4 月 18 日,第 B05 版。

3. 依法查办金融领域职务犯罪案件,积极探索建立金融领域职务犯罪预防体系,打击和防范金融腐败。

如前所述,金融腐败危害极为严重,检察机关承担着查办和预防国家工作人员职务犯罪的职能。通过严厉打击金融领域的腐败行为,依法查处金融领域内国家工作人员职务犯罪案件,特别是查处金融资源配置过程中发生的贪污贿赂案件、金融监管过程中钱权交易、违法行政、徇私舞弊等行为,及时查办职务高、涉案数额大、手段恶劣、人民群众反响强烈的大案要案,以维护公平、公正的金融市场环境,推动金融产业的健康、规范发展。在依法查处的同时,检察机关更加注重金融领域职务犯罪的预防工作。不仅从已查处的职务犯罪案件出发,协助案发单位堵漏建制,进行法制宣传,开展个案预防工作,还在此基础上对于一类机构或环节具有预防警示意义的案件进行系统预防,警示相关金融同业。此外,又通过对金融机构职务犯罪进行风险预测等方式,探索建立长效的金融领域职务犯罪预防体系,增强防治金融腐败的力度。

4. 履行诉讼监督职能,优化金融司法环境。

检察机关具有诉讼监督职能,通过对金融刑事、行政诉讼和民事审判活动的监督,参与优化金融司法环境。对发生在金融领域的确有错误的刑事、民事、行政判决和裁定依法提出抗诉,以维护金融市场秩序,保护公平竞争,保障法律公正执行。

(二)检察介入金融监管面临的困难

虽然检察机关对检察介入金融监管作了一些探索和尝试,但实践中面临着诸多困难,尤其是以下几点:

1. 金融犯罪的创新性和复杂性,增加了打击金融犯罪的难度。

我国金融市场快速发展,金融创新不断推出,常被不法分子利用来实施犯罪。近年来,新类型金融犯罪不断出现,无疑大大增加了办理该类案件的难度。金融犯罪往往十分复杂,金融犯罪立法又存在一定滞后,加之不法分子刻意规避法律,更使案件性质难以判断。实践中,很多新类型的金融案件性质在审理过程中均出现了很大的争议,也造成部分金融不法行为未能得到及时有效的打击。

2. 具体法律依据的欠缺和监督手段相对单一,限制了检察介入监管的作用。

目前,检察机关介入行政金融监管并没有具体和直接的法律依据,检察机关只能依据自身的法律监督职能,通过打击金融犯罪、查办金融领域的职务犯罪、对金融领域的刑事民事行政判决进行诉讼监督,以及结合办案开展综合治理等途径介入金融监管。检察机关的另一职能——行政执法监督,因行政执法和刑事执法的衔接工作尚未推行到金融行政监管部门,而不能相应发挥作用。事实上,检察机关直接介入金融监管主要依靠检察建议,而检察建议根据《人民检察院检察建议工作规定(试行)》适用范围有限,[1]且不具备刚性效力。除了检察建议外,只能通过信息情况、专题调研等间接途径,对金融监管产生一定的影响力。仅依靠检察建议单一手段直接介入金融监管无疑难以真正发挥检察机关法律监督的作用。

3. 检察人员专业素质不足和专业化办案机制尚未健全,影响了检察介入金融监管的能力。

金融领域专业性较强,介入金融监管比单纯办理金融犯罪案件,更需要金融专业知识。检察机关要在金融监管充分发挥作用,必然要求检察人员要具备不弱于监管人员的金融专业知识和经验。我国作为一个新兴市场国家,金融市场发展时间不长,检察机关专业人员和检察人员专业知识的储备难免不足,相比金融监管部门而言又缺少金融监管实践操作经验。金融监管是专业机构的监管,虽然上海检察机关已开始建立金融专业办案机构,但尚处于起步探索阶段,还没有形成正直的专业化办案机制,无法充分发挥专业团体的力量。

三、金融检察介入金融监管的几点建议

检察机关介入金融监管尚处于一个探索阶段。如何在现有法律框架下,充分发挥检察机关法律监督职能,依法介入金融监管,为金融市场运行和发展提供良好的法治保障和法律服务,是每个检察工作者都应当深入思考和探讨的问题。对此,谨提出下列建议以供参考。

---

〔1〕参见最高人民检察院《人民检察院检察建议工作规定(试行)》第五条之规定。

（一）建立与金融监管部门之间协作沟通的常设性平台，合力打击和防范金融犯罪

近年来，检察机关已尝试与金融监管部门建立金融犯罪信息互通机制，并且在办理一些具体金融犯罪案件时相互协助和配合。但是实践中，双方的信息交流和办案协助，多由具体的办案单位和部门围绕个案各自进行，不仅效率不高，而且影响了信息沟通的及时性、准确性和全面性。在打击和防范金融犯罪方面，检察机关和金融监管部门加强信息沟通和配合协助十分必要，不仅可以形成行政监管和刑事执法的无缝衔接，更可以在金融和刑事两个专业领域产生互补效应，取得1＋1大于2的效果。近年来，在打击非法证券活动和防范银行内外勾结金融诈骗案等方面，检察机关和金融监管部门曾多次合作，成效十分显著。因此，检察机关与金融监管部门之间需要建立统一的、常设性的信息交流和工作协助平台。借助此平台，双方可以开展信息互通、工作交流、办案协作、疑难案件法律适用研讨等各项工作，提高沟通与合作的效率，增强打击和防范金融犯罪的能力和效果。

（二）发挥立案监督职能，适时延伸"两法衔接"信息共享平台，加强金融监管的行政执法监督

金融犯罪由于行为的隐蔽性和争议性，犯罪黑数较大。当前，不少金融犯罪，特别是证券市场中的内幕信息和操纵市场行为未受到刑事处罚。这不仅严重损害投资者的交易信心，影响金融市场的健康发展，更引起社会公众对政府管理能力的质疑。对此，检察机关应当充分发挥自身立案监督的职能，加强对金融犯罪的立案监督。由于金融犯罪为典型的行政犯，很多案件需要先经金融行政监管部门查处后，方移送刑事处罚。我们可以考虑立足立案监督，通过以下三个步骤逐步加强立案监督和行政执法监督工作。第一步先从金融监管部门与公安机关出现争议的案件着手，加强与金融监管部门联系，对于监管部门认为涉嫌犯罪，而公安机关不予立案的案件，建议监管部门将争议案件提交检察机关审查，由检察机关进行立案监督。第二步再解决社会公众和媒体关注的案件，关注媒体报道的金融违法违规事件，对其中可能涉嫌金融犯罪但监管部门又未移送公安机关的案件,可向监管部门了解相关情况,对其中确已涉嫌犯罪的案件,建议监管部门移送公安机关。其三,适时延伸"两法衔接"信息共享平台,加强金融监管行政执法监督。

根据 2001 年 7 月国务院《行政执法机关移送涉嫌犯罪案件的规定》(国务院第 310 号令)的规定,行政执法机关在依法查处违法行为过程中,发现行为涉嫌犯罪的必须向公安机关移送,并接受人民检察院依法实施的监督。目前,上海市检察院、市公安局、市监察局、市政府法制办及有关行政执法部门,已经建立了行政执法与刑事司法相衔接("两法衔接")信息共享平台,但金融监管部门尚未纳入这一平台。鉴于金融监管部门系国务院直属机构,直接将其纳入市"两法衔接"信息共享平台可能存在一定障碍。现阶段可以先开展前两项工作,逐步强化金融犯罪立案监督力度,待时机成熟时,再将"两法衔接"信息共享平台延伸至金融监管部门。

(三)扩展职务犯罪预防体系,加强与金融监管等部门配合,全面防范金融腐败和金融犯罪

金融具有公众性,"金融服务公共性的实现已不是为了金融业者的个别利益,而是为了实现社会公共利益"。[1]另一方面,金融市场中的银行、证券、保险等金融机构和上市公司持有和管理的大部分都是包括国有资产在内的社会公众财产。因而,金融机构和上市公司兼具行业性质和资产权益双重的公众性,法律对其资产安全和管理秩序的保护应当不低于国有企业。限于法律规定的管辖权,检察机关对非国家工作人员职务犯罪不享有侦查权,但检察机关还承担着国家工作人员职务犯罪预防的职能,专门设有国家工作人员职务犯罪的预防机构,并已建立国家工作人员职务犯罪预防体系。金融机构、上市公司的资产安全和正常管理秩序与国家利益、公众利益紧密相关,因此,可考虑将现有国家工作人员职务犯罪预防体系扩展到金融机构和上市公司。同时,预防范围也不应仅限于职务犯罪,而要将其他金融犯罪予以覆盖,建立一个全面的金融腐败和金融犯罪预防体系。

---

[1] 王保树:《金融法二元规范结构的协调与发展趋势——完善金融法体系的一个视点》,载《广东社会科学》2009 年第 1 期。

在建立这一体系过程中,除了采用构建金融领域职务犯罪预测预警机制、进行法制宣传等传统预防手段之外,还应加强与金融监管部门、金融机构、纪委等部门的合作,借鉴新加坡和香港等地的经验,与监管部门、金融机构在打击金融腐败和金融犯罪方面建立信息共享,并相互提供人力支持。[1] 检察人员可以通过建立风险预警机制,及时向金融监管部门提供相关信息,以有效防范金融风险,还可以经常为金融机构进行反贪工作指导,帮助其完善相关制度,堵塞漏洞。金融监管部门和金融机构可以为检察机关提供专业方面的培训,甚至抽调人员参与专项案件的调查,以提高各方防范金融腐败和金融犯罪的能力。此外,还应考虑共同建立金融腐败和金融犯罪人员黑名单,提高不法分子的犯罪成本,从而达到预防和减少犯罪的目的。

(四)探索履行法律监督职责的新途径,在金融领域内试行"督促起诉"和"督促监管"

近年来,我国检察机关已开始在民事行政法律监督领域开展"督促起诉"和"督促监管"的实践。[2] 督促起诉是"指检察机关发现损害或威胁公益的违法、违约,负有公产管理、社会管理、市场监管、公共服务等公法义务的组织不履行或怠于履行职责,足以导致公益遭受损失的,检察机关督促其通过提起民事诉讼维护公益的做法和制度"。[3] 近年来部分地区检察机关实践探索证明,督促起诉在保护公共利益和国有资产方面发挥了较大的作用。督促监管是检察机关发现行政监管部门不依法履行或不履行规定的监管职责时,通过检察建议等方式督促行政监管部门依法履行监管职责的做法。哈尔滨市阿城区人民检察院 2008 年在环境保护方

---

〔1〕参见胡怀邦:《学习先进经验　杜绝金融腐败——英国、新加坡和香港地区防治银行业腐败的经验与借鉴》,载《中国金融家》2006 年第 3 期。

〔2〕参见唐光诚:《中国检察制度面临的矛盾与宪法价值回归》,载《东方法学》2010 年第 1 期。

〔3〕张步洪:《构建民事督促起诉制度的基本问题》,载《人民检察》2010 年第 14 期。

面曾进行了实践，[1]取得了良好的社会效果。鉴于金融的重要性、风险性和公共性，检察机关作为法律监督主体，承担着维护国家利益和社会公共利益的责任，可以尝试在金融领域开展"督促起诉"和"督促监管"。对金融机构不履行职责，造成国家和公共财产重大损失的，可督促金融机构提起民事诉讼，以挽回损失。对金融市场中出现严重危害性行为，而金融监管部门未进行监管的，检察机关可以向有关监管部门提出监管建议，督促金融监管部门履行监管职责。

（吴卫军　撰）

---

[1] 2008 年 2 月 28 日，哈尔滨市阿城区检察院注意到当地部分企业没有采取环保措施，造成严重污染，损害人民群众利益后，向该区环保局发出了加大环境监管力度，责成污染企业尽快整改的检察建议。该区环保局收到检察建议后，对相关企业进行了行政处罚。参见陈宝琨、陈始途、王福有：《哈尔滨：非诉讼监督大有可为》，载《检察日报》2009 年 2 月 17 日，第 002 版。

第三章 中国金融犯罪追诉的行刑衔接问题：以证券稽查为例

依据《证券法》的规定，"国务院证券监督管理机构依法履行职责，发现证券违法行为涉嫌犯罪的，应当将案件移送司法机关处理"，这就涉及到证券稽查程序与刑事司法程序的衔接问题。《证券法》条文中使用的是"移送司法机关"，"司法机关"一词有广义狭义之分。这里的"司法机关"应该属于广义，即包括公安机关、检察机关和审判机关。一般的证券犯罪案件属于公安机关管辖范围，所以，证券稽查案件主要是移送公安机关。如果案件中涉及检察机关自侦案件范畴，则应依据刑事诉讼法的管辖规定移送检察机关。为规范行政执法程序与刑事司法程序的衔接问题，2001年国务院发布《行政执法机关移送涉嫌犯罪案件的规定》，公安部、最高检随之发布各自相关的规定和司法解释，2006年最高检、公安部等部门发布《关于在行政执法中及时移送涉嫌犯罪案件的意见》，2011年中共中央办公厅发布《关于加强行政执法与刑事司法衔接工作的意见》。从发布机关来看，涉及部门越来越多，级别也越来越高，这也说明了行政执法程序与刑事司法程序衔接的重要性和困难性。由于证券违法案件的重大性，证券稽查程序也较早建立了与刑事司法程序的衔接程序。2003年公安部成立证券犯罪侦查局并驻证监会办公，在北京、大连、上海、武汉、成都和深圳六地派驻直属分局，专门就证券犯罪问题进行侦查。近年来，证监会加大与公安部、最高检、最高法等部门的联系，逐步强化证券稽查领域内的行刑程序衔接。如2008年联合发布《关于查询、冻结、扣划证券和证券交易结算资金有关问题的通知》，2011年又联合发布《关于办理证券期货违法犯罪案件工作若干问题的意见》。2013 年证监会《关于进一步加强稽查执法工作的意见》再次强调了"加大行政司法衔接配合力度"，加强与公安司法机关、纪检监察机关、地方政府、政府部门的联系沟通，提高执法效率与效果。虽然上述法律法规为证券违法案件的行刑衔接问题奠定了坚实基础，但从案件移送数量来看，当前的衔接程序仍然存在很大问题。如据统计，2013 年 1 月至 10 月间，证监会启动调查 286 起，同比增长 25%；移送公安机关案件 34 起，同比增长 70%。[1] 单从数据上看，案件办案数量和移送公安机关数量都有大幅增长，但移送公安机关案件数量增长率明显高于案件调查增长率。一般来说，每年移送公安机关的案件占所有案件比例应该大体保持稳定，这与犯罪率有关。如果移送公安机关案件比例出现较大幅度变动，排除某年重大案件特别多的情况下，这只能说明当前的移送渠道不畅。而且，证监会稽查的都是重大复杂案件，按理说其涉嫌犯罪的可能性应该很高。而当前不到 12% 的移送比例，似乎有点过低。所以，我们需要对证券违法案件的行刑移送问题细致分析，逐步畅通这一渠道。

一、证券稽查程序与刑事司法程序衔接的条件

证券稽查程序与刑事司法程序衔接的条件，就是证券稽查案件涉嫌刑事犯罪，或刑事案件不构成犯罪但应当追究行政责任。这里的条件主要就是是否达到刑事立案的标准，这也是行政违法程序与刑事程序衔接的一般条件。如果有犯罪事实需要追究刑事责任的，就应当移入刑事司法程序；如果没有犯罪事实，或情节显著轻微，不需要追究刑事责任，但应当依法承担行政责任的，则应当移入证券稽查程序。因此，证券稽查程序与刑事司法程序的衔接点就是涉嫌刑事犯罪，证券稽查机关稽查的案件只有涉嫌犯罪时，才可以将案件移交给公安司法机关。为了保障证券稽查案件移送的准确性和顺畅性，对案情重大、复杂、疑难，性质难以认定的案件，证券稽查机关在移送案件时可以启动会商程序，就行为性质认定、

---

〔1〕《今年前 10 月证券违法移送公安 34 起同比增七成》，载 http://www.legaldaily.com.cn/index/content/2013-11/22/content_5053286.htm，访问时间 2014 年 7 月 23 日。

案件罪名适用、案件管辖等问题进行提前会商。但 2013 年证监会发布的《关于进一步加强稽查执法工作的意见》似乎有提高案件移送标准之嫌。如第 13 条提出："对于达到刑事追诉标准的案件,在案情基本清晰、主要证据已调取后,即可启动与公安机关的沟通会商。"依此规定,即便案件达到刑事追诉的标准,也要待证券稽查机关查清案件基本事实并调取主要证据后,才可移送刑事司法程序。这种拖延移送案件并非是基于腐败等违法原因,而是来自实践的需要,如案件调查的便利性、证券稽查与刑事侦查工作的并行体制、案件移送的准确性以及证券稽查队伍具备非常强的专业性等原因。但这一规定的确是提高了证券稽查案件移送的条件,是对现行案件移送体制的一个改变。对这种转变,我们需要予以关注。

对于涉嫌犯罪的证券违法案件,证券稽查机关应当立即将案件移送公安司法机关。既然是"立即移送",那就不要求证券稽查机关先对证券违法案件作出行政处罚。实际上,依据有关法律规定的要求,我国确立了刑事侦查的优先性,即刑事侦查程序要优先于行政处罚程序。如《关于加强行政执法与刑事司法衔接工作的意见》规定,"未作出行政处罚决定的,原则上应当在公安机关决定不予立案或者撤销案件、人民检察院作出不起诉决定、人民法院作出无罪判决或者免予刑事处罚后,再决定是否给予行政处罚。"

二、证券违法犯罪案件中的侦查主体问题

随着证券违法犯罪案件的增多,为了加大对证券违法犯罪案件的打击和便利行刑程序的衔接,2003 年公安部成立证券犯罪侦查局,驻证监会办公,专门负责证券违法犯罪案件的侦查工作,并在北京、大连、上海、武汉、成都和深圳六地派驻直属分局,实行垂直领导,各分局直接对公安部证券犯罪侦查局负责。[1] 2009 年公安部将直属分局合并为三大分局,分别派驻北京、上海、深圳,按管辖区域承办需要公安部侦查的有关经济

---

〔1〕参见《关于公安部证券犯罪侦查局直属分局办理证券期货领域刑事案件适用刑事诉讼程序若干问题的通知》

犯罪案件。[1] 现行的行刑衔接稽查体制在很大程度上解决了证券稽查难的问题，但行刑衔接难的问题并没有彻底改变，这极大地限制了证券稽查工作的高效展开。因此，有观点提出要赋予证券稽查机关一定的刑事侦查权。如美国证券交易委员会可以采取包括取证权、传唤权、账户冻结权、搜查权等调查权力，和诉讼权、执行权等准司法权。美国联邦最高法院在一个判例中曾确认类似 SEC 这样的机构行使的调查权等同于大陪审团的调查权，并且认定启动调查无需实质性证据，只要怀疑有违法行为即可展开调查。[2] 对此，我们认为这涉及到我国侦查主体的多元化变更问题。依据我国法律的规定，侦查权只能由法定主体行使。证券稽查机构要想获得上述侦查措施，必须首先分析其能否成为法定的侦查主体之一。

那么，证券稽查机关能否成为下一个新的侦查主体呢？我们认为，证券稽查机关拥有刑事侦查权与我国侦查权配置传统不符，证券稽查机关在我国无法成为新的侦查主体。我国有侦查权的主体包括公安机关、国家安全机关、军队保卫部门、监狱和检察院等，但绝大多数的违法犯罪案件是由公安机关负责侦查的。当前的这种侦查体制与我国长期以来的传统有关。建国之后，我国建立起公、检、法三家分享公安司法权力的政法体制，其他机关、团体和个人都无权行使侦查权、检察权和审判权。在这一体制下，公安机关独享侦查权。之后，随着社会的发展和政法部门内的调整，公安机关独享侦查权的体制逐渐被打破。如 1962 年《最高人民法院、最高人民检察院、公安部〈关于公、检、法三机关受理普通刑事案件的职责范围的试行规定〉》，将"国家机关工作人员、基层干部和企业的职工中贪污、侵吞公共财产、侵犯人身权利等严重行为，已构成为犯罪需要依法处理的"案件的侦查权，交由检察机关行使。[3] 1983 年，全国人民代表大会常务委员会授权国家安全机关行使刑事侦查权；1993 年，全国人民

---

[1] 参见《最高人民法院、最高人民检察院、公安部关于公安部证券犯罪侦查局直属分局办理经济犯罪案件适用刑事诉讼程序若干问题的通知》

[2] 上海证券交易所——中国证监会深圳监管局联合课题组：《内幕交易行为稽查执法研究》，载 http://wenku.baidu.com/view/6c060d8a680203d8ce2f24e1.html，第 87 页。

[3] 参见闵钐：《中国检察史资料选编》，中国检察出版社 2008 年版，第 423 页。

代表大会常务委员会授权中国人民解放军保卫部门对军队内部发生的刑事案件行使公安机关的侦查、拘留、预审；1994年，《监狱法》规定监狱对发生在监狱内部的犯罪案件进行侦查。[1] 至于移交原因，有关法律的解释主要是"工作性质相同"。如《全国人民代表大会常务委员会关于中国人民解放军保卫部门对军队内部发生的刑事案件行使公安机关的侦查、拘留、预审》规定："中国人民解放军保卫部门承担军队内部发生的刑事案件的侦查工作，同公安机关对刑事案件的侦查工作性质是相同的……"《全国人民代表大会常务委员会关于国家安全机关行使公安机关的侦查、拘留、预审和执行逮捕的职权的决定》规定："第六届全国人民代表大会第一次会议决定设立的国家安全机关，承担原由公安机关主管的间谍、特务案件的侦查工作，是国家公安机关的性质……"除军队保卫部门外，国家安全机关和监狱都曾属于公安部，分别承担着相关领域的侦查工作。[2] 后来监狱从公安部移交给司法部管理，仍然承担着狱内侦查工作。我国侦查权多元化是与公安机关体制变革息息相关的。而证券稽查机关与公安机关并无直接衍生关系。因此，从我国侦查权设置传统来看，赋予证券稽查机关刑事侦查权存在较大难度。

虽然证券稽查机关无法直接行使刑事侦查权，但由于证券稽查工作的专业性等，证券稽查机关应当深度介入证券犯罪案件侦查中去。我国已经开始探索这方面的经验，如协调会商程序、证券稽查人员提供专业帮助等。随着双方合作的逐渐深入，证券违法案件的行刑衔接难题也将逐步解决。但从有利于打击证券违法犯罪案件的角度来说，我们还可以借鉴大陆法系国家和地区在处理这一问题上的经验，通过法律授权赋予证券稽查机关"特别司法警察"的地位。如日本警察厅及都道府县警察机构

---

〔1〕参见《全国人民代表大会常务委员会关于国家安全机关行使公安机关的侦查、拘留、预审和执行逮捕的职权的决定》《全国人民代表大会常务委员会关于中国人民解放军保卫部门对军队内部发生的刑事案件行使公安机关的侦查、拘留、预审》、1994年《监狱法》第60条。

〔2〕如1982年公安部发布《监狱、劳改队管教工作细则（试行）》第80条规定，"监狱、劳改队的狱内侦查工作，应当贯彻执行'及时发现、查明情况、迅速破案'的方针。它的任务主要是：在监狱、劳改队党委和行政首长领导下，依靠全体干警，配合公开的管理控制，通过调查研究、侦查破案，有效地防范和及时打击犯人的各种阴谋破坏活动。"

的警察官以外的人,被称为"特别司法警察"。这些特定的行政厅职员,在履行原来职务时发现犯罪的机会较多,并能运用职务上的特殊知识获得侦查上的实效,所以也可以视为司法警察。[1] 德国也有类似规定,如《德国法组织法》第152条第2款规定"州政府被授权通过法律命令规定可以适用该条款的作为侦查人员的公务员团体和雇员团体⋯⋯"。[2] 这些具有特别警察身份的人,对特定案件可以行使刑事侦查权。当然,这并不意味着在公安机关之外又创设新的侦查机关,而是为了简化移交程序、充分利用证券稽查人员的专业能力等目的,通过公安机关的授权,赋予证券稽查机关行使部分刑事侦查权。公安机关仍然行使立案权、侦查权,只不过在行使侦查权时,主要依赖于证券稽查机关执行。这一思路在《关于办理证券期货违法犯罪案件工作若干问题的意见》中关于证券稽查人员提供专业协助等的规定中也得到初步体现。[3] 此外,由于我国尚未建立起完善的侦查司法监督机制,侦查机关不仅是刑事侦查措施的执行机关,还是大多数刑事侦查措施的批准机关。为了防止证券稽查机关滥用侦查权,除履行法定的批准程序外,证券稽查机关行使刑事侦查权时必须会同公安机关一同执行。如台湾"金融监督管理委员会组织法"第5条第6款规定:"本会及所属机关对涉有金融犯罪嫌疑之案件,得叙明事由,报请检察官许可,向该管法院声请核发搜索票后,会同司法警察,进入疑为藏置帐簿、文件、电子资料档等资料或证物之处所,实施搜索;搜索时非上述人员不得参与。经搜索获得有关资料或证物,统由参加搜索人员,会同携回本会及所属机关,依法处理。"

三、证券稽查案件采取措施的性质分析

司法实践中,为了保障证券稽查工作得到公安司法机关的强有力协

---

〔1〕裴索:《日本国检察制度》,商务印书馆2011年版,第63页。

〔2〕魏武:《法德检察制度》,中国检察出版社2008年版,第323页。

〔3〕《关于办理证券期货违法犯罪案件工作若干问题的意见》第4条规定:"公安机关、人民检察院和人民法院在办理涉嫌证券期货犯罪案件过程中,可商请证券监管机构指派专业人员配合开展工作,协助查阅、复制有关专业资料。证券监管机构可以根据司法机关办案需要,依法就案件涉及的证券期货专业问题向司法机关出具认定意见。"

助,各地引入了公安司法机关的提前介入机制。如《关于办理证券期货违法犯罪案件工作若干问题的意见》第 1 条规定:"证券监管机构依据行政机关移送涉嫌犯罪案件的有关规定,在办理可能移送公安机关查处的证券期货违法案件过程中,经履行批准程序,可商请公安机关协助查询、复制被调查对象的户籍、出入境信息等资料,对有关涉案人员按照相关规定采取边控、报备措施。证券监管机构向公安机关提出请求时,应当明确协助办理的具体事项,提供案件情况及相关材料。"[1]这种提前介入机制在很大程度上可以弥补证券稽查机关调查权能的不足,保障证券稽查工作的顺利进行。那么,我们该如何定性公安司法机关的这种提前介入呢?我们认为,公安司法机关提前介入属于刑事初查的范畴。立案是刑事司法程序开始的标志,也是公安司法机关可以实施法定刑事司法职权的开端。而公安司法机关提前介入证券稽查工作时,公安司法机关尚未将其作为一个刑事案件进行立案。所以,公安司法机关的提前介入不应归于正式的刑事诉讼程序。但公安司法机关在这种提前介入机制中又切实行使着部分刑事侦查职能,如查询、复制等。在刑事诉讼程序中,符合这一标准的只有初查。如《公安机关办理刑事案件程序规定》第 171 条第 2 款规定:"对于在审查中发现案件事实或者线索不明的,必要时,经办案部门负责人批准,可以进行初查。"《人民检察院刑事诉讼规则(试行)》也有类似规定,第 168 条规定:"侦查部门对举报中心移交的举报线索进行审查后,认为有犯罪事实需要初查的,应当报检察长或者检察委员会决定。"但初查作为立案中的调查程序,其条件也是"有犯罪事实需要初查的"。

既然公安司法机关提前介入证券稽查程序属于刑事初查,那么,就应

---

〔1〕虽然该条文中没有直接列明"提前介入"一词,但"在办理可能移送公安机关查处的证券期货违法案件过程中"也就是说案件尚未被移送,公安司法机关当然也未将其作为刑事案件予以立案。所以,该条实际上规定的就是公安司法机关的提前介入机制。此外,《关于在行政执法中及时移送涉嫌犯罪案件的意见》明确提出公安司法机关的提前介入机制,第 10 条规定:"行政执法机关对案情复杂、疑难,性质难以认定的案件,可以向公安机关、人民检察院咨询,公安机关、人民检察院应当认真研究,在七日以内回复意见。对有证据表明可能涉嫌犯罪的行为人可能逃避或者销毁证据,需要公安机关参与、配合的,行政执法机关可以商请公安机关提前介入,公安机关可以派员介入。对涉嫌犯罪的,公安机关应当及时依法立案侦查。"证券稽查作为行政执法的一种,当然也适用该意见,所以,证券稽查程序中公安司法机关也有权提前介入。

当遵循刑事初查的相关规定。由于初查并非法定的刑事诉讼程序，仅仅是公安司法机关一项内部程序，所以，初查一般具有秘密性和非强制性等特点。如《公安机关办理刑事案件程序规定》第 171 条第 3 款规定："初查过程中，公安机关可以依照有关法律和规定采取询问、查询、勘验、鉴定和调取证据材料等不限制被调查对象人身、财产权利的措施。"《人民检察院刑事诉讼规则（试行）》对初查的限制性规定更加明确，第 172 条规定："初查一般应当秘密进行，不得擅自接触初查对象。公开进行初查或者接触初查对象，应当经检察长批准。"第 173 条规定："在初查过程中，可以采取询问、查询、勘验、检查、鉴定、调取证据材料等不限制初查对象人身、财产权利的措施。不得对初查对象采取强制措施，不得查封、扣押、冻结初查对象的财产，不得采取技术侦查措施。"这种限制性规定我们也可从《关于办理证券期货违法犯罪案件工作若干问题的意见》窥见一斑。如该意见第 1 条规定的主要是是查询、复制权以及报备程序，第 2 条规定公安机关立案后才能对当事人采取措施防止其逃匿或毁销证据。[1] 所以，公安司法机关提前介入证券稽查程序应当依据刑事初查的有关规定，不得采取限制初查对象人身、财产权利的措施。

这里需要探讨的是《关于办理证券期货违法犯罪案件工作若干问题的意见》第 1 条中规定的边控措施。近些年来，证券稽查程序中采用"边控"措施的越来越多，为防止其被滥用亟需对"边控"进行分析。首先，"边控"只能由公安司法机关依法采取。依据法律规定，边控只能由公安机关、国家安全机关、人民检察院、人民法院等批准，其他机关和个人无权批准。证券稽查机关也无权采取"边控"措施，只能是商请有关机关采取该措施。其次，"边控"的条件。《公民出境入境管理法》第 8 条规定："有下列情形之一的，不批准出境：（一）刑事案件的被告人和公安机关或者人

---

[1]《关于办理证券期货违法犯罪案件工作若干问题的意见》第 2 条："证券监管机构办理证券期货违法案件，案情重大、复杂、疑难的，可商请公安机关就案件性质、证据等问题提出参考意见；对有证据表明可能涉嫌犯罪的行为人可能逃匿或者销毁证据的，证券监管机构应当及时通知公安机关；涉嫌犯罪的，公安机关应当及时立案侦查。"依该规定，当出现当事人可能逃匿或销毁证据时，法律只规定了证券稽查机关的通知权。而对于公安机关来说，接到证券稽查机关的通知后应当及时立案并采取相关侦查措施。

民检察院或者人民法院认定的犯罪嫌疑人;(二)人民法院通知有未了结民事案件不能离境的;(三)被判处刑罚正在服刑的;(四)正在被劳动教养的;(五)国务院有关主管机关认为出境后将对国家安全造成危害或者对国家利益造成重大损失的。"依第 1 项规定,被采取"边控"的只能是犯罪嫌疑人和被告人,而犯罪嫌疑人、被告人只能产生于刑事案件立案之后。所以,刑事初查程序中也不能采取"边控"手段。基于此,我们认为,公安机关提前介入证券稽查时,无权采取"边控"措施,只能在证券稽查案件移送刑事司法机关并立案之后才可以采取"边控"措施。

四、证券稽查程序与刑事司法程序中的证据衔接

为了保证证券违法犯罪案件得到及时惩处,在移送刑事司法程序时,证券稽查机关也需要移送相关证据材料。如 2001 年《行政执法机关移送涉嫌犯罪案件的规定》第 6 条规定:"行政执法机关向公安机关移送涉嫌犯罪案件,应当附有下列材料:(一)涉嫌犯罪案件移送书;(二)涉嫌犯罪案件情况的调查报告;(三)涉案物品清单;(四)有关检验报告或者鉴定结论;(五)其他有关涉嫌犯罪的材料。"而依据 2011 年《关于加强行政执法与刑事司法衔接工作的意见》的规定,"行政执法机关向公安机关移送涉嫌犯罪案件,应当移交案件的全部材料,同时将案件移送书及有关材料目录抄送人民检察院。行政执法机关在移送案件时已经作出行政处罚决定的,应当将行政处罚决定书一并抄送公安机关、人民检察院。"可见,法律扩大了行政机关移送材料的范围,不仅需要移送涉嫌犯罪的材料,还需要移送全部卷宗。

第一,移送证据材料的范围。如上所述,证券稽查机关在移送时应当移送全部案卷材料,当然应当包括所有的证据材料,不仅包括物证、书证等实物证据,还包括证人证言、当事人陈述等言词证据。当然,上述两类证据在刑事诉讼中的运用规则并不一样。首先,依据《刑事诉讼法》第 52 条第 2 款的规定:"行政机关在行政执法和查办案件过程中收集的物证、书证、视听资料、电子数据等证据材料,在刑事诉讼中可以作为证据使用。"即证券稽查机关移送的物证、书证、视听资料、电子数据等证据材料,可以作为刑事证据使用。此处"等"并非指代所有言词证据,而主要是为

未来可能出现的新的证据种类预留下空间。可以作为刑事证据使用的证券稽查证据主要应限制在实物证据领域，如物证、书证、视听资料、电子数据等。其次，笔录类证据在刑事诉讼中的使用。在证券稽查工作中，笔录类证据使用非常广泛。笔录类证据是执法机关在实施检查等行为时做的记录，反映了被调查现场的情况，客观性也非常强。而且，法律法规对行政执法机关实施检查所做笔录的规定，与刑事司法领域中的规定并无太大区别，行政执法领域的笔录类证据和刑事司法领域的笔录类证据区别并不大。因此，笔录类证据在刑事诉讼中也可作为证据使用。再次，客观性较强、不易受证据收集方式影响的言词证据，如鉴定意见、检验报告等，也可在刑事诉讼中作为证据使用。如《公安机关办理刑事案件程序规定》第 60 条规定："公安机关接受或者依法调取的行政机关在行政执法和查办案件过程中收集的物证、书证、视听资料、电子数据、检验报告、鉴定意见、勘验笔录、检查笔录等证据材料，可以作为证据使用。"最后，证人证言、当事人陈述等言词证据不能在刑事诉讼中作为证据使用。证人证言、当事人陈述等言词证据的真实性受取证方式影响很大，相对而言，行政执法取证方式的程序性、法治性等要低于刑事司法取证，容易造成当事人权利的不当损害。因此，证人证言、当事人陈述等言词证据不应当作为刑事证据来使用。[1] 当然，不能作为刑事证据使用并不意味着其没有价值，其可以作为重要的犯罪线索来使用。而且，这类证据还可通过转化实现在刑事诉讼中的适用，即通过依据刑事诉讼法的规定重新收集证人证言、当事人陈述的方式。

　　第二，证券稽查证据的审查适用。《刑事诉讼法》第 52 条规定了行政执法证据可以作为证据在刑事诉讼中使用，但这并未排除公安司法机关对行政执法证据的审查义务。《关于办理证券期货违法犯罪案件工作若

---

〔1〕值得注意的是，《人民检察院刑事诉讼规则（试行）》第 64 条第 3 款规定了特殊情况下证人证言、当事人陈述的使用规则："确有证据证实涉案人员或者相关人员因路途遥远、死亡、失踪或者丧失作证能力，无法重新收集，但供述、证言或者陈述的来源、收集程序合法，并有其他证据相印证，经人民检察院审查符合法定要求的，可以作为证据使用。"我们认为，这一规定超越了《刑事诉讼法》的规定，属于自我授权的规定，违背了法治精神。对于确实无法重新收集的言词证据，我们应当承认证据收集的有限性，而不能降低刑事司法标准来适用这些证据。

干问题的意见》第 5 条也规定:"随案移送的证据,经法定程序查证属实的,可作为定案的根据。"那么,该如何审查这些证据呢?

我们认为,对证券稽查证据的审查主要包括两部分:一是对证据真实性的审查,二是对证据收集合法性的审查。如果上述要求缺少任何一个,证券稽查证据都不能作为定案的依据。首先,对证据真实性的审查。对证据真实性的审查,可以从证据形成的原因、发现证据的客观环境、是否为原件原物等方面进行审查。其次,对证据合法性的审查。证券稽查证据合法性的审查依据,究竟是证券稽查依据的法律法规,还是规范刑事诉讼行为的相关法律法规呢? 对此,《最高人民法院关于适用〈中华人民共和国刑事诉讼法〉的解释》中规定证据收集合法性的审查依据是"有关法律、行政法规",并未明确规定审查依据。这里面涉及到的问题就是,相关法律法规对行政执法行为和刑事诉讼行为的合法化程度要求不太一致,对刑事诉讼行为的要求明显严格于行政执法行为。如果适用刑事诉讼法律法规进行审查证券稽查行为,不仅大量的证券稽查证据可能无法进入到刑事诉讼中来,而且也明显违背了职权法定原则。证券稽查机关在实施行政执法行为时,其职权来源和行使方式都只受证券稽查法律法规的规范,并不受刑事诉讼法律法规的规范。而且,在很多案件中,证券稽查机关也并非是一开始就知道这个案件可能涉嫌犯罪需要移送。待知道可能涉嫌犯罪时,相关的证据已经被收集。因此,对证券稽查证据收集合法性的审查应当主要适用规范证券稽查行为的法律法规。

此外,考虑到证券稽查证据将在刑事诉讼中作为证据使用,为防止证券稽查证据的滥用和保护相关人员的合法权益,对证券稽查证据收集合法性的审查也应适用刑事诉讼非法证据排除规则,将严重的侵犯当事人合法权益的证据排除出刑事诉讼程序。对此,德国证据禁止理论中的"自主性证据使用禁止"对我国有一定的借鉴意义。德国法中的证据禁止制度包括证据取得之禁止和证据使用之禁止,证据使用之禁止又可分为"自主性证据使用禁止"和"非自主性证据使用禁止"。所谓"自主性证据使用禁止",是指法院不是依据法律中的证据取得禁令而作出排除证据的裁定,而是从宪法有关保障公民基本权利条款中所推导出来的证据使用禁止。[1] 由于这类证据使用禁止来源于宪法中的规定，又被称为"宪法上之证据使用禁止"。此类证据禁止，考虑的重心并不在于取得证据行为，而在于法院调查并使用证据至行为，是否会构成一次自主性之基本权之侵害，因而违宪。[2] 对我国来说，2004 年我国已将"国家尊重和保障人权"规定到《宪法》中去，人权保障成为我国的一项宪法任务，任何侵犯人权的行为都应视为对我国司法秩序的侵犯。证券稽查机关的非法取证行为也因违反宪法中的人权保障义务，而应在我国整个司法体系中做否定性评价。而且，对证券稽查证据适用严格的非法证据排除规则，也有利于避免证券稽查证据与刑事证据转化规则的滥用。通过设置证据转化规则的高成本，将这种证据转化规则限制在必要性范围内。因此，证券稽查证据在刑事诉讼运用时也应受到刑事非法证据排除规则的限制。

（高通　撰）

---

〔1〕陈瑞华：《比较刑事诉讼法》，中国人民大学出版社 2010 年版，第 182 页。

〔2〕林钰雄：《干预处分与刑事证据》，北京大学出版社 2010 年版，第 201 页。

第四章　中国金融犯罪的审查逮捕运行：
以检察引导侦查为例

　　检察引导侦查是一项具有中国特色的制度实践，它是"检察机关从法律监督角度出发，及时介入侦查机关对重大、疑难、复杂案件的侦查活动，帮助确定正确的侦查方向，指导侦查围绕起诉指控所需，全面准确地收集和固定证据的侦查监督活动。"[1]金融犯罪的专业化、复杂性决定了检察机关行使审查逮捕职能时更容易处于疑难状态，证据获取的专业性也使得侦查机关具有更多获得检察业务指导的需求。金融犯罪案件审查逮捕实践中，检察引导侦查是否得到更多地适用，其运作样貌如何？该类型案件审查逮捕过程中[2]引导侦查具有何种效能，未来如何优化？本章将以上海 F 检察院[3]侦查监督部门办理金融案件引导侦查的实践为分析样本，结合上海本地的文本规范和其他检察院的案件办理，在经验描述、数据分析的基础上，尝试对金融案件检察引导侦查进行类型化考察，展示其运作特质，并基于实践效果对其优化进行展望。

---

　　〔1〕华为民：《检察引导侦查的基本内涵和基础理论》，载《人民检察》2001 年第 8 期。

　　〔2〕从严格意义上讲，审查逮捕的起点为刑事案件正式报捕。但本文"审查逮捕过程中的引导侦查"在更广义上使用，包含了侦查机关拟正式报捕前，由侦查监督部门开展的提前介入活动。

　　〔3〕F 检察院为上海的一家分院，下辖十个区县检察院。由区位特点和级别所决定，每年审查逮捕的案件中有相当数量的疑难复杂金融案件，在对该类型案件检察引导侦查方面有丰富的实践。

一、检察引导侦查：理论定位和制度安排

在"分工负责，互相配合，互相制约"的诉讼原则之下，我国的检警关系被型塑为分离模式。公安、检察以一种前后接力的方式实现刑事诉讼的任务。上世纪八十年代，为实现从快从重打击犯罪的刑事政策，检察机关尝试提前介入公安机关的案件侦查，"当时的着眼点在于侦诉形成合力，加大打击犯罪的力度。"[1]九十年代以来，随着我国检察机关捕诉分离和侦查机关侦审合一机制的建立，尤其是1996年刑事诉讼法对庭审体制的修改，以河南周口检察院为代表的地方检察机关试点检察引导侦查，以应对新的办案机制和庭审要求。此一机制的建立以"强化监督"为视角，区别于以往的一味强调"检警配合"。这一改革方向为我国最高人民检察院所肯定，2002年全国刑事检察工作会议将"适时介入侦查、引导侦查取证、强化侦查监督"确立为加以"坚持、巩固和完善"的工作机制。

作为一项内生型制度，检察引导侦查在寻找理论支撑时曾多有争议。较早的观点认为检察引导侦查取证的理论依据是现代诉讼的控、辩、审职能的分配。侦查职能服务于控诉职能符合"两造对抗"的诉讼规律，"为了更有效地追诉犯罪，就要使检察机关不仅仅对公安机关移送的案件进行审查，应从公安机关收集证据开始，适时地介入到侦查中去。"[2]

不过，现在更被认可的观点是将法律监督作为检察引导侦查的理论基础。检察引导侦查的基本思路要从过去"形成合力"向"体现制衡"转变，通过检察权这一体现客观性的外在力量的制约，促使侦查权不至于在缺乏实质性的制约力量的情况下滥用，保证警察权力在充分发挥公共服务效能的同时，尽可能减少其对人民权利和自由的不当侵害。[3]检察引导侦查被认为实现了侦查监督的关口前移，变以往被动的、事后监督转为主动的、事前监督。以法律监督强化作为检察引导侦查的理论基础将使

〔1〕宋鹏举：《完善检察引导侦查机制的思考》，载《河北法学》2011年第9期。
〔2〕秦炯天、蔡永彤：《"检察引导侦查"机制的反思与展望》，载《中南大学学报（社会科学版）》2009年第3期。
〔3〕但伟、姜涛：《侦查监督制度研究——兼论检察引导侦查的基本理论问题》，载《中国法学》2003年第2期。

其获得更为充分的正当性支持。从各地检察引导侦查的实践来看,事实上侦查监督也是不可获缺的重要内容。[1]

与实践及理论探索相呼应,刑事诉讼制度亦给检察引导侦查预留了开展空间。一般认为,现行刑事诉讼法第85条[2]是检察引导侦查的直接依据,"公安机关要求逮捕犯罪嫌疑人的时候,应当写出提请批准逮捕书,连同案卷材料、证据,一并移送同级人民检察院审查批准。必要的时候,人民检察院可以派人参加公安机关对于重大案件的讨论。"最高人民检察院制定实施的《人民检察院刑事诉讼规则》,则对此予以一定程度的细化。具体为:第318条[3]明确检察机关作出批准逮捕决定后,可以对收集证据、适用法律提出意见;第567条[4]将人民检察院可以根据需要派员参加公安机关对于重大案件的讨论和其他侦查活动作为侦查监督的重要手段。

不过,现行的制度规范仍显得相对原则化。"必要的时候"、"可以"等立法规范用语具有较强的弹性,检察引导侦查是一种柔性的制度安排。其次,现行制度确认了引导侦查所具有的监督侦查之效能,《人民检察院刑事诉讼规则》第567条即位于第14章"刑事诉讼法律监督"中的第2节"侦查活动监督"之列。

二、金融犯罪案件审查逮捕过程中检察引导侦查的实践运作

由于正式法律规定的相对原则,现行刑事司法体制之下检察引导侦

---

〔1〕如最先试点检察引导侦查改革并取得一定成效的河南省周口市人民检察院将检察引导侦查概括为检察机关通过参与公安机关的重大案件的侦查活动,对侦查机关的证据的收集、提取、固定以及侦查取证的方向,提出意见和建议,并对侦查活动实行法律监督。

〔2〕该条文内容在1979以来的三部刑事诉讼法中均有表述,现行刑事诉讼法第88条的主体内容继承了1979年刑事诉讼法第45条、1996年刑事诉讼法第66条的规定。

〔3〕《人民检察院刑事诉讼规则》第318条全文为:对公安机关提请批准逮捕的犯罪嫌疑人,人民检察院经审查认为符合本规则第一百三十九条、第一百四十条、第一百四十二条规定情形的,应当作出批准逮捕的决定,连同案卷材料送达公安机关执行,并可以对收集证据、适用法律提出意见。

〔4〕《人民检察院刑事诉讼规则》第567条全文为:人民检察院根据需要可以派员参加公安机关对于重大案件的讨论和其他侦查活动,发现违法行为,情节较轻的可以口头纠正,情节较重的应当报请检察长批准后,向公安机关发出纠正违法通知书。

查乃是以"行政合同"[1]的方式推行，即由当地的检察机关和公安机关协商确定引导侦查的案件类型和运作的具体机制。金融案件审查逮捕过程中引导侦查的实践展开也因地各异。上海市人民检察院和上海市公安局于2009年4月联合印发了《上海公安机关、检察机关关于进一步加强监督配合机制的若干意见》，提出要以复杂疑难及命案等重大、有影响案件为重点，建立、完善检察引导侦查；规范、完善适时介入和捕前协商等在内的五项机制。同年9月，两机关联合颁布了《关于刑事案件适时介入、捕前协商工作的若干意见》(以下简称《适时介入、捕前协商意见》)和《关于加强经济犯罪案件情况通报及监督协商的意见》。上海部分区县在上述文件的基础上，亦对检察引导侦查进行了细化，如上海市浦东新区检察院和上海市公安局浦东分局颁布了《关于建立金融、航运、知识产权等案件侦捕诉联动机制的意见》。上海金融案件审查逮捕过程中检察引导侦查机制的运行规范已基本搭建，在实践中亦呈现出了丰富的样态。

（一）侦查监督部门引导侦查的三种模式

实践中，由侦查监督部门开展的检察引导侦查[2]形成了捕前引导、捕中引导和捕后引导三种模式。每一种模式在引导的内容、方式等方面略有差异。

捕前引导即检察机关在刑事立案后提请逮捕前介入公安侦查。此种引导模式的启动分为公安的通知介入和检察机关的主动介入两种。提前介入的方式包括听取案情介绍、查阅证据材料、参加案件讨论、提供取证意见、参与勘查现场等。提前介入案件的种类由各地检察机关和当地公安机关通过会签文件的形式确定，一般为重大疑难复杂案件。

捕中引导即检察机关在逮捕审查过程中就案件侦查进行引导。按照刑事诉讼法第85条，检察机关审查逮捕必要的时候，可以派人参加公安机关对于重大案件的讨论；依据《人民检察院刑事诉讼规则》第567条，除

---

[1] 参见但伟、姜涛：《侦查监督制度研究——兼论检察引导侦查的基本理论问题》，载《中国法学》2003年第2期。

[2] 实践中，公诉部门也开展检察引导侦查，在案件未移送审查起诉前即提前介入。由本文关注的主题决定，公诉部门专门开展的检察引导侦查不在此文中专门论述。如未有特别说明，下文"检察引导侦查"专指侦查监督部门开展的引导侦查活动。

了可以派员参加重大案件的讨论外，还可以介入其他侦查活动。但在实践中，审查逮捕过程中的引导一般采用承办人与公安联系补充相关证据材料的方式，派人参加讨论的会商式引导较少。

捕后引导即检察机关在做出批准逮捕或以证据不足不批准逮捕后就公安机关侦查取证方面的所做的引导。其中，批准逮捕后的引导侦查又可细分为一般批准逮捕后的引导侦查和有条件逮捕[1]（亦称附条件逮捕）后的引导侦查两种。一般批准逮捕后的引导侦查即由侦查监督部门在批准逮捕后，着眼庭审证据要求，在《提供法庭审判所需证据材料意见书》中载明需要补充、完善的证据，并提出指导性意见。有条件批准逮捕案件，检察机关应在公安机关补侦计划基础上，进一步提出内容详尽且具操作性的《要求提供证据材料通知书》，并督促公安机关落实。检察机关以证据不足作出不批准逮捕决定时，应向公安机关提供补充侦查提纲，就案件补充侦查等事项进行引导。

（二）金融案件检察引导侦查的具体样态

并非所有的金融案件都进行了检察引导侦查。以侦查监督部门提前介入捕前引导侦查为例，2012年，上海F检察院提前介入的金融案件约占受理金融类审查逮捕案件的60%。[2] 考虑到基层检察院受理的金融案件类型相对简单，因此，金融案件中使用检察引导侦查的比例要低于此数据。[3] 结合上海的相关规定，检察引导侦查的金融案件主要集中在法律适用疑难型、涉众社会关注型和证据固定提取困难型三类案件。

---

〔1〕最高人民检察院颁布的《人民检察院审查逮捕质量标准（试行）》第4条规定："对于证据有所欠缺但已基本构成犯罪、认为经过进一步侦查能够取得定罪所必需的证据、确有逮捕必要的重大案件的犯罪嫌疑人，经过检察委员会讨论决定可以批准逮捕"。

〔2〕金融类案件的统计口径为：《刑法》分则第三章第四节破坏金融管理秩序罪；《刑法》第183条至第185条规定的金融机构国家工作人员职务犯罪；《刑法》第三章第五节金融诈骗罪；《刑法》第160条欺诈发行股票、债券罪、第161条违规披露、不披露重要信息罪、第169条之一背信损害上市公司利益罪。

〔3〕如上海金融案件最多的浦东检察院，2010年和2011年，信用卡诈骗案件均占全年金融犯罪案件的81%，而恶意透支型的约占全部信用卡诈骗案件的80%，这种常规化的金融诈骗案件一般不进行检察引导侦查。参见房长缨、崔欣：《金融犯罪的现状特征、存在问题及其对策分析——以浦东新区2010—2011年数据为切入》，载 http://www.pd.sh.pro/web/showinfo/showinfo.aspx？infoid=93055a55-9219-4f07-a329-9568a383142b&siteid=1。

　　在金融案件中,实践中使用检察引导侦查频率最高,规范化程度最高的是捕前提前介入模式。上海 F 检察院的实践表明,与其他刑事案件相比较,金融案件审查逮捕前的提前介入率更高。依据侦查监督部门《适时介入工作情况表》的记录,2012 年,F 检察院逮捕前提前介入引导侦查的案件约占受理审查逮捕案件总数的 28%;在受理审查逮捕金融案件中,提前介入引导侦查比例则达到了 60%;在所有提前介入引导侦查的案件中,金融案件占到了近三成。

　　检察引导侦查虽然有两种启动方式,但实践中金融案件检察引导侦查绝大多数为应公安机关请求启动。此种情况的出现带有某种必然性,这一方面缘于公安与检察的信息交流平台尚在建设之中,除非是引发舆论关注或者是上级督办的重大案件,检察机关并不知晓公安机关金融案件立案侦查情况;另一方面在目前的检警架构下,引导侦查事实上需取得公安同意,无论是在规范还是在实践层面,检察机关的主动介入都带有某种谦抑性。[1]

　　无论是何种启动方式,提前介入的案件都需要经由公安和检察相关负责人审批。检察院由侦查监督部门负责人审批,由其指定提前介入引导侦查的承办人。需开展具体介入侦查事宜时,由另一名侦查监督检察官协助。上海《适时介入、捕前协商意见》规定了六种介入侦查工作的方式。[2]金融检察实践中,提前介入时承办检察官一般先听取案发经过及侦查情况介绍;再复核相关重要证据,如审查犯罪嫌疑人笔录、询问证人笔录等;再针对公安机关提出的疑难给出针对性的建议。疑难复杂案件不便当场发表意见的,承办人需向侦监部门负责人或分管检察长报告,经研究后再反馈意见。

---

　　〔1〕如上海《适时介入、捕前协商意见》在检察引导侦查的启动上亦做了分别表述:"公安机关认为检察机关应当适时介入的案件,经责任部门负责人批准,及时通知检察机关侦查监督部门派员介入。检察机关认为需要主动介入的,经侦查监督部门负责人批准,通知公安机关,公安机关一般应当接受,积极配合。"

　　〔2〕包括听取案发经过及侦查情况介绍;查看现场、作案工具;参加案件侦查分析会议;审查现场勘查报告、尸体检验报告、相关鉴定结论等证据;观看审讯录像或审讯过程;审查讯问犯罪嫌疑人、询问证人笔录。

　　实践中,公安机关提出需要引导的问题主要集中在证据的固定和证明上,对案件定性提出引导的有,但不多。提前介入的侦监承办人一般针对疑问进行引导,但对发现的其他问题会一并提出。无论从案件本身侦查质量的提高还是其内部的考核要求,公安机关都非常重视检察机关审查逮捕前介入侦查的建议。在检察引导侦查的三种模式中,捕前引导侦查的效果最好。

　　除了规范意义上的提前介入引导侦查,实践中还有一种非正式的捕前引导侦查。公安承办人侦查中遇到问题,会打电话给熟悉的检察官进行咨询。此种非正式检察引导侦查由于不需要走领导审批程序,运转起来更为方便。不过,该种非正式的检察引导侦查方式需要公安和检察人员在工作中建立起相当的信任关系,其在多年前较为盛行,但进行规范以后已大为减少。由于没有阅卷,无法保证案件信息对称,出于工作纪律和审慎的考虑,检察人员现在只有对公安承办人(办案经验、责任心等方面)有相当地了解,才会与之交流自己的看法。另一方面,与检察官非正式的这种交流事实上会影响到案件的走向,为保证得到正确的意见,公安承办人一般也只向自己信得过的、经验丰富的检察官咨询。实践中,大约有5%—10%左右的案件会以这种非正式的方式"提前介入"。

　　捕中引导一般是在案件审查逮捕遇到证据、定性等相关问题时才进行。由于疑难复杂的金融案件一般已经提前介入,金融案件审查逮捕时的引导侦查存在,但数量不多。对于刑拘报捕的案件,审查逮捕只有 7 天的时间,如果此时审查逮捕证据有问题一般很难补足。较多的情况是部分瑕疵证据不符合庭审要求,检察机关在批准逮捕后对证据完善进行引导。若是小问题,在审查逮捕中,侦监承办人一般电话与公安沟通。如若问题较多,一般会出具正式的《提供法庭审判所需材料意见书》,这就属于前文所提到的捕后引导侦查。实践中,较为复杂的金融案件即便已经提前介入,证据达到了批准逮捕标准,可能与庭审标准存在差距,所以以《提供法庭审判所需材料意见书》在审查逮捕中并不鲜见。上海 F 检察院侦监部门近年就强化了发现不符合庭审要求的证据出具《提供法庭审判所需材料意见书》的工作要求。捕后引导另两种情况是有条件逮捕时出具《要求提供证据材料通知书》,证据不足不予批准逮捕时出具补充侦查提纲。

从审查逮捕金融案件来看，即便已经提前介入，实践中仍做出过有条件逮捕与证据不足不予批准逮捕的决定。此种情况表明，完善捕后引导侦查对金融案件办理仍具有相当的必要性。

三、金融犯罪案件中检察引导侦查的效能评析

相比较于一般案件，金融案件审查逮捕前后，侦查监督部门更多地介入侦查予以引导。金融案件检察引导侦查的高适用率，一方面由金融类犯罪所显现的固有特点决定，另一方面也与审查逮捕工作本身的工作特点息息相关。实践中，金融犯罪案件检察引导侦查的适用，在多方面显现出了极为明显的效能。

（一）助益审查逮捕更高质完成

以上海近几年检察实践观之，复杂型金融犯罪案件更为频发，在有限的短暂时间内完成审查逮捕（刑拘报捕的审查逮捕时间为 7 天）面临着巨大压力和挑战。检察机关在公安报捕前提前介入，客观上使得侦查监督人员能够更早熟悉案情，为审查逮捕期间的判断、决定赢得时间，从而能够更从容地完成审查批捕，提高审查逮捕质量。

部分金融犯罪所呈现的复杂性表现在两个方面：一是法律适用疑难。某些创新型的金融活动尚没有普遍的评价共识增加了刑法评价难度，有的金融获利所具有的偶然性特点给犯罪主观性判断带来难题，诸如种种，使得复杂型金融犯罪刑事规制时会面临更多此罪与彼罪、有罪与无罪的考量选择。二是共同犯罪较多，涉案人员复杂，犯罪行为各不相同，人身危险性等逮捕必要性需分别判断。F 检察院近几年受理审查逮捕的金融犯罪案件中，公安报捕送过来近百册的案件卷宗已不鲜见。如果不是提前介入，对案件已经有所了解，在有限的几天里（7 天审批时间还得给领导预留审批时间[1]）将卷宗看完已不容易，更遑论完成审结报告作出准确的法律判断。

F 检察院审查逮捕受理的一金融类型非国家工作人员受贿案，曾面

---

〔1〕检察改革前实行三级审批；检察改革实行检察官办案责任制后，普通案件的审查批捕（不捕除外）主任检察官即可决定，但重大复杂案件的审查批仍需报分管检察长审批。

临着定性及犯罪数额认定等疑难问题。该案中,犯罪嫌疑人利用担任某风险投资公司负责人的职务便利,在该投资公司注资目标公司前一个月,约定以每股明显低于投资公司注资价购进目标公司数百万股股权,并于一年后在注资价上加价售出赚取巨额利益。由于嫌疑人事后给予目标公司数百万元作为股权受让款,且目标公司当时实际股权价格不明,因此认定嫌疑人涉嫌非国家工作人员受贿罪有一定难度。此案进行了提前介入,F检察院在公安报捕前举行了一个小型的内部研讨会,就案件定性和受贿数额的确定进行了充分商讨。后建议公安机关就嫌疑人取得目标公司股权时的股权价值作司法审计,在此基础上参考投资公司注资价格认定了本案受贿数额。此案其后在审查逮捕阶段的高效准确处理,显然得益于提前介入所进行的充分研判。实践表明,复杂类型的金融犯罪案件,及时引导侦查,不仅仅规范了侦查工作开展,同时也便利于检察环节审查逮捕工作高效高质完成。

(二)便利综合研判妥善处置案件

部分金融类犯罪的刑事规制,不仅需要进行法律判断和法律适用,还一定程度上关乎社会稳定。检察实践中,侦查监督部门及时引导侦查,便利了检察机关综合研判案件,除准确地进行法律处置,也为更妥善地在检察环节促进矛盾化解、维护社会稳定创造了条件。

上海近几年处理的金融类犯罪,为数不少为涉众型案件,其特点表现为涉案金额大、被害人众多、社会关注度高。如陈某集资诈骗案,涉案金额近人民币(下同)4亿元,被害人200余人。吴某某非法经营案,涉案金额4400余万元,被害人100余人。沈某某等人非法吸收公众存款、非法经营案,涉案金额达600余万,被害人120人之众。[1] F检察院侦查监督部门2012年提前介入的9件案件中,有4件案件的涉案额超3000万元,单个案件受害人达数百人。2013年,上海市共受理侵害社会公众投资者权益案件48件,涉案金额十分巨大,全年案件的总案值达到35亿元,有7

〔1〕参见房长缨、崔欣:《金融犯罪的现状特征、存在问题及其对策分析——以浦东新区2010—2011年数据为切入》,载 http://www. pd. sh. pro/web/showinfo/showinfo. aspx? infoid＝93055a55-9219-4f07-a329-9568a383142b＆siteid＝1。

件案件超过亿元,多起案件由于损失大,投资人众多,倍受媒体关注,社会影响十分之大。由于涉案被害人众多,且诉求复杂,案件处理阶段过激的维权事件偶有发生。

提前介入案件,与单纯的案卷审查相比,可以更早和更多获得案件信息。如了解金融犯罪案件中的受害人数量、诉求、动向等情况,可以为案件进入检察阶段是否可能发生"被害人不合法聚集"、"不等案件走完法律程序即上访"、"非法过急维权"等提供判断依据,及早建议、指导公安采取干预措施,为案件进入检察环节做好有针对性的应对准备。同时,介入侦查进行引导,可以同步获得有价值的案件线索,更好地推动公安机关积极进行涉案财产追缴,尽量减少被害人损失;也可以监督公安机关在特定情形下提前返还被害人财产的合法性和公正性。中国当下,整个社会的法治思维仍在型塑过程之中,部分金融犯罪案件所具有的涉众性易影响社会稳定等多种因素叠加,客观上要求检察机关在法律处置之外,还必须关注案件的社会效果。这其中,多举措维护被害人权益,减少其损失,避免其过激维权,影响社会秩序成为重要工作。实践中,捕前、捕中乃至捕后的检察引导侦查,使检察机关获得更多妥善处置案件的着力点,助益于取得更好的案件办理效果。上海检察机关适时介入涉众型金融犯罪案件侦查之时,针对案件中可能存在的不稳定因素加强分析研判,主动做好风险预警评估,确保案件在检察环节办理之时不发生影响稳定的问题已成为一项标准化工作。

（三）把控侦查方向准确完成追诉

侦查方向的确立影响整个犯罪追诉的走向,正确的侦查方向是顺利完成追诉的基础,错误的侦查方向则有可能使侦查误入歧途,阻碍追诉。检察实践中,复杂性金融犯罪案件及早介入侦查予以引导,使得检察机关更好地把控了侦查方向,对该类型案件办理起到了至关重要的作用。

金融创新导致金融监管法律　定程度滞后,金融行为本身的复杂性等多种因素,增加了金融犯罪行为刑事规制时法律与事实的匹配难度。合法与非法,此罪与彼罪的交织对侦查方向的判断、确立提出了更高的要求。如在上海发生的骗取小额贷款公司贷款案件,对小额贷款公司是否为"金融机构"出现了巨大争议,在案件处理上形成了合同诈骗罪、骗取贷款罪和仅为民商事纠纷三种截然不同的观点。再如打着互联网金融 P2P 旗号开展非法吸收公众存款业务,鼓励员工自行投资,鼓励社会公众"带单入职"如何界定行为性质和犯罪数额,此类新时代背景下的新问题需要更为审慎地综合判断。除此以外,困扰司法实践的难题还包括金融诈骗罪中"非法占有目的"的认定问题;金融犯罪中常见的竞合、吸收、牵连等关系问题。

检察机关适时介入金融法律适用疑难案件,有助于侦查机关确立正确的取证方向。一是有罪与无罪存疑时,侦查监督人员凭借其法律素养协助公安侦查人员判断,有助于避免有罪案件停止追诉,也可以在确有必要下及时刹车,防止刑事司法过度介入。二是此罪与彼罪存疑,特别是在两罪相差较大,完成指控所需证据大相径庭之时,适时介入帮助确立正确的侦查方向,能在很大程度上避免证据不及时收集而灭失所导致无法追诉或降格追诉。如上海一起多人涉案的房屋抵押贷款诈骗案件中,由于涉案人数多、犯罪金额大,且存在银行民事救济与公权力介入而引发的民刑交织问题,公安机关在该案侦查过程中,对如何准确定性,界定罪与非罪,如何把握打击面、确定打击力度,如何收集证据、区分犯罪分工和地位等工作中存在畏难情绪。区检察院在案件报捕前适时介入,指定专人与公安承办人对口联系,随时掌握案件进展情况。在检察人员指导下,根据涉案人员分工、作用的不同,在案件早期即分别确立了贷款诈骗罪与骗取贷款罪两个侦查方向,为后续案件成功的区分起诉奠定了坚实基础。

(四)提升证据规格服务侦查监督

案件证明立基于证据之上,尤其在以审判为中心诉讼改革的背景下,依托形成锁链的高规格证据成为完成指控的关键。部分金融类犯罪案件的证据提取固定相较于普通刑事案件更为复杂,检察引导在实践中发挥了提升该类型案件证据规格,且严密了侦查监督之网的重要作用。

近年来,部分金融犯罪呈现网络化、跨地域化乃至国际化发展的趋势。互联网技术和网络新金融业态高速发展,使得非法金融犯罪活动越来越多的借助互联网实施,如非法证券咨询活动大多在网络上进行,非法经营黄金期货和外汇保证金交易完全依托网络才能实施,甚至传统的外汇汇兑案件也利用网络招揽客户,使用网络支付方式进行交易。网络的匿名性、跨区域性等特征亦增加了网络金融犯罪取证的难度。这表现为该类案件证据除口供外，更多是隐形的电子证据，发现不易，固定提取也具有一定的专业技术性。另一方面，随着金融全球化和我国金融市场化变革的发展，跨境金融资本流动日趋频繁，危害金融资产安全的金融犯罪也渐显国际化趋势。近年来上海市检察机关受理的重、特大涉嫌金融领域犯罪的案件中，有的是境内外犯罪分子联手作案，如跨境外汇交易案件等；有的是部分犯罪分别在境内外实施，如国际信用卡诈骗犯罪等；更有部分犯罪行为人借用境外公司名义，在境外架设供犯罪使用的服务器，在境外实施犯罪，如黄金期货交易等。跨境金融犯罪的调查取证涉及国际司法协助，在保证证据提取合法性方面具有更高的程式要求。

侦查人员的优势在于案件侦破，检察机关引导侦查主要是从法律适用的角度确保证据的合法性、客观性和关联性，这对于提升案件证据规格，保障取证合法性起到了极为重要的作用。上海某区检察院在一涉案数亿元的系列非法吸收公众存款案件办理过程中，先后5次提前介入侦查，与公安机关详细商讨和制订了办案方案，对线上线下涉案人员的分割、证据规格、审计要求等明确了标准和步骤，全程有效引导侦查取证，确保了侦查活动的合法合规，保障了案件的成功追诉。上海检察机关侦查监督部门在引导侦查过程中，及早发现非法取证、扣押物品不规范等侦查违法行为，一方面确保了案件办理质量，更为重要的是很大程度上遏制了不规范取证对犯罪嫌疑人人身权、财产权的侵害。

四、金融犯罪案件中检察引导侦查的制度优化

前文的分析表明，借助检察引导侦查，金融案件审查逮捕效能实现了强化。一是审查逮捕更高质高效地完成，即在保证羁押正当性和合法性的前提下，金融案件（尤其是重大疑难复杂案件）审查逮捕决定在更短的时间内做出；二是侦查监督效果明显，审查逮捕对后续案件处理的延伸作用增强，即在审查逮捕时对案件定性、证据固定把关之下，保障了侦查合法性，客观上助益了公诉指控。不过，金融犯罪案件办理时，侦查监督部门开展的检察引导侦查在现实运行中亦暴露出某些制度设计的短板，需进一步优化与完善。

（一）畅通案件信息增强介入适时性

提前介入,强调适时,但实践中此种时间度的把握甚难。调研发现,一些疑难复杂的金融案件只在报捕前四五天通知检察官介入,即便有影响审查逮捕决定的重大问题,在有限的时间里很难"亡羊补牢"或者补侦效果不尽如意。实践中,除非特别疑难复杂或者是上级督办的案件,公安机关立案后即通知检察机关提前介入,但大多数时候,是否疑难、何时介入取决于公安机关的认识和需要。案件总是在侦查到一定程度之后才发现问题,公安侦查实践中的逻辑并非毫无道理,但有时确实会延误介入的时机。这是一个机制性的问题,解决的思路应是畅通案件信息渠道。一种方法是建设检察机关即时共享公安立案信息平台。此法可以强化立案监督,从根本上解决检察机关案件信息知晓滞后的问题。不过,考虑到检警体制、经费、技术等原因,真正实现非一日之功,且知晓案件信息并非等同于可随时主动介入,此法还需和公安达成共识。另一种方法是和公安就金融案件中的疑难、复杂设定具体的标准,在总结以往经验的基础上设定涉案人数、涉案金额、案件新类型等方面的具体指标,将立案即通知检察介入的疑难复杂案件明确化。如上海某区检察院和公安机关会商后明确,凡是涉及非法吸收公众存款案件,公安机关必定通知检察机关派员提前介入。如果和公安达成共识有难度,与之相同的替代性思路是,明确凡是将拘留延长至 30 日的金融案件,欲通知检察机关提前介入的应在报捕前 10 日提出。[1] 实践中的非正式提前介入其实也是一种案件信息交流渠道,所以在规范提前介入的同时,不妨给此种非正式提前介入保留一定的空间。这种基于个人信任和情谊的业务交流在实践中很难被真正杜绝,且从实践来看,它确实起到了和正式引导侦查相同的功能。虽有可能因信息不对称无法掌控引导质量,但总体来讲,利大于弊。

（二）把握案件特质增强引导全面性

实践中的检察引导侦查在大多时候为一种"求医问诊式",即根据公安机关所提疑难进行解答。在考核压力之下,公安机关之"疑难"基本上

---

〔1〕拘留延长至 30 日的可认定为疑难复杂案件,此类案件经 20 日左右的侦查一般进入取证的中晚期,案件的疑难之处已逐步显现,且 10 日的时间对引导侦查较以往会更为充分。

围绕准确定罪。检察机关就案件定性、侦查方向等进行引导会关注证据取得的合法性，这强化了侦查监督，但若仅局限于此，侦查机关主导的问答式引导尚不足以完全实现检察引导侦查所蕴含的强化监督之制度初衷。因此，引导侦查应具有超脱的视野，引导有重点，但监督应全面。从司法实践来看，相比较于普通刑事案件，金融案件处理中两个较为显著的特征值得注意。一是涉案财物多。如贷款诈骗、非法吸收公众存款等金融案件中，涉及扣押、查封、冻结的财产数额可能极其巨大。合法合规处置此财产涉及犯罪嫌疑人权益的保障，也关乎被害人的损失能否得到赔偿。检察机关引导侦查涉财产类的金融案件，尤其要关注侦查机关涉案财产处置的正当性和合法性，督促并引导公安积极追缴赃款赃物。对此项引导工作，有极为重视且落实很好的检察机关，也有些则较为忽视不注重此方面的引导。未来应促成此项引导工作成为标准化的常规工作内容。二是金融类案件中有大量轻微刑事案件。如恶意透支型信用卡诈骗占到了金融类案件中的半数以上，大量金融案件被告人被处以三年以下有期徒刑实刑或缓刑。即便是一些较为轰动的新型金融案件，如国内保荐人内幕交易第一案，两名被告人分别以内幕交易罪被判处有期徒刑三年缓刑三年和有期徒刑一年缓刑一年。[1] 上海骗取小额公司贷款第一案，被告人犯骗取贷款罪，被判处有期徒刑一年。[2] 宽严相济刑事政策在金融案件审查逮捕阶段体现为实现羁押的节制性。2012 年刑事诉讼法新设羁押必要性审查亦是此题中之义。轻微金融犯罪案件中总体上呈现本地人犯罪多的特点。以上海市受理金融案件最多的浦东检察院为例，2010—2011 年，该院受理的金融犯罪案件中，本地人口犯罪占 70%，外来人口占 30%。[3] 这亦给取保候审等非羁押性强制措施的适用提供

---

〔1〕参见《保荐人内幕交易第一案昨宣判谢风华大妇获刑》，载 http://finance. eastday. com/stock/m3/20120107/u1a6298263. html。

〔2〕参见《上海首例小额贷款公司被骗案判决》，载 http://www. p5w. net/news/gncj/201208/t4406621. htm。

〔3〕参见房长缨、崔欣：《金融犯罪的现状特征、存在问题及其对策分析——以浦东新区 2010—2011 年数据为切入》，载 http://www. pd. sh. pro/web/showinfo/showinfo. aspx? infoid＝93055a55-9219-4f07-a329-9568a383142b&siteid＝1。

了便利条件。由于种种原因,公安机关较为忽视羁押必要性证据的收集,金融案件审查逮捕可采用类案引导和个案引导相结合,督促强化公安机关履行此项职责,实现羁押的节制。

(三)实现捕诉对接增强引导延展性

检察引导侦查实践中,提前介入捕前引导效果最好,捕中引导效果居中,捕后引导效果差强人意。捕前引导效果好,一个重要的原因在于审查逮捕的指挥棒作用。案件是否顺利批准逮捕,直接关及侦查工作的评价,因而引导意见被格外重视。根据调研了解,审查逮捕之后,公安侦查人员由于被新的案件工作牵扯、思想重视下降等原因,《提供法庭审判所需材料意见书》等记载的引导侦查内容在移送审查起诉时并不能被完全实现。检察引导侦查的效果应具有延展性,即不能仅仅满足于审查逮捕工作的完成,也应着眼于公诉质量的提高。实现捕诉对接,上海部分检察机关进行了有益的探索,并形成了较为成熟的做法。如上海闵行区检察院规定,审查逮捕前,介入侦查引导取证由侦查监督部门负责,公诉部门可以根据侦监部门的要求或者认为需要时,派员提前介入案件的讨论;批准逮捕后,介入侦查引导取证由公诉部门负责,但对侦监部门提前介入的案件,公诉部门在审查时应当充分听取侦监部门对案件的处理意见。[1] 在现行的捕诉分离模式下,案件审查逮捕结束后,要直到侦查终结移送审查起诉才会确立新的公诉承办人。换言之,公安捕后侦查期间,如果没有建立新的公诉引导侦查,[2] 公安机关承办人按照《提供法庭审判所需材料意见书》收集证据时,检察机关没有人再对口引导,解决取证中遇到的新问题。此一原因也部分造成了《提供法庭审判所需材料意见书》被打折完成。闵行区检察院的做法值得借鉴。上海市检察院 2012 年下发了《上海检察机关金融检察工作规定(试行)》,7 个基层检察院据此建立了金融检察部门,实行"捕、诉、研、防"一体化的办案模式。在一体化模式下,检察引导侦查的捕诉衔接被打通,且检察官既承办金融案件审查逮捕工作,又

---

〔1〕唐玉丽、曹晓烨:《配合与制约:检察机关捕诉关系探讨——完善捕诉衔接机制,确保诉讼监督职能实现》,载《湖南公安高等专科学校学报》2009 年第 5 期。

〔2〕在绝大多数时候,公安不会主动通知开启新的公诉引导侦查。

承担审查起诉工作，检察引导侦查，尤其是捕前引导侦查时熟稔于逮捕要求和公诉要求，整体性引导更强。不过，一体化模式下仍需要考虑建立适当的捕诉制约机制。同样实行捕诉一体的未检部门考虑到对未成年人帮教工作的延续性，原则上要求审查逮捕人和审查起诉为同一检察官。但金融案件没有这种特殊性，此做法不适宜移植到金融检察部门。实践中，需要检察引导侦查的金融案件大多疑难复杂，多一个人把关可以形成制约以保障被告人权益，也有利于保障案件质量。因此，可以考虑的做法是负责审查逮捕的检察官引导侦查结束后继续负责侦查期间的引导，案件移送审查起诉后，应指定另一名检察官承办审查起诉工作。解决公安侦查人员接受捕后引导的积极性，最根本的办法是将完成指控作为其工作考核的内容。当然，在此之前，公安和检察机关可以捕后侦查期间公安配合检察机关达成共识，同时，负责引导的检察官对侦查期间后续补侦工作加强督促。

（黄翀　撰）

第五章　金融检察的审前策略：
以美国暂缓起诉机制为例

　　由于金融体系自身的公共产品属性以及其固有的负外部性,金融监管不可或缺,成为建立和维护金融市场秩序、保护投资者的必要手段。尽管在上个世纪八十年代,金融自由化曾经一度导致监管的放松,但随着金融风波乃至金融危机的此起彼伏,金融监管重归核心,其架构和机制也一再调整,以适应金融创新的发展。以 2008 年次贷危机所引发的全球金融海啸为例,英美等国相继出台新的金融监管改革法案,重构监管目标和体系,更加强化监管的有效性。[1] 值得注意的是,晚近金融监管的另一个令人瞩目的发展,就是监管功能的多元实施。这首先表现为金融监管性法律的双轨实施机制,除了公力实施(public enforcement)之外,私力实施(private enforcement)也成为相辅相成的重要手段之一。其次,在公力实施机制内部,传统意义上金融行业监督委员会主导的行政监管,也越来越多地采取平行执行机制,即强调监管部门与检察机关的合作,以刑事手段惩治金融犯罪并起到一般预防的功能。实际上,有效监管理念的展开必然导致监管功能的多元化实施,这意味着在任何一个金融监管体系中,仅仅依赖于单一监管主体和监管手段无法应对当代金融市场改革的不断深化和实际情况的日益复杂。本章以美国金融刑法之功能转换切入,围绕

----

　　[1] 例如 2010 年 7 月 21 日,美国总统奥巴马签署了《多德—弗兰克华尔街改革和消费者保护法》(Dodd-Frank Wall Street Reform and Consumer Protection Act),该法案的核心内容就是将美联储打造成"超级监管者"以及设立新的消费者金融保护署,以防范系统性风险。

美国司法部的暂缓起诉协议制度的实践，提出检察机关基于自身的公诉职能亦能发挥金融监管功能之主张及理由。

一、金融刑法的功能转向与反思

传统上，美国金融市场的违法行为主要是通过非刑罚手段处理，私人的民事诉讼以及监管部门的行政执法行动一直是主流。[1] 但晚近的发展趋势表明：金融市场的违法行为越来越多地诉诸于刑事司法。

在美国，涉及金融犯罪的罪名大体可以分为两大类：一类是能够准用于金融市场滥用的一般性犯罪；一类是针对金融犯罪的特别立法。前者包括串谋罪（Conspiracy）、有组织犯罪控制法中的涉及敲诈和腐败的条款（Racketeer Influenced and Corrupt Organizations，RICO）以及欺诈罪（包括邮件欺诈罪和电信欺诈罪）。后者主要是《证券法》和《证券交易法》中对故意违反各项法规、规则和命令的行为的入罪。[2] 以《证券法》为例，其中入罪的违法行为主要有两种，一是销售未经证券交易委员会登记的证券，二是触犯反欺诈条款。而根据《证券交易法》第 10b 条以及联邦证券交易委员会 10b - 5 规则，几乎所有操纵、欺骗或阴谋——只要"这些行为违反了联邦证券交易委员会基于公众利益或保护投资者权益而制定的必要的或适当的规则和管理规定"——均构成犯罪。

串谋罪对于指控有关金融犯罪非常有用，因为金融犯罪通常都会牵涉多名被告共同实施的市场滥用行为。串谋罪的重点在于主观犯意达成一致，至于具体实行行为的要求则相对较低。[3] 一般而言，具体犯罪与串谋实施该犯罪被视为两个单独的犯罪，二者不存在相互吸收的问题。[4] 在量刑上，实行数罪并罚。在美国联邦立法中规定了一般性的串

---

[1] 比如，证监会负责证券法的违法行为，美联储负责银行法的违法行为，期交所负责场内交易的衍生品的违法行为。

[2] 如证券法第 24 条、证券交易法第 10 条(1)款、信托契约法第 324 条以及投资公司法第 49 条和投资顾问法第 217 条等。

[3] United States v. Ciocca, 106 F. 3d 1079, 1084 (1st Cir. 1997).

[4] Pinkerton v. United States, 328 U. S. 640(1946).

谋罪,[1]分成两类,一是两人或多人串谋实施针对合众国的犯罪,二是"为了任何目的以任何方式串谋欺诈合众国或其机关"。后者在实践中得到更为广泛的应用,即它不仅包括"涉及政府资金损失的串谋,同时也包括旨在损害、妨害或者挫败任何政府部门法定职能之行使的串谋"。[2]这一解释对于指控金融犯罪尤其具有重要意义。比如1934年的《证券交易法》中规定了"故意"违反证监会的相关规定、规则或者指令构成犯罪。[3] 这样,就可以借助联邦串谋条款对任何串谋"通过阻止、损害、妨害以及试图挫败证监会在保护公众投资人的法定职责履行而欺诈合众国"的行为定罪处罚。[4] 又如《银行保密法》要求金融机构对本单位所涉及的所有超过10000美元的现金交易进行报告。如果银行出纳员或者其他银行职员没有履行其现金交易报告(CTRs)义务,则可以串谋实施针对美国的犯罪予以定罪。而银行顾客如果将大额现金划分为多笔小额、不需报告的现金交易,也会面临串谋欺诈美国的指控。其理由就在于:当该银行顾客回避报告义务之产生时,其串谋妨害政府收到现金交易报告即已构成。[5] 又比如欺诈罪,包括邮件欺诈罪(mail fraud)和电信欺诈罪(wire fraud),范围广泛而且非常灵活,适用于几乎所有的欺诈行为,故在惩治金融犯罪中也尤其重要,无论是内幕交易、市场操纵、虚假陈述等金融欺诈行为均在其适用范围之内。按照美国法律的规定,一旦欺诈涉及金融机构,则面临着最高100万美元罚金或者最长30年有期徒刑,或者并处罚金和徒刑。[6]

　　早期,由于证监会累赘的移送程序以及证券法本身的复杂性,司法实践中很少通过刑事诉讼来实施证券法。但自上个世纪80年代以来,美国

---

〔1〕18 U. S. C. Sec. 371.

〔2〕United States v. Johnson, 383 U. S. 169,172(1966).

〔3〕Louis Loss & Joel Seligman, Securities Regulation 4751(1996).

〔4〕United States v. Guterma, 281 F. 2d 742,745(2nd Cir. 1960), cert. denied 364 U. S. 871.

〔5〕United States v. Richter, 610 F. Supp. 480,486 (N. D. Ill. 1985), aff'd sub nom. United States v. Mangovski, 785 F. 2d 312 (7th Cir. 1986). See generally, United States v. Vasquez, 53 F. 3d 1216 (11th Cir. 1995).

〔6〕18 U. S. C. A. § 1341.

证监会和美国司法部开始更多地将证券违法者诉诸刑事程序，形成有效的威慑，从而维系投资者对证券市场的信心。[1] 事实上，如果仔细考察政府与市场的互动关系，不难发现，通过政府规制来追求各项社会目标已经形成了一种使用刑事手段来管制商业行为的潮流。其结果就是美国联邦刑事立法的爆炸性增长。据有关学者的统计，美国法典中超过 4000 种违法行为受到刑事制裁，其中三分之一是 1980 年代以来新增的。

　　毫无疑问，对于金融市场上不法行为的刑法规制是构成经济健康发展的必要手段之一。金融刑法在美国的扩张与其金融市场的兴盛发展密切相关。但是，如果将刑法作为一个主要手段来规制金融行为则有违刑罚的初衷和本意。而且，在金融等领域由于监管标准本身的不确定性和模糊性，一概诉诸刑罚，事实上转变了刑罚的基本功能：即从保护功能走向管制功能。诉诸刑法的管制功能，按照一些论者的看法，会抑制金融创新以及企业家的风险意识，反而不利于经济增长。更重要的是，由于刑法的严厉性以及行政监管的合理对象和复杂目标，并不必然意味着诉诸刑事手段就是合理的。

　　反思刑法在金融市场上的管制功能，我们发现，关键点不在于刑罚是否严厉，而在于刑法在管制金融市场时是否存在多元的法律救济机制，使得刑罚成为金融市场的达摩克利斯之剑，从而提升市场参与者的自我约束。在这个意义上，检察官的起诉裁量权与法官的裁判裁量权同等重要，共同决定了金融刑法的实效性。

二、作为监管者的美国检察机关

　　在美国华尔街形成的一个共识就是：决定华尔街游戏规则的不是金融机构或者监管机构，而是纽约南区检察院（即华尔街所在地的检察机关）。之所以如此，一个重要的原因在于：任何金融产品和金融交易的合法性检验——尤其是罪与非罪的判定——往往取决于检察机关的指控与否。而且，由于检察机关启动的是刑事追诉，被指控的嫌疑人面对的不仅

---

　　[1] Baird, A Practical Guide to the 'Criminalization' of Securities Cases, C640 ALI-ABA 7,9(1991).

仅是金钱赔偿等民事责任,还涉及丧失名誉和人身自由等刑事处罚,所形成的压力机制非同寻常。

近年来,受金融危机的影响,美国司法部在惩治金融犯罪领域中较为广泛地采取了一种新兴手段——暂缓起诉协议(DPAs),得到了良好的效果,被称为"金融检察的结构性变迁"。美国重新将白领犯罪列为刑事惩治重点源于 2001 年和 2002 年间的公司欺诈危机。当时包括像安然(Enron)和世通(WorldCom)这样的大公司接连爆发严重的公司财务欺诈,[1]对美国资本市场以及整个经济造成巨大负面影响。[2] 2002 年 7月,布什总统成立公司欺诈工作组(Corporate Fraud Task Force),负责危机处理的跨部门协调和反应。美国国会也迅速通过了萨班斯-奥克斯利法案(Sarbanes-Oxley Act),[3]尤其是在刑事责任方面提高了对公司高管及白领犯罪的惩治。[4]

自 2002 年公司治理危机之后,美国司法部一直将刑事手段作为惩治金融领域的公司及其职员犯罪的重点之一。毫无疑问,当公司涉及严重犯罪行为时,科以刑事追诉不但符合刑法的基本价值追求,也是检察机关

〔1〕美国法院于 2006 年 1 月对安然公司创始人、前董事长肯尼思·莱和前首席执行官杰弗里·斯基林、公司前 CFO Richard Causey 进行审判。控方起诉书长达 65 页,涉及 53 项指控,包括骗贷、财务造假、证券欺诈、电邮诈骗、策划并参与洗钱、内部违规交易等等。而世通公司从 1999 年开始,直到 2002 年 5 月,在公司财务总监斯科特·苏利文(Scott Sullivan)、审计官 David Myers 和总会计师 Buford "Buddy" Yates 的参与下,公司采用虚假记账手段掩盖不断恶化的财务状况,虚构盈利增长以操纵股价。美国证券管理委员会(SEC)于 2002 年 6 月 26 日发起对此事的调查,发现在 1999 年到 2001 年的两年间,世通公司虚构的营收达到 90 多亿美元;截至 2003 年底,公司总资产被虚增约 110 亿美元。
〔2〕一连串的公司欺诈动摇了美国股市的信心,从 2002 年 5 月到 7 月短短两个月内,美国纽约股指即下跌了 20%。安然与世通公司也在 2003 年宣布破产,导致大量员工失业,退休计划化为泡影,而成千上万的公司股票投资人更是损失惨重,血本无归。
〔3〕法案全称《2002 年公众公司会计改革和投资者保护法案》,由参议院银行委员会主席萨班斯(Paul Sarbanes)和众议院金融服务委员会(Committee on Financial Services)主席奥克斯利(Mike Oxley)联合提出,又被称作《2002 年萨班斯-奥克斯利法案》。该法案对美国《1933 年证券法》、《1934 年证券交易法》做出大幅修订,在公司治理、会计职业监管、证券市场监管等方面作出了许多新的规定。
〔4〕该法案第 8 至第 11 章主要是提高对公司高层主管及白领犯罪的刑事责任:(1)针对安达信毁审计档案事件,制订法规,销毁审计档案最高可判 10 年监禁,在联邦调查及破产事件中销毁档案最高可判 20 年监禁;(2)强化公司高管层对财务报告的责任,公司高管须对财务报告的真实性宣誓,提供不实财务报告将获 10 年或 20 年的刑事责任。

基本职责所在。但是另一方面，对公司进行刑事追诉在很多情况下也会带来殃及无辜的连带后果：诸如公司员工、退休人员、股东、债权人、消费者甚至社会公众等，虽然没有参与犯罪行为、不知道也无力阻止犯罪的发生，也不得不承担该公司犯罪的严重后果。[1] 正是基于对公司追诉的社会效果的全面考量，美国司法部出台了《联邦起诉商业组织的原则》，要求联邦检察官在裁量是否起诉公司时，合理考量刑事定罪的连带影响，并使用刑事追诉之外的其他手段来为受害者和公众实现正义的目标。这其中，暂缓起诉协议（DPAs）以及不起诉协议（NPAs）正是美国检察机关的重要手段。篇幅所限，下文仅就暂缓起诉协议作进一步的梳理。

三、暂缓起诉协议的运用情况

暂缓起诉协议（DPAs）是打击金融领域等重大经济犯罪的晚近发展，是当今对商业公司大量起诉的部分结果之一。在运用 DPAs 之前，公司避免刑事追诉的唯一途径就是辩诉交易或者说服检察机关放弃起诉、代之以民事惩罚措施。

DPAs 是介于刑事处罚与民事行政处罚之间的中间地带。通过 DPAs，公司可以避免无论是定罪还是辩诉交易所带来的巨大负面影响，而检察机关也可以经济地实现遏制和惩罚的目的。事实上，对于检察机关而言，如果启动诉讼，也存在涉诉的成本和风险。涉及金融领域的重大经济类犯罪，检察机关往往需要投入大量的人力物力进行调查取证和提起公诉，而最终的定罪还取决于旷日持久的司法审判。通常，与经济巨头相比，检察机关资源有限，其公诉与定罪之间仍然存在很大的不确定性。因此在某种意义上，DPAs 成为检察机关合理有效配置资源、实现惩治金融犯罪上一种次优选择。

究其实质，DPAs 实为一种公司缓刑（Corporate Probation）。因为一般而言， 旦公司没有遵守 DPA 协议的具体内容，公司将必须承认足以定罪的事实。如果公司顺利通过缓刑期，则暂时缓于起诉将由检察机关

---

[1] 如安达信在卷入世通和安然案件受到刑事追诉后，其会计事务所执照被吊销，关闭了整个美国国内的审计业务，直接导致 20000 多名员工失业。

终止。通常情况下,暂缓起诉协议也要求公司自费聘请一个外部监管者,以确保暂缓起诉协议的切实履行以及对公司其他监管义务或法律义务的履行。

联邦检察官在判断公司是否为其董事、经理、职员或代理人的不法行为承担刑事责任时,需要仔细衡量。美国司法部在《汤普森备忘录》(Thompson Memo)中列举了九项考量因素,[1]供联邦检察官在决定是否追诉时进行裁量:第一,犯罪行为的性质和严重性,包括对公众所造成的危害之风险;第二,该公司内部不法行为的普遍性,包括公司管理层对不法行为的共谋和容忍;第三,该公司的救济行为,包括执行一项有效的公司守法规划或对既有守法规划的改善、更换负责任的管理层、对违法职员予以处分或开除、支付赔偿金以及与相关政府机构进行合作;第四,该公司及时并自愿披露该不法行为,而且愿意配合对其员工的调查,包括如果必要,放弃公司的律师-代理人特权和工作产品保护;第五,该公司类似行为的历史,包括过去对其所采取的刑事、民事以及行政处罚;第六,该公司的守法规划的有效性;第七,连带后果,包括对公司股权人、养老金持有人和经证实并未个人参与不法行为的职员等造成的不成比例的损害,以及因刑事起诉而对公众造成的影响;第八,起诉对公司不当行为负责的个人是否已经足够;第九,诸如民事或行政执法措施的有效性。《汤普森备忘录》要求联邦检察官斟酌所有的相关因素以及案件事实,比照守法公司之行为来衡量涉案公司董事、管理层、雇员以及代理人的行为。与法律规范偏差越大,则越有可能面对更加严厉的刑事制裁。

美国学者将暂缓起诉协议以及不起诉协议称之为对公司刑事追诉"结构改革"方法,因为这些协议都要求被指控公司持续进行管理架构的改变。自 2003 年以来,几十家顶尖的公司都与联邦检察官达成了此类协议,其中不乏像 AIG、美国在线、波音、施贵宝、毕马威、美林、孟山都以及

---

[1] Memorandum from Larry D. Thompson, Deputy Attorney General, *on Principles of Federal Prosecution of Business Organizations to Heads of Department Components*, United States Attorneys (Jan. 20,2003).

辉瑞等大名鼎鼎的业内翘楚。例如施贵宝公司[1]证券欺诈案,2005年6月15日施贵宝与新泽西联邦检察院就其所涉嫌的证券欺诈达成DPA。在该暂缓起诉协议中,施贵宝公司承认自1994年以来借助所谓"渠道共谋"(Channel stuffing)的财务造假手段,[2]用虚假销售来提高一段时期的销售和业绩,从而影响华尔街的金融分析机构,最终达到误导公众投资者,使其股价在证券市场上的价格虚高。[3]

　　新泽西检察机关在研判此案的起诉策略时,对是否连同施贵宝公司也一并提起公诉产生了分歧意见。支持者认为既要追究公司财务总管和销售总管的个人刑事责任,同时也应追究施贵宝公司的责任。而反对者则主张全面考量对公司提起公诉的连带后果,认为妥当的办法是通过DPA形式。最终达成的暂缓起诉协议中,施贵宝公司承诺每个季度和年度向美国证监会提交其药品销售情况的公开披露报告,并向公众投资人公开;第二,改变该公司的既有治理结构,规定公司董事长和首席执行官不得兼任;第三,聘请一个独立外部监督者,[4]负责监督落实暂缓起诉协议各项条款的执行;第四,施贵宝公司向其公众投资者支付8亿3千万美元的赔偿金。同时,检察机关基于一般预防和特殊预防的考虑,将对施贵宝公司的刑事起诉书呈交新泽西联邦地区法院,意在表明检察机关的立场:"渠道共谋"以及其他一些起诉书中载明的不法行为都构成证券欺诈,违反美国证券法。

四、暂缓起诉协议的主要内容

　　按照联邦检察官的办案指引,运用DPA的前提是检察机关已经掌握

〔1〕百时美施贵宝(Bristol-Myers Squibb)是世界上最大的药品公司之一,全球雇员4万多人,年销售额高达180多亿美元,该公司同时也是纽约证券交易所的上市公司。

〔2〕当某个会计时期公司业绩可能走差或需要提供一个高增长的业绩表现时(比如公司增发股票需要一个良好的市场形象和预期),就有可能与其下游客广达成交易,把本来卖不出去的货推向市场或存放的客户仓库里,这样就可以把销售收入以及业绩做高。然而,既然卖不出去,渠道经销商不会真正承担销售,最后这些货还要原封不动的退回给公司,公司业绩也会被打回原型。

〔3〕2002年4月,当施贵宝首次披露其大量库存的问题后,其股价应声大跌。

〔4〕该案中施贵宝公司聘请了一位前任的新泽西地区联邦法官Frederick B. Lacey作为独立监督人。

充分的证据能够对涉案公司定罪起诉,但基于对起诉的连带后果的综合考量,通过具体之协议规定详细的条件,给予被告公司的一段时间的暂缓起诉的考验期。通常而言,暂缓起诉协议连同检察机关的指控意见一同向法院提交。

就目前的实践而言,DPA 的主要内容一般包括:(1)向被害人支付赔偿金以及/或者向政府缴付罚金;(2)与检察机关继续合作,配合对本公司的个人犯罪嫌疑人以及其他公司的不法行为的调查;(3)执行守法规划,包括各项内部监控措施的改进完善,以有效防止、发现和应对以后的不法行为。作为对价,检察机关同意对被告公司给予一定期限的暂缓起诉,考验期通常为 1—5 年。如果在考验期内被告公司完全履行了暂缓起诉协议的各项内容,则在期满之时,检察机关不再起诉。一旦考验期满,被告公司并非实质履行暂缓起诉协议,则检察机关可决定继续起诉,并且可援用暂缓起诉协议中的被告公司认罪陈述作为呈堂供证。

差不多有一半的 DPA 中要求被告公司必须聘用一个外部的"协议履行监督人"(有时也被称为是协议履行顾问),聘用期一般与 DPA 的有效期相同。外部监督人可以是个人,也可以是独立于该公司和政府的一个机构。该监管人不是检察机关的人员或代理人,其费用是由被告公司来承担。总体而言,监督人的主要职责是密切审视、检验并向检察机关报告公司履行其法律义务的遵循情况。这项职能包括对法律义务性质和范围的界定、公司履行该义务的政策、措施的有效性等。在涉及公司架构重大调整以完善其内控机制时,DPA 中规定外部监督人是非常有必要的。

不难发现,签订暂缓起诉协议(DPAs)实际上是检察裁量权的一种行使方式。由于在性质上暂缓起诉协议介于刑事处罚与民事处罚之间,其行使需要检察机关综合权衡各种因素。就目前的实践来看,DPAs 已经成为美国检察机关在惩治金融犯罪以及其他严重经济犯罪的有力手段。最值得借鉴的是,通过 DPAs,美国的检察机关成功创新了非刑罚手段,立足于检察职能,将外部监督机制纳入到问题公司的治理结构调整中,充分发挥了参与性的金融监管职能,形成了独具特色的多元金融治理。

(肖凯　撰)

第六章　法人犯罪的审前转处制度：
再论美国经验

在美国，审前转处协议，肇端于少年微罪案件的处理。20世纪90年代初，联邦检察官将其扩张适用于法人犯罪案件。"后安然"时代，审前转处协议成为处理上市公司、跨国公司犯罪案件的常规模式。这种模式最大的特征是：在未经法院定罪和量刑的前提下，仍可以要求涉罪法人履行缴纳罚金、支付损害赔偿金、聘任独立监事、撤换公司高管等法律义务，因而是一种无需定罪的惩罚。这一制度勃兴的逻辑基础是要避免刑罚的水波效应，即避免因起诉和定罪法人给那些与法人犯罪行为无关的投资者、雇员、养老金领取者、客户等第三人造成严重的利益侵害。本章将介绍法人审前转处制度对公司类（金融）犯罪治理的意义。在法人审前转处协议的签订和履行过程中，检察官拥有一边倒的、几乎不受任何制约的裁量权，从而埋下权力滥用的空间。为此，美国司法部颁布了一系列有关起诉法人的诉讼指南，予以相应的内部规范。然而，内部制约机制总有其局限性，因而有必要引入外部制约机制，由法官对审前转处协议的内容及其履行进行相应的司法监督。

20世纪90年代初，美国联邦检察官尝试适用审前转处协议（pre-trial diversion agreement）处理法人犯罪案件。最初，这一制度创新是零星式的，只有个别联邦地区检察官在个案中随机适用，因而总体适用数量相当有限。但在"后安然"时代（"post-Enron"era），大量的法人犯罪暴露在聚光灯下，社会各界严惩法人犯罪的呼声一浪高过一浪。为此，检察官一改对法人犯罪选择性起诉的惯常做法，而采取"撒网式"地全面打击的积极姿态。在法庭审理(trial)、辩诉交易(plea bargaining)、不起诉(non-prosecution decision)等传统处理模式仍被保留的同时,审前转处协议更是得到越来越多的检察官的青睐,进而成为处理法人犯罪案件,特别是上市公司、跨国公司犯罪案件的首选模式。

法人审前转处协议从最初的星星之火到如今的燎原之势,已经使美国法人犯罪的惩治实践发生了重大转向。这种转向是变革性的,不仅有别于美国本土的法人犯罪刑事司法传统,更相异于世界其他国家和地区的法人犯罪惩治实践。鉴于我国学者对这一重要的制度创新鲜有关注,本章拟对其予以较为全面的介绍和述评。本章首先概述法人审前转处协议制度的演进状况,然后重点分析其勃兴的制度逻辑,接着阐述其存在的内在缺陷以及相应的完善措施,最后预测这一制度的发展趋势。

一、从微罪到重罪:审前转处协议制度的嬗变

美国的审前转处协议(pre-trial diversion agreement),又叫审前协议(pre-trial agreement)、审前转处(pre-trial diversion),可追溯至 1914 年芝加哥的少年法庭(Chicago Boys' Court)。[1] 为避免定罪判刑的"标签"效应,节约司法资源,该法庭对犯有轻微犯罪的少年避免适用普通的刑事审判和执行程序,而改由缓刑机构予以一定期限的矫正、监督和考察,取得了良好的社会效应。之后,这一经验逐渐在全美得以推广。1947 年美国司法会议(U. S. Judicial Conference)正式认同这一司法创新。[2] 1962 年,联邦最高法院在罗宾逊诉加利福尼亚州(Robinson v. California)一案中裁定,对"使用麻醉剂成瘾的人"适用刑罚是"残酷和不寻常"的,违反了美国宪法第八和第十四修正案;这种成瘾状态实际上是一种疾病,应当适用强制性的治疗措施,[3] 从而使审前转处协议扩及适用于吸毒犯罪。1974 年,美国国会颁布《迅速审判法》(The Speedy Trial

---

〔1〕See James A. Inciardi et al. , *Drug Control and the Court* , CA: SAGE Publications, Inc. , 1996, p. 25.

〔2〕See Joel Cohen & Jonathan Liebman, "Pretrial Diversion: An Alternative to Full Federal Prosecution?," *New York Law Journal* , 1994 - 04 - 06, at 1.

〔3〕See Robinson v. California, 370 U. S. 660,665 - 667(1962).

Act),正式确认审前服务制度(Pretrial Service),[1]规定每一个联邦司法管辖地区都应当建立审前服务机构,负责对审前服务项目的实施。1990年,美国司法部颁布的《联邦检察官手册》(U. S. Attorneys' Manual),对审前转处的概念、适用目标、适用条件、适用程序等进行了详细规范,[2]进一步推动了审前转处协议制度的发展。审前转处协议适用的鼎盛时期是 20 世纪 60—70 年代,时至今日,审前转处协议在整个刑事案件中的适用比例虽有所下降,但仍不乏是处理轻微犯罪的一种重要模式。[3]

　　上述实践表明,审前转处协议是专门针对自然人轻微犯罪(初犯、偶犯、非暴力犯罪)而创设的,并不适用于法人犯罪。然而,联邦检察官显然并未被这一规则所束缚,而是能动性地将其用于法人犯罪案件的处理。当然,鉴于法人犯罪与传统的自然人犯罪之间的显著差异,联邦检察官在将审前转处协议扩张适用于法人犯罪案件时,对其进行了必要的改造,在类型和内容方面掺入了新的元素。详言之,法人审前转处协议包括暂缓起诉协议(deferred prosecution agreement,简称 DPA)和不起诉协议(non-prosecution agreement,简称 NPA)两种基本类型。所谓暂缓起诉协议,是指检察官与涉罪法人之间签订的一份"缓诉"协议,[4]协议的内容主要是要求涉罪法人承认不法行为、支付刑事罚款、履行赔偿责任、配合相关调查、改善内部治理、聘任独立监事等。其特点是,检察官制作了刑事起诉书并提交给法院,但又不推进诉讼程序的继续,而是视涉罪法人

　　[1] 这是一个涵义比审前转处更为广泛的概念,不仅包括了审前转处,还将戒毒治疗、心理辅导、职业培训、取保候审、审前释放等审前非监禁措施一并囊括在内。See Speedy Trial Act of 1974, § 3152 - 3154. 这是一个涵义比审前转处更为广泛的概念,不仅包括了审前转处,还将戒毒治疗、心理辅导、职业培训、取保候审、审前释放等审前非监禁措施一并囊括在内。See Speedy Trial Act of 1974, § 3152 - 3154.
　　[2] See U. S. Attorneys' Manual (1990), § 9 - 22.000.
　　[3] 据美国司法部统计,2009年全国共有 103,234 人涉嫌联邦刑事犯罪,其中 48% 的犯罪嫌疑人的案件被提起公诉,37% 的犯罪嫌疑人的案件由治安官处理,15% 的犯罪嫌疑人的案件不予起诉。在不起诉的案件中,适用审前转处和民事、行政罚款的案件约占全部不起诉案件的 4%。See Bureau of Justice Statistics, "*Federal Justice Statics 2009*," 2011 - 12 - 03, http://bjs. ojp. usdoj. gov/content/pub/pdf/fjs09. pdf, 2012 - 12 - 20.
　　[4] 暂缓起诉既不会导致定罪,也不等同于辩诉交易,而是"一种定罪之前的量刑或缓刑"。See Michel v. City of Richland, 950 P. 2d 10,13 (Wash. Ct. App. 1998).

在协议规定期间内的履行表现而定:如果涉罪法人在规定期间内履行协议约定的义务,则起诉撤销,诉讼终结;反之,如果违反协议,则起诉恢复,诉讼继续。所谓不起诉协议,亦是检察官与涉罪法人之间签订的一份"缓诉"协议。最初的不起诉协议,形式非常简单,内容也极其简略,甚至没有协议的履行期限。但经过实践的演进,不起诉协议的形式、内容也日趋复杂,与暂缓起诉协议愈来愈接近。从目前来看,二者最大的不同,在于检察官是否要制作刑事起诉书以及协议是否需要提交给法院存档备案。"签订暂缓起诉协议时,检察官通常要制作正式的起诉书,连同协议提交有关法院备案;而签订不起诉协议时,检察官不需要制作正式的起诉书,协议只需由当事人双方保存而不需要提交法院备案。"[1]不过,虽然暂缓起诉协议要提交给法院,但其生效并不需要法院的审查和批准,因此这一区别并不具有实质意义。[2]换言之,暂缓起诉协议和不起诉协议虽然在协议签订阶段和保存机构方面存有差异,但在政策意图、协议内容、实施方式、违约后果等方面却大体相同。鉴于此,不少学者认为,从功能上看,不起诉协议和暂缓起诉协议极其相似,包括了后者的绝大部分特征,具有基本相同的法律效果,因而无需再予区分。[3]本章为叙述方便,亦将二者统称为"审前转处协议",但在必要时仍以"暂缓起诉协议"和"不起诉协议"予以区别。

审前转处协议制度在法人犯罪领域的渗透,经历了一个从例外到常规的勃兴过程。由于缺乏官方的统计资料,联邦地区检察官适用审前转处协议的整体状况较难掌握,但通常认为,Salomon Brothers 案是检察官

---

〔1〕Craig S. Morford, "Memorandum for Heads of Department Components and United States Attorneys," 2008 - 03 - 07, http://www. justice. gov/dag/morford-useofmonitorsmemo-03072008. pdf, 2012 - 12 - 20.

〔2〕一般认为,与暂缓起诉相比,不起诉协议无需制作起诉书,表明涉罪法人的罪责更轻,因而所受惩罚相应也应更轻。不过,从实践来看,签订不起诉协议的涉罪法人受到的惩罚与签订暂缓起诉的涉罪法人相同甚至更重的案例不胜枚举。尽管如此,由于不起诉协议不需要公开,对涉罪法人的声誉影响更小,因而涉罪法人通常更愿意签订这类协议。

〔3〕See Christopher A. Wray & Robert K. Hur, "Corporate Criminal Prosecution in a Post-Enron World: The Thompson Memo in Theory and Practice," *American Criminal Law Review*, Vol. 43(2006), p. 1105.

适用不起诉协议处理法人犯罪的第一案。[1] 该案发生在 1992 年 5 月，在该案中，被告公司因涉嫌证券诈骗面临刑事指控，但其全面配合检方调查，改革人事制度，支付罚金和损害赔偿，调整公司管理层，重塑公司文化，并制定一系列内控措施。对此，时任纽约州南区联邦地区检察官奥托·奥伯迈尔（Otto Obermaier）颇感满意，决定暂不对被告提起刑事指控。[2] 1994 年 10 月发生的 Prudential Securities 案，则是公开报导的检察官适用暂缓起诉协议处理法人犯罪案件的第一案。[3] 在该案中，被告公司因虚报投资项目收益率、误导投资者而被起诉。鉴于被告公司承认犯罪事实，同意支付 330 万美元赔偿金，聘请独立监事监督守法计划，承诺全面配合检察官的调查，答应放弃迅速审判权，故负责调查本案的纽约州南区联邦地区检察官玛丽·乔·怀特（Mary Jo White）决定暂停起诉，与其签署了为期 3 年的暂缓起诉协议。[4] 在整个 20 世纪 90 年代，虽然联邦地区检察官时而有适用暂缓起诉协议或不起诉协议处理法人犯罪案件的个案，但总体来看适用数量非常有限，全国平均每年仅为 2 件左右。"后安然"时代，法人审前转处协议的适用进入一个爆发期，适用数量开始不断增长。下图是美国司法部 2000 年至 2015 年历年法人审前转处协议

---

〔1〕See Lauren Giudice, "Regulating Corporation: Analyzing Uncertainty in Current Foreign Corrupt Practices Act Enforcement," *Boston University Law Review*, Vol. 91(2011), p. 362.

〔2〕在司法部新闻发布会上，奥伯迈尔检察官指出："虽然涉罪法人的违法行为性质严重，但我们相信现有的惩治措施是充分有效的，因而没有必要诉诸刑事程序。本案将是一个范例，涉罪法人所采取的一系列合作行为在我的执业生涯中是绝无仅有的。"Department of Justice Press Release, "Department of Justice & SEC Enter MYM290 Million Settlement with Salomon Brothers in Treasury Securities Case," 1992 - 05 - 20, http://www.justice.gov/atr/public/press_releases/1992/211182. htm, 2012 - 12 - 20.

〔3〕See Peter Spivack & Sujit Raman, "Regulating the 'New Regulators': Current Trends in Deferred Prosecution Agreements," *American Criminal Law Review*, Vol. 45(2008), p. 164.

〔4〕See "Letter from Mary Jo White, U. S. Attorney for the Southern District of New York, to Scott W. Muller & Carey R. Dunne, Prudential Counsel," 1994 - 10 - 27, http://www.corporatecrimereporter.com/documents/prudential. pdf, 2012 - 12 - 20.

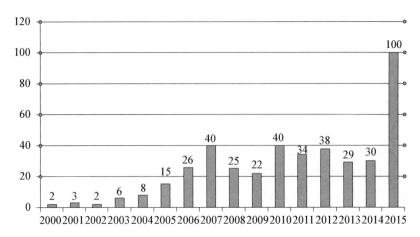

图 1　美国司法部 2000—2015 年法人审前转处协议历年适用数量　单位(件)

适用的具体数量。[1]

上述情况表明,在处理法人犯罪案件时,审前转处协议已经愈来愈受到检察官的青睐。根据美国审计署(U. S. Government Accountability Office)统计,2004—2009 年查处的法人犯罪案件中,联邦地区检察官办公室起诉的为 1659 件,适用审前转处协议的为 94 件,二者之比为 17.6∶1;司法部刑事局起诉的为 38 件,适用审前转处协议的为 44 件,二者之比为 0.9∶1。[2] 根据上述数据测算,适用审前转处协议处理的案件绝对数量并不多,仅占法人犯罪案件总数的 7.52%。据此,有学者认为,审前转处协议并未成为法人犯罪案件的标准处理模式。[3] 笔者认为,这种观点只看到案件适用数量的简单对比,而没有注意到相关案件的规模、后果、涉及人数等。事实上,适用审前转处协议处理的案件,几乎全部是清一色

〔1〕数据来源:Gibson Dunn, "2015 Year-End Update On Corporate Deferred Prosecution and Non-Prosecution Agreements," **2016 – 01 – 05**, http://www. gibsondunn. com/publications/Documents/**2015**-Year-End-Update-Corporate-Non-Prosecution-Agreements-and-Deferred-Prosecution-Agreements. pdf, **2016-20-01**.

〔2〕See U. S. Government Accountability Office, "DOJ Has Taken Steps to Better Track Its Use of Deferred and Non-Prosecution Agreements, but Should Evaluate Effectiveness," 2009 – 12 – 18, http://www. gao. gov/assets/300/299781. pdf, 2012 – 12 – 20.

〔3〕See Scott A. Resnik & Keir Dougall, " The Rise of Deferred Prosecution Agreements," *New York Law Journal*, 2006 – 12 – 18, at 9.

的上市公司、跨国公司重大犯罪案件，[1]其影响极为广泛,远非一般法人犯罪案件可比。因此,绝大多数学者认为,审前转处已经成为美国司法部处理法人犯罪的常规模式。如有学者指出,近年来审前转处协议的大规模适用,"毫无疑问是白领犯罪惩治实践最重大的发展变化。"[2]从正式起诉到审前转处,这是美国司法部在惩治法人犯罪刑事政策上的重大转向。从这点来看,审前转处协议确已成为联邦检察官处理法人犯罪的标准模式,并正在使惩治法人犯罪的法律悄然发生变化。

二、从威慑到治理：法人审前转处协议的制度逻辑

1990 年颁布的《联邦检察官手册》简明扼要地表明了审前转处协议制度的三大目标：一是"预防罪犯再次实施犯罪"；二是"节约起诉和审判资源以便集中打击重大犯罪活动"；三是"赔偿社区和被害人"。[3] 虽然这些目标设定是针对自然人犯罪的,但通常认为,在对法人犯罪适用审前转处协议时,也应当考虑这些政策目标。[4] 不过,这三大政策目标过于宏观,难以清楚地阐释法人审前转处协议勃兴的具体原因。如预防再次犯罪,这是任何刑罚所欲达到的特别预防目的,并非只有审前转处协议才独有；在节约司法资源上,辩诉交易、不起诉决定等类似的制度亦具有这一功能；至于赔偿被害人,一些民事或行政处罚措施同样也能实现。可见,法人审前转处协议的兴盛一定另有其深层的制度渊源。

笔者认为,法人审前转处协议兴起的肇因,是为了避免刑罚的水波效应。所谓刑罚的水波效应,是指惩罚罪犯对其他人（与犯罪行为无涉、但

---

[1] 有关研究表明,能够获得暂缓起诉"待遇"的全部都是超大规模的上市公司。See Gibson Dunn, "2008 Year-End Update On Corporate Deferred Prosecution and Non-Prosecution Agreements," 2009 - 01 - 06, http://www.gibsondunn.com/publications/Pages/2008Year-EndUpdate-CorporateDPAs.aspx, 2012 - 12 - 20.

[2] See Peter Spivack & Sujit Raman, "Regulating the 'New Regulators': Current Trends in Deferred Prosecution Agreements," *American Criminal Law Review*, Vol. 45(2008), p. 159.

[3] U. S. Attorneys' Manual(1990), § 9 - 22. 000.

[4] See F. Joseph Warin & Jason C. Schwartz, "Deferred Prosecution: The Need for Specialized Guidelines for Corporate Defendants," *Journal of Corporate Law*, Vol. 23(1997 - 1998), pp. 129 - 130.

与罪犯存在某种社会关系的第三人)所可能产生的不利影响。美国司法部意见认为,起诉和惩罚法人会严重损害公司的投资者、雇员、养老金领取者、客户等无辜的第三人的利益。这一观点在安达信(Arthur Andersen)事件后得到最大程度地强化和认同,并最终成为司法界、律师界、商业界、新闻界等社会各界的共识。安达信曾是全球五大会计师事务所之一,自安然公司成立之初便负责其审计事务,后又提供内部审计和咨询服务。2001 年 10 月安然财务丑闻爆发,美国证监会(Securities and Exchange Commission)宣布对其进行调查。获知此信息后,安达信的休斯敦事务所从 10 月 23 日起开始销毁大量的有关安然公司的会计账册,直到 11 月 8 日收到证监会的传票后才停止。德克萨斯州南区联邦地区检察官在初步调查的基础上,认为安达信涉嫌妨碍司法罪。2002 年 3 月 7 日,检察官从大陪审团处获取了起诉书,但未披露,以便在辩诉交易时增加谈判筹码。不料,安达信首席执行官约瑟夫·贝拉迪诺(Joseph Berardinod)态度强硬,声称绝不接受任何有罪指控。安达信的律师鲁斯蒂·哈丁(Rusty Hardin)也明确表示,就公司声誉而言,辩诉交易无异于"死刑判决"。检察官遂于 3 月 14 向法院提交了起诉书。事态扩大,安达信的信誉危机日益严重,越来越多的客户与其中断了业务关系。至此,安达信意图与检察官签订暂缓起诉协议,但又嫌检察官提出的配合调查、守法监督等协议条款过于严苛而最终放弃。[1] 案件遂向前推进,6 月 15 日联邦地区法院裁定安达信妨碍司法罪成立,并判处其罚金 50 万美元,5 年内不得从事会计业务。[2] 安达信不服,提出上诉。2004 年 6 月 16 日,联邦第五巡回法院裁定,维持有罪判决。[3] 对此裁定,安达信再次上诉至联邦最高法院。2005 年 5 月 31 日,联邦最高法院认为初审法官对陪审团的指示存在严重错误,初审判决缺乏充分证据,裁定予以推翻,指令重审。[4] 不过,对安达信而言,联邦最高法院这一姗姗来迟的一纸判决,

---

〔1〕See Indictment, United States v. Arthur Andersen, LLP, No. CR‐H‐02‐121 (S. D. Tex. Mar. 7,2002).

〔2〕See United States v. Arthur Andersen, No. 02‐121 (S. D. Tex. June 15,2002).

〔3〕See United States v. Arthur Andersen, 374 F. 3d 281,285 (5th Cir. 2004).

〔4〕See United States v. Arthur Andersen, 125 S. Ct. 2129(2005).

仅具有暂时"清白其身"的象征意义，因为早在检察官对其提起指控时，这个百年老店就已经关门歇业，客户尽失，业务转让，数以万计的人不得不另寻工作（仅在美国就有 28,000 人失业）。[1] 据报道，2001 年，安达信在全球 85 个国家和地区设有 390 个分支机构，雇员总数达到 85,000 人，全球营业总额达 93.4 亿元。而到 2002 年末，2300 多家上市公司客户陆续离开安达信，全球分支机构相继被撤销或收购，雇员仅剩 3000 人。[2]

如此严重的灾难性后果，在当时金融危机背景下，无疑使全国经济更加雪上加霜，美国司法部一时间竟成众矢之的。许多评论者认为，起诉安达信所带来的社会效益微乎其微。对安达信的定罪，并没有将任何负有个人责任的公司高管进送进监狱，而区区 50 万美元的刑事罚款与安达信面临的巨额民事赔偿相比根本微不足道。相反，起诉和定罪所引起的负面后果却相当严重。[3] 一些学者更是严厉警告，仅仅起诉（不包括定罪）就足以摧毁一个上市公司，因此，"起诉法人就相当于宣判其死刑"。[4] 美国审计署认为，安达信因销毁安然公司的财务文件而被起诉构成妨碍司法罪，进而被迫关闭，造成数以万计的人失业。这是起诉法人带来严重后果的典型案例，亦是司法部倡导法人审前转处协议的肇因。[5] 前新泽西州联邦地区检察官克里斯托弗·J.克里斯蒂（Christopher J. Christie）在国会众议院作证时陈述，安达信事件，深深地震撼了每一位联邦检察官，促使他们积极寻找处理法人犯罪的第三条道路。[6] 总之，安达信事

〔1〕See Linda Greenhouse, "Justices Unanimously Overturn Conviction of Arthur Andersen," *New York Times*, 2005 - 05 - 31, at C1.

〔2〕See Charles E. Ramirez, "Andersen Workers Settle Into New Careers," *The Detroit News*, 2002 - 12 - 01, at 1D.

〔3〕See Elizabeth K. Ainslie, "Indicting Corporations Revisited: Lessons of the Arthur Andersen Prosecution," *American Criminal Law Review*, Vol. 43(2006), p. 109.

〔4〕See Lynsey Morris Barron, "Right to Counsel Denied: Corporate Criminal Prosecutions, Attorney Fee Agreements, and the Sixth Amendment", *Emory Law Journal*, Vol. 58(2009), p. 1265.

〔5〕See U. S. Government Accountability Office, "DOJ Has Taken Steps to Better Track Its Use of Deferred and Non-Prosecution Agreements, but Should Evaluate Effectiveness," 2009 - 12 - 18, http://www. gao. gov/assets/300/299781. pdf, 2012 - 12 - 20.

〔6〕See James A. Inciardi et al., *Drug Control and the Court*, CA: SAGE Publications, Inc., 1996, p. 25.

件使美国主流观点认为，打击法人犯罪具有严重的"水漾"效应，而且仅仅"起诉行为"就足以使一个业务遍及全球的跨国公司一夜之间面临关门倒闭之厄运。因此，如何在打击法人犯罪的同时又避免刑罚的殃及后果，就成为美国司法部迫切需要解决的难题。

正是在这种意识和压力之下，美国司法部开始注意到一度被"冷落"的审前转处协议制度，将工作重心从起诉阶段转移到诉前阶段。2003 年 1 月，《汤普森备忘录》[1]颁布。与之前版本《霍华德备忘录》[2]相比，《汤普森备忘录》的修改相当有限，绝大部分内容基本相同，许多条款措词也是大同小异，但因其对联邦检察官具有拘束力，而且更加强调法人真诚合作的重要性，故而掀起了一股打击法人犯罪的"完美风暴"。对于法人的"真诚合作"，《霍华德备忘录》仅规定检察官可以根据案情，给予法人豁免（immunity）或赦免（amnesty）的奖励。《汤普森备忘录》则规定，除了豁免或赦免外，检察官还可以考虑给予法人审前转处的待遇。[3] 这是"法人审前转处"这一概念首次出现在官方文件中。之后，审前转处协议的适用数量开始明显上升。许多国内公司的犯罪案件，如 AIG, American Online, Boeing, Bristol-Myers Squibb, Computer Associates, Health-South, KPMG, MCI, Merrill Lynch, Monsanto, Time Warner, 以及一些外国公司的犯罪案件，如 British Petroleum, Smith & Nephew, 都是以审前转处协议方式结案的。

这种政策转向，隐含着法人犯罪惩治理念从威慑向治理的转变，即实行一种"机制变革起诉"（Structural Reform Prosecution）。这种起诉的特点，是利用检察官的起诉威慑功能换取涉罪法人内部的公司治理。[4] 传统上，检察官的起诉目标，是将涉罪法人绳之以法，定罪判刑。机制变革

〔1〕即 2003 年 1 月时任司法部副部长拉里·D·汤普森（Larry D. Thompson）签署的《联邦商业组织起诉指南》。

〔2〕即 1999 年 6 月时任司法部副部长埃里克·H·霍尔德（Eric H. Holder）签署的《联邦法人起诉指南》。

〔3〕See Principles of Federal Prosecution of Business Organizations (2003), at Part VI (B).

〔4〕See Brandon L. Garrett, "Structural Reform Prosecution," *Virginia Law Review*, Vol. 93(2007), p. 854.

起诉的目标，并不是追求对涉罪法人的有罪判决和惩罚，而是要改革其内部的规章制度，预防其再次犯罪。惩罚犯罪（报应）并非是最重要的，治理法人（矫正）才是首要的诉讼目标。《汤普森备忘录》在开篇即点出打击法人犯罪的目标："严格执行刑事法律，打击法人不法行为（特别是白领犯罪），这有利于法律的遵守和公众利益的维护。起诉法人，是一种积极的变革力量。它可以重塑法人文化，引导法人行为，预防、发现和惩治白领犯罪。"[1]对于这一目标转换，以往的辩诉交易、不起诉决定等制度均难担当重任，而审前转处协议却提供了卓有成效的应对方案。对于审前转处协议的这一独特功能，《菲力浦备忘录》[2]进行了如下阐释："……如果对法人定罪判刑会给无辜的第三人带来极其严重的负面后果，则应当考虑适用不起诉协议或暂缓起诉协议，明确其守法和不得重犯等义务。此种协议是在起诉和不起诉之外的第三种方案。在许多情形下，不起诉会使涉罪法人逃脱惩罚，起诉又会殃及与犯罪行为无关的无辜的第三人的利益，而暂缓起诉协议或不起诉协议则既可以使涉罪法人继续运转经营、保持财务稳定，又可以使检察官保留对不真诚悔改、严重违反协议的涉罪法人恢复起诉的权力。审前协议同时也能实现其他重要目标，如使被害人得到及时赔偿等。"[3]

法人审前转处协议具有一箭双雕的效果：既无需对法人定罪，避免了刑罚的殃及后果，又能整顿治理法人，实现刑罚的矫正目的。与法院定罪程序不同的是，审前转处协议避免了定罪对法人产生的严重的声誉贬损——一种被联邦法官称之为"攸关生死之事"。[4]"诚信是企业的立足之本"，法人的生存和发展，在很大程度上倚赖于其市场声誉，倚赖于投资者、消费者、商业客户、普通民众等对其声誉的肯定和褒奖。对法人定罪，是对法人最严厉的道德谴责，是向社会传递其声誉败坏的强烈信号。它将极大地影响公众选择交易对象，缩减法人的经营规模，冲击法人的业务

---

〔1〕Principles of Federal Prosecution of Business Organizations (2003)，at Part I（A）.

〔2〕即 2008 年 11 月时任司法部副部长马克·R·菲利普（Mark R. Filip）签署的《联邦商业组织控诉指南》（修正）。

〔3〕U. S. Attorneys' Manual(2008)，§ 9 - 28. 1000.

〔4〕United States v. Stein，435 F. Supp. 2d 330,381 (S. D. N. Y. 2006).

开展,乃至将其淘汰出局。相反,对法人适用审前转处,则不仅意味着法人不会被起诉,而且也减弱了社会公众对其声誉的负面评价。

值得反思的是,从法理上看,刑罚的水波效应应当出现在定罪之后的判决执行阶段。起诉仅仅是启动案件的审理程序,并非案件的最终定论,何以具有与定罪相同的负面后果呢? 对此,来自马萨诸塞州的众议员威廉·D. 德拉亨特(William D. Delahunt)在国会听证会上就对"起诉法人相当于判其死刑"的观点表示强烈质疑,认为安达信的倒闭未必是起诉行为所致,不起诉安达信也未必就能保留公司雇员的职位。[1]《法人犯罪报告》主编拉塞尔·莫克希伯(Russell Mokhiber)通过对被起诉定罪的100 名公司进行调查后发现,这些公司绝大多数都没有因被定罪而倒闭,个别公司退出商业经营活动也不是因为被定罪。[2] 这些质疑不乏真知灼见,但应者寥寥无几,这颇耐人寻味。笔者认为,起诉行为确实不应具有"杀死法人"之杀伤力,真正具有如此威力的是行政机构施加的"资格刑"——剥夺签订政府合同的资格或者吊销执业资格。许多联邦法律和法规对要求公司具有最基本的职业道德,公司一旦被定罪(包括辩诉交易),则往往被政府从供应商名单中删除,或者被取消其特定的经营资格。虽然美国宪法的正当程序条款禁止在定罪时"自动"剥夺法人的相关资格,遑论还在起诉阶段,但是"作为一种惯例,法人被起诉或定罪时经常伴随着有关资格的吊销或取消。"[3]例如,在安达信事件中,检察官对其正式起诉的第二天,证监会就要求安达信在 2002 年 8 月 31 日起停止从事上市公司的审计业务,这等于迫使其关门歇业,这才是置之于绝境的"死刑"。虽然安达信被检察官诉诸法庭,但如果证监会不取消其审计资格,悲剧也许不会发生。因此,需要反思的,是行政机构对定罪法人相关资格

---

[1] See House Judiciary Committee, "Hearing on Accountability, Transparency, and Uniformity in Corporate Deferred and Non-Prosecution Agreements," 2010 - 02 - 04, http://judiciary. house. gov/hearings/printers/111th/111-52_50593. PDF, 2012 - 12 - 20.

[2] See Corporate Crime Reporter, "Crime Without Conviction: The Rise of Deferred and Non-Prosecution Agreement," 2005 - 12 - 28, http://www. corporatecrimereporter. com/deferredreport. htm, 2013 - 01 - 10.

[3] H. Lowell Brown, "The Corporate Director's Compliance Oversight Responsibility in the Post Caremark Era," *Delaware Journal of Corporate Law*, Vol. 26(2001), p98.

永久剥夺的严厉规定,以及在起诉阶段"提前剥夺"这种有罪推定的思路和做法。然而,社会公众很少会仔细区分"起诉"和"定罪"在法律上的不同意义,加上二者之间的高概率关系,[1]因而往往会将"起诉"简单地等同于"定罪",将"起诉"与"资格剥夺"直接勾联,在起诉阶段就已经对涉罪法人作出"出局"的判断。总之,"起诉法人相当于判其死刑"的观点,在美国社会各界已经深深扎根,这是法人审前协议制度的观念基础。

三、从裁量到羁束：法人审前转处协议的运作规范

法人审前转处协议,是一种自下而上的制度创新。最初,一些联邦地区检察官在适用时,既没有国会颁布的法律可以遵循,也没有司法部制定的指南可以依赖,而是摸着石头过河,各显神通。"对于案件能否适用审前转处协议,检察官只能自行酌情决定,因为没有任何现存的标准可以参照。"[2]司法部也是有意放手让检察官大胆尝试,并不急于制定统一的适用规则。

经过近十年的试水,加上惩治法人犯罪的社会压力,美国司法部才开始制定起诉法人的司法指南,并在适用过程中不断修正。虽然这些指南并非是专门规范审前转处协议的,但其中不少内容对审前转处协议同样适用,因而对规范法人审前协议亦具有积极的指导意义。一方面,这些指南明确了起诉法人的原则标准。1909 年联邦最高法院在纽约中央和哈德逊河铁路有限公司诉美国(New York Central & Hudson River Railroad v. United State)[3]一案中开启了追究现代法人刑事责任的先

---

〔1〕根据美国司法部统计,2009 年,美国西南地区刑事案件的定罪率(包括辩诉交易)是96%,其他地区的定罪率是 88%。See Bureau of Justice Statistics,"Federal Justice Statics 2009," 2011 - 12 - 03, http://bjs.ojp.usdoj.gov/content/pub/pdf/fjs09.pdf, 2012 - 12 - 20. 可见,即使在美国这种特别注重程序保障、采取辩诉对抗的职权主义诉讼模式的国家,法庭公开审理的起诉案件的定罪率也不低。

〔2〕See See F. Joseph Warin & Jason C. Schwartz, "Deferred Prosecution: The Need for Specialized Guidelines for Corporate Defendants," *Journal of Corporate Law*, Vol. 23(1997 - 1998), p. 130.

〔3〕在该案中,该公司运输部一名经理因支付回扣给某些线路的托运人而违反了联邦州际商业委员会强令执行的定价协议,从而构成欺诈。联邦检察官不仅对其本人提起刑事指控,而且还指控该公司。法院裁定指控犯罪成立,判处该经理罚金 6000 美元,该公司罚金 108000 美元。See New York Central & Hudson River Railroad v. United State, 212 U.S. 481,489 - 491(1909).

河,但由于缺乏相关的起诉标准,实践中检察官对查处法人犯罪案件往往带有很大的随意性,真正被追究刑事责任的涉罪法人数量相当有限。1999 年 6 月,《霍尔德备忘录》公布,首次规定了检察官在决定是否起诉法人或辩诉交易时"可以"考量的八大因素:(1)犯罪的性质和严重程度;(2)犯罪在法人内部的普遍程度;(3)以前的相似行为;(4)自首和合作;(5)守法计划及其有效程度;(6)补救措施;(7)附随后果的严重程度;(8)非刑事救济措施的充分程度。[1] 该备忘录确立的标准虽然较为原则,但却填补了法人犯罪起诉标准的空白。自此之后,《汤普森备忘录》、《麦克纳尔蒂备忘录》[2]、《菲力浦备忘录》所规定的法人犯罪起诉标准基本如出一辙,均遵循《霍尔德备忘录》奠定的框架,未作根本性变动。[3]

另一方面,这些指南对审前转处协议的争议条款不断进行规范和修正。由于法人审前转处协议是一种"民事合同",加之又没有标准范本,因而协议条款的具体内容都是因案而异。但一般来说,法人审前转处协议通常具备以下条款:(1)承认违法事实;(2)放弃时效权利;(3)协议终止日期;(4)声明自愿达成协议;(5)承诺遵规守法;(6)承诺与检察官合作;(7)保证法人雇员不作与协议相抵触的陈述;(8)同意违约的被诉后果;(9)违约的认定;(10)法人合并或解散时有关事项的处理;(11)违反税法的特别规定;(12)罚款和赔偿;(13)放弃律师—当事人特权;(14)聘请独立监事;(15)社区服务等。

在实际适用中,上述条款都可能存在缺陷。其中,最具争议的条款主要是以下三个:一是放弃律师—当事人特权(waive the attorney-client privilege)。律师—当事人特权是美国司法体系中最重要的一个制度设计。这一制度的精髓,是"鼓励律师和当事人之间毫无保留的、完全坦诚

---

[1] See Federal Prosecution of Corporations (1999), at Part Ⅱ (A).

[2] 即 2006 年 12 月时任司法部副部长保罗·J·麦克纳尔蒂(Paul J. McNulty)签署的《联邦商业组织起诉指南》(修正)。

[3]《汤普森备忘录》保留了《霍尔德备忘录》的八大考量因素,同时增加了第九个考量因素—对犯罪行为负有责任的个人起诉的可能性。《麦克纳尔蒂备忘录》和《菲力浦备忘录》则完全照搬《汤普森备忘录》的规定。

的交流，以实现自觉守法、公正执法这一重大的公共利益。"[1]在现代商业环境中，公司面对的法律事务相当复杂，迫切需要律师提供明确、精准的法律意见。然而，实践中，许多法人审前转处协议却要求涉罪法人放弃律师—当事人特权。这意味着，涉罪法人应当把公司律师与公司雇员之间谈话的文件资料提供给检察官。检察官则可以利用这些文件所记载的信息和事实，起诉对犯罪行为负有个人责任的公司雇员。《汤普森备忘录》明确肯定了这一实践做法，规定检察官在斟酌不起诉法人时要考虑涉罪法人是否"及时、自愿地披露违法行为，以及在调查法人雇员时自愿与检察官合作，包括在必要时放弃律师—当事人特权和工作生产保护特权。"[2]据此，如果涉罪法人面临指控，则可以选择放弃律师—当事人特权，提供有关文件给检察官，从而避免被诉。检察官则可以将这些文件用作证据，对法人雇员提出有力的指控，同时也省却了艰难复杂的调查工作。这似乎是一个两全其美的方案。不过，这一做法却受到了律师界和商业界的强烈批评，被指责为诱导公司牺牲雇员的利益以保全自身，既不利于培养雇员对公司的职业忠诚，也有害于公司的长远发展。受此压力，《麦克纳尔蒂备忘录》对此作出相应的修改，规定检察官只有在"合理必要"时，才可以要求法人放弃律师—当事人特权。它将信息分为类型Ⅰ和类型Ⅱ：前者是有关法人犯罪行为的纯事实信息；后者是有关律师、法人、雇员之间在法人实施犯罪行为之前、之时或之后就有关法律问题交换意见的信息。如果法人拒绝提供类型Ⅰ信息，检察官可以在评判法人合作的真实性时予以考虑；如果法人拒绝提供类型Ⅱ信息，则检察官在评判法人合作的真实性时不得考虑。如果检察官拟要求涉罪法人放弃律师—当事人特权，提供类型Ⅰ信息，则还需经联邦副检察长批准。[3]《菲力浦备忘录》更是辩称，司法部的指南从来没有规定，放弃律师—当事人特权和工作生产保护特权是判断涉罪法人是否合作的必要条件。检察官执法的目的不是要涉罪法人放弃这些权利，而是要查明有关的犯罪事实。检

---

[1] Upjohn v. United States，449 U. S. 383,389(1981).

[2] Principles of Federal Prosecution of Business Organizations (2003)，at Part Ⅱ(A)(4).

[3] See Principles of Federal Prosecution of Business Organizations (2006)，at Part Ⅶ(B)(2).

察官不能要求涉罪法人放弃这些权利,但不反对涉罪法人自愿、主动地提供有关文件和信息。[1]

二是停止支付雇员律师费(not to advance or reimburse attorneys' fees to employees)。美国绝大多数州法律都允许法人或商业组织为其雇员预付诉讼费用,条件是雇员负有返还的义务,如果最终确定其无权获得补偿的话。预付雇员的律师费用,增强了雇员在诉讼中的辩护能力,但同时也减弱了控方的攻击力量,对其调查公司雇员的犯罪行为构成了障碍。鉴于此,许多法人审前协议要求,涉罪法人不得为涉罪雇员预付或者补偿律师费用。《汤普森备忘录》亦明确规定,在判断涉罪法人合作的有效性时,应当考虑其是否采取各种措施庇护涉案雇员或代理人,包括预付律师费、留任而未作任何处罚、透露调查信息、订立共同辩护协议等。[2] 这一规定也引起社会的强烈反对,甚至引起相关的司法审查。在美国诉斯坦(United States v. Stein)一案中,纽约州南区联邦地区法院法官刘易斯·A·卡普兰(Lewis A. Kaplan)认为,联邦地区检察官将停止预付雇员律师费作为签订审前转处协议的条件,从而迫使毕马威(KPMG)停止支付斯坦等公司高管的律师费。这一做法侵犯了这些雇员的公平审判权和获得律师帮助权,违反了宪法第五和第六修正案;[3]对于这些雇员被侵犯的宪法权利,只有驳回检察官的起诉才能得到救济。[4] 对于驳回起诉的裁决,检察官不服,提出了上诉。2008 年 8 月 28 日,联邦第二巡回法院裁定:驳回上诉,维持原判。[5] 本案的裁决,虽然不是直接针对法人审前转处协议,但却对其适用产生重大影响。本案裁决之后,司法部迅即作出反应。《麦克纳尔蒂备忘录》规定,检察官在决定是否起诉法人时,原则上不得考虑公司是否为正被调查或起诉的雇员预付律师费。一些州法允许公司为正在被调查、未最终定罪的雇员预付律师费,许多公司也通过章程、规章或合同规定公司预付律师费的合同义务。公司遵守州法和履行

---

[1] See U. S. Attorneys' Manual(2008),§ 9 - 28.710.

[2] See Principles of Federal Prosecution of Business Organizations (2003), at Part Ⅵ(B).

[3] See United States v. Stein, 435 F. Supp. 2d 330 (S. D. N. Y. 2006)("Stein Ⅰ").

[4] See United States v. Stein, 495 F. Supp. 2d 390 (S. D. N. Y. 2007)("Stein Ⅳ").

[5] See United States v. Stein, 541 F. 3d 130 (2d Cir. 2008).

合同义务,不得被认为是不予合作。[1]《菲力蒲备忘录》重申了《麦克纳克蒂备忘录》的规定,而且还明确涉案法人与其雇员签订共同辩护协议不影响法人与检察官合作真诚性的评价,检察官也不得禁止涉案法人签订这类协议。[2]

三是聘请独立监事(use of independent monitor)。1994 年的 Prudential 案是第一个约定独立监事条款的法人犯罪审前协议。[3] 根据协议,独立监事负责监督公司遵规守法,经检察官同意后由公司聘任。此后,许多法人审前转处协议都规定有独立监事条款。独立监事制度在促进公司内部治理中有一定的作用,但在适用过程中也存在一些问题,以致遭受强烈批评。首先是选任标准不明确。究竟哪些案件需要设立独立监事、独立监事应当具备哪些资格条件,均缺乏相应的规定。其次是检察官权力过大。实践中,独立监事要么由检察官提出人选供涉罪法人选择,要么由涉罪法人提供人选由检察官圈定。不管哪种方式,检察官都最终掌控着独立监事的选任权,因而难免有以权谋私的嫌疑。据学者统计,担任独立监事的人员,几乎都曾担任过检察官、法官或证监会管理人员。[4]再次是独立监事的权力过大。实践中,独立监事的职权不断扩张,从监督公司的日常经营活动到参与公司的重大决策,乃至干预公司的人事安排(要求撤换公司首席执行官、增设公司独立董事等),几乎无所不包。在证监会诉世界通信案(SEC v. WorldCom, Inc.)中,法官杰德·雷科夫(Jed Rakoff)指出:"本案的独立监事,最初是防止侵吞公司资产、销毁公司文件等违法行为的发生,但经当事各方同意,其地位和作用得到极大地增强。他不仅充当公司财产守护人的角色,而且发起了一系列公司内控和监管改革,并监督其实施。"[5]也有学者敏锐地观察到,独立监事既不需

---

　　[1] See Principles of Federal Prosecution of Business Organizations (2006), at § Ⅶ(B) 3.

　　[2] See U. S. Attorneys' Manual(2008), § 9 - 28.730.

　　[3] See Deferred Prosecution Agreement, United States v. Prudential Sec, Inc. , No. 94 - 21 89 (S. D. N. Y. Oct. 27,1994).

　　[4] See Vikramaditya Khanna & Timothy L. Dickinson, "The Corporate Monitor: The New Corporate Czar?," *Michigan Law Review*, Vol. 105(2007), p. 1722.

　　[5] SEC v. WorldCom, Inc. , 273 F. Supp. 2d 43 1,432 (S. D. N. Y. 2003).

要对公司负责,也无需对股东承担信托责任,因而已经蜕变为公司的新"沙皇"——一个拥有无限权力而又不受任何羁束的人。[1] 针对这些批评,司法部近期亦给予了回应。2008 年 3 月,《莫福德备忘录》[2]发布,对独立监事的选任条件、职责范围、协议监督、信息交流、违法行为报告、任职期限等进行了全面的规范,确立了独立监事选任和履职方面的九大原则。其中,最重要的程序规范是,在任何案件中,如果检察官拟设立独立监事,都应将有关人选报请司法部副部长审查和批准。2010 年 5 月,《格林德勒备忘录》[3]发布,增加了独立监事履职的第十个原则,即关于司法部解决独立监事和法人之间争议的职责的规定。上述规定,对规范独立监事效果较为明显,检察官滥用独立监事的现象得到一定程度的遏制。

客观地说,就保证法人审前转处协议的规范适用而言,美国司法部的态度是相当积极的,也取得了一定的成效。然而,这毕竟是一种内部监督机制,有其天然的局限性。特别是,绝大多数法人审前转处协议都订有一个违约认定条款,约定检察官是认定涉罪法人是否违约的唯一主体,且这一认定结果不得诉诸司法审查。这是法人审前转处协议制度最受诟病之处。"不受制约的权力必然导致腐败",多数学者认为,为了保证审前转处协议的公正、合法、适当,有必要引入司法审查机制。由法官对审前转处协议进行必要的审查,可以减少乃至消除法人审前转处协议中的各种违宪条款。[4] 不过,联邦法院的态度却相对保守。法院一般认为,法人审前转处协议本质上属于检察官起诉裁量权的范畴,根据权力分配原则,对于起诉裁量权问题,原则上排斥司法审查。非但如此,法院还通常推定,检察官在作出决定时肯定会正确行使宪法赋予的职权。[5] 因此,对于检

---

〔1〕 See Vikramaditya Khanna & Timothy L. Dickinson, "The Corporate Monitor: The New Corporate Czar?," *Michigan Law Review*, Vol. 105(2007), p. 1743.

〔2〕 即 2008 年 3 月时任联邦检察长助理克雷格·S·莫福德(Craig S. Morford)发布的《法人暂缓起诉协议和不起诉协议独立监事的选任和履职》。

〔3〕 即 2010 年 5 月时任联邦检察长助理加里·G·格林德勒(Gary G. Grindler)发布的《法人暂缓起诉和不起诉协议独立监事履职补充指南》。

〔4〕 See Matt Senko, "Prosecutorial Overreaching in Deferred Prosecution Agreements," Southern *California Interdisciplinary Law Journal*, Vol. 19, 2009 - 2010, p. 186.

〔5〕 See United States v. Armstrong, 517 U. S. 456(1996).

察官提交的法人审前转处协议(主要是暂缓起诉协议)，联邦法院一般不会审查。然而，最近一些联邦地区法官开始在个案中审查提交上来的暂缓起诉协议的合法性。例如，在 2013 年 1 月发生的 WakeMed 一案中，被告公司因在医疗保健欺诈而被北卡罗那州东区联邦地区检察官调查，双方达成了暂缓起诉协议。联邦地区法官特伦斯·W·波义耳(Terrence W. Boyle)在批准协议之前，召集双方举行听证，审查了放弃由大陪审团决定起诉的权利的合法性和执行协议是否符合公共利益等问题。[1] 又如，在 2012 年 12 月发生的 HSBC 一案中，被告银行因涉嫌洗钱而被纽约州东区联邦地区检察官调查，双方签订了暂缓起诉协议。联邦地区法官约翰·格利森(John Gleeson)在批准协议之前，也召集双方进行听证，并阐述了法官对暂缓起诉协议监督审查的权力渊源。他指出，与纯粹的私下交易的不起诉协议不同，暂缓起诉协议一旦提交给法院，法官就被赋予监督审查其是否合法的权力，完全可以独立地作出同意或不同意的决定。这是保证司法公正所必需的。[2] 这些案例表明，由法院对暂缓起诉协议进行实质性审查，很可能是法人审前转处协议制度的一个发展趋势。

四、法人审前转处协议制度的方向与前瞻

犯罪的后果是惩罚(刑罚)，惩罚的功能是报应和矫正。法人审前转处协议虽然不对涉罪法人起诉定罪，但却对其实体权利予以一定程度的剥夺，从而取得了"刑罚"相同的效果。无论是暂缓起诉协议还是不起诉协议，签订协议的法人都需要承担以下两个方面的合同义务：第一，支付罚金给政府和支付赔偿金给被害人；第二，建立和完善公司职业规范、守法计划和内控机制，以预防和制止未然的犯罪行为。第一个义务是刑罚报应功能的体现，即要求涉罪法人交付罚金是对其犯罪行为的报复；第二个义务则是刑罚矫正功能的体现，即要求涉罪法人整治公司治理是促使

---

〔1〕See United States v. WakeMed，No. 5：12 - CR - 398 - BO - 1 (E. D. N. C. Feb. 8, 2013).

〔2〕See United States v. HSBC Bank USA, N. A. , No. 12 - CR - 763 (E. D. N. Y. July 1, 2013).

其"悔过自新",不再重新犯罪。这里,惩罚既不需要以定罪为前提(但通常要求涉罪法人承认犯罪事实),也不需要贴上"刑罚"的标签,因而是一种"无需定罪的惩罚"。下图是美国司法部 2000 年至 2015 年法人审前转处协议"判处"的赔偿款数额,可资佐证。

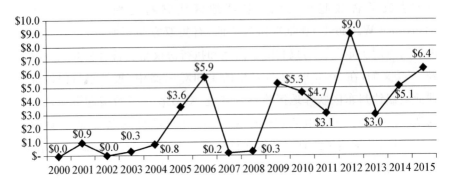

图二　美国司法部 2000—2015 年法人审前转处协议历年赔偿款数额单位(十亿美元)

　　然而,任何刑罚,不仅应当由法官或陪审员作出,而且只能在控辩对抗、居中裁决、认定有罪的前提下作出。这是现代刑事司法的一个基本制度架构。法人审前转处协议这种无需定罪的惩罚之所以能够滋长,与美国社会普遍存在的"正义有价"的刑事司法理念息息相关。正因为正义的实现是有价的,因而检察官和被告可以就案件处理彼此协商、讨价还价。最终确定的价格,取决于双方掌握的事实和证据,以及各自的谈判技巧和能力。由于司法资源短缺,案件数量过多,检察官案多人少的矛盾相当突出,而辩诉交易能在有限的司法资源下使案件得到及时处理,因而在美国司法实践中极受青睐。在辩诉交易中,整个诉讼活动就象个市场交易系统,所有身在其中的参与者都利用自己掌握的各种资源进行讨价还价。[1] 从制度设计来看,审前转处协议的内容,也是控辩双方协商的结果。从这点来看,法人审前转处协议也不乏视为一种辩诉交易——一种不需要法院橡皮图章认可的特殊的"辩诉交易"。

　　审前转处协议,从最初的制度设计来看,是专门用于自然人轻微犯罪

---

〔1〕 See Frank H. Easterbrook, "Criminal Procedure as a Market System," *Journal of Legal Studies*, Vol. 12(1983), pp. 290 – 321.

的。然而，富有激进精神的联邦检察官，却将其与法人犯罪案件相嫁接。不过，法人犯罪毕竟不同于自然人犯罪，法人审前转处协议这一自下而上的制度移植有许多空间需要磨合，否则难免出现"橘生南北"的现象。特别是，与自然人审前转处协议不同的是，法人审前转处协议，检察官融协议的签署者、执行者和监督者于一身，缺乏缓刑官等第三方的参与，因而在适用过程中存在诸多制度漏洞，极易导致检察官滥用权力。在审前转处协议适用过程中，如果不借助外部监督力量而仅寄希于检察官的道德自律和内部自控，则必定难以解决检察自由裁量权的滥用问题。针对社会各界对法人审前转处协议制度的批评和责难，美国司法部的应对不可谓不积极，措施不可谓不到位，制度适用也从无序逐步走向规范。然而，内部的自我纠正终究是一种"头痛医头、脚痛医脚"的被动方案。真正的治本之策，应当是规则制定与执法监督、内部自律与外部监管双管齐下。针对目前法人审前转处协议适用中存在的问题，建立司法适当干预制度，赋予法官对协议内容及其执行一定程度的监督审查权，应是这一制度的发展方向。

对此，考察一下法人审前转处协议制度在英国的发展演进也许能够提供某些有益的启示。对于法人审前转处协议，英国检察部门亦想移植推广，但却遭到英国法院系统的明确反对。对于法人犯罪案件，英国法院一向奉行的原则是，只能根据英国法律对涉罪法人定罪量刑，而拒斥控辩双方签订的诉前交易等协议。[1] 然而，立法很快走在司法的前面。2013年4月23日，《2013年犯罪和法院法》(the Crime and Courts Act 2013)获英国女王批准，并拟于2014年2月施行。该法的一个鲜明的亮点是确

---

〔1〕对此，Innospec案的处理经过可资说明。2010年3月，Innospec公司因在海外行贿及不正当贸易等违法行为而被美国司法部刑事局和英国反欺诈办公室联合调查。后三方达成诉前协议，被告公司被要求支付4,020万美元罚款，其中1,270万美元支付给英国。但英国大法官托马斯勋爵(Lord Justice Thomas)几乎要否决这一协议。他指出，反重大欺诈署主任无权签订含有"刑罚"内容的协议。根据英国法，这种含有罚金内容的协议是无效的。但鉴于否决该协议可能会损害公共利益，他最终还是批准了协议，但特别强调"仅此一次，下不为例"。See "Sentencing Remarks of Lord Justice Thomas, Regina v. Innospec Limited," 2010－03－26, http://www. judiciary. gov. uk/Resources/JCO/Documents/Judgments/sentencing-remarks-thomas-lj-innospec. pdf, 2013－03－18.

立了法人暂缓起诉制度。与美国由实践自发生成的做法不同的是,英国议会特别注重立法,强调规则先定。该法附件17详细规定了暂缓起诉制度的概念、特征、适用范围、适用主体、协议内容、批准程序、违约处理、赔偿金收缴等重要内容。特别是,该法明确规定,检察官与涉罪法人达成的暂缓起诉协议,只有经法官听证审查并批准后,方能生效。该法还要求皇家检察总长(Director of Public Prosecutions)和反重大欺诈署主任(Director of the Serious Fraud Office)在该法正式实施之前制定更加具体的操作细则—《暂缓起诉适用条例》(the Code of DPA Code Practice)。[1] 2013年6月27日,该条例草案公布,向社会公开征求意见。综上所述,在刑事司法变革方面,英国虽然相对保守,但更加注重立法规划、未雨绸缪。不难预测,法人暂缓起诉协议制度在英国的发展,将不会出现美国那种"众口铄金"、"千夫所指"的现象,而是更加有序和稳健。这或许是制度移植者的"后发优势"的缘故吧。

(叶良芳 撰)

---

[1] See Crime and Courts Act, 2013, c. 44, § 45, sch. 17 (U. K.).

第七章　金融检察的公诉策略与
辩诉协商在我国的引入

受基础金融制度的影响,我国金融刑法制度仍带有很强的计划经济时期的色彩。这就决定着我国刑法本身在防控金融法益侵犯行为时存在较为严重的不足。除此之外,即使是金融刑法能够完全覆盖实践中的金融法益侵犯行为,金融犯罪行为的追诉也将面临着耗时过长、司法成本过高、效率低下等弊症。为此,未来的金融犯罪的公诉程序应在策略上进行相应调整,通过运用降格起诉、辩诉协商等变通起诉模式,避免在追诉过程中对罪刑法定原则形成冲击,降低金融犯罪追诉的司法成本。

在此部分,本章拟以辩诉协商为例,首先介绍辩诉协商在美国蓬勃发展的内在机理,并分析辩诉协商在美国金融危机前后的应用情况;然后,以德国为例,考察辩诉协商在其他主要法治国家的传播情况;随后,根据金融犯罪的特性指出各国在金融犯罪领域采行辩诉协商的必要性;最后结合我国公诉模式的转型提出相应的改革对策。

一、辩诉协商在美国的产生与金融案件中的应用

(一)辩诉协商及其在美国蓬勃发展的机理

辩诉协商(Plea Negotiation),是指在刑事诉讼程序中,检控方与辩护方就被告的罪与刑问题进行协商,达成合意后,将协商内容呈报法官,并由法官参考协商内容做出判定和科刑的"简易化"程序类型。多数制度语境下,辩诉协商的达成得益于辩诉双方的承诺与合意:一般由被告在庭前作出"答辩犯罪"或"不辩护也不答辩"的承诺,检控方则做出降低指控

强度(减少罪数、降低罪名、建议轻刑)的承诺。法官参考协商内容做出的判决也基本遵循辩诉双方的合意,一般不会有太大出入。[1] 在某些制度类型中,辩诉协商也会涉及法官的积极介入,极有可能直接发生于法官与律师之间,或者是控辩审三方协作的产物。[2]

　　辩诉协商最早生发于美国的刑事司法实践,据美国法制史学者劳伦斯·M·弗里德曼考证,本义上的辩诉协商至少 100 年前就在美国出现了,早在一个世纪以前,公诉人就愿意通过交易的方式说服被告承认犯了某种罪行以了结他们没有多大把握打赢的官司;并且,“默式的辩诉协商”的历史可能更加久远。[3] 时至 20 世纪 60 年代,更是得到实务界非常普遍的推行,但此时它并没有获得正式制度上的“合法性”认可。直到 1970 年,美国联邦最高法院在“布雷迪诉美利坚合众国”(Brady v. United States, 397 U. S. 742)一案中才正式肯定了辩诉协商的合法地位。[4] “只要遵循某些程序,辩诉协商就是合宪的。”[5]此后,辩诉协商在美国、以及其他西方国家广泛发展起来,以致成为一种重要的“简易化”司法程序类型。尽管辩诉协商制度从一开始便备受争议,但却并未影响其发展,“就法制层面而言,认罪协商与有罪答辩制度在多数时空中均处于不受欢迎的状态,然而,吊诡的是,此一制度又在人人皆曰可杀的情况下日益茁壮。”[6]就目前而言,美国有 90% 的刑事案件是通过辩诉协商结

---

〔1〕主要是指美国刑事程序中的辩诉协商。王兆鹏:《刑事被告的宪法权利》,元照出版公司 1999 年版,第 258 页。又参见 George Fisher, Plea Bargaining's Triumph, 109 Yale L. J. 857,(2000)

〔2〕这主要发生在德国,实务上常常是法官主动告诉辩诉律师可以与法官就案件进行协商。Thomas Swenson, the German "Plea Bargaining" Debate, 7 Pace Int'l L. Rev. 373,(1995)

〔3〕“默式的辩诉协商”是指不发生真正的交易,但被告意识到他如果作有罪答辩会有好果子吃,公诉人和法官也心照不宣,给予相应的“奖励”。参见[美]弗来彻:《公平与效率》,载宋冰编:《程序、正义与现代化》,中国政法大学出版社 1998 年版,第 431 页。

〔4〕李学军主编:《美国刑事诉讼规则》,中国检察出版社 2003 年版,第 4 页。

〔5〕[美]James B. Jacob:《美国的刑法、刑事诉讼程序和刑事审判》,载宋冰编:《读本:美国与德国的司法制度及司法程序》,中国政法大学出版社 1998 年版,第 344 页。

〔6〕林秉晖:《认罪协商法制之研究》,中原大学财经法律学系硕士学位论文,第 20 页。

案的,[1]可以说,没有辩诉协商就不会有美国的刑事诉讼。

当然,美国之所以成为辩诉协商得以自然演生和繁衍的原生场域,并成为主导型的简易化程序类型,除了上述机理性缘由之外,还存在着具体的、地缘性的文化性缘由。

1. 对抗式诉讼是衍生辩诉协商的制度性条件。

"在英美当事人主义诉讼中,被告人被视为与控方地位平等的一方诉讼主体,并在程序中享有与控方对等的诉讼权利,控辩双方的对抗求证活动主导着程序的推进。"[2]不仅如此,辩护律师还被视为不可或缺的程序参与者。在刑事诉讼中,控辩双方均有权各自独立进行证据收集——不仅国家侦查机关作为控诉方有权开展侦控性罪案侦查,而且辩护律师也可以聘请某些专门人员(私人侦探或民间鉴定人员)作为辩护方展开防御性辩护调查。由此,完善的辩护制度不仅弥补了被告人在与检控方进行对抗的过程中的"信息偏在"问题,而且,律师辩护技巧的应用也极大地增强了辩护方与检控方进行协商的筹码。可以说,对抗式诉讼的根本特点正在于通过对辩护方诉讼能力的保障使得发现真实的主导权以及程序推进的主导权都交由了诉辩双方,与传统欧陆法系国家截然相区分,后者所奉行的乃是检察官和法官合力发现真实的职权主义诉讼程序。当然,这也大幅度地增加了诉辩双方的诉讼风险,案件资源(包括人力、财力、时间)的耗费也使得诉辩双方的司法负担非常重,从而为控辩双方平等协商、形成合意(辩诉协商)终结案件的简易化程序类型奠定了制度基础。

2. 在美国盛行的实用主义哲学是形成和支撑辩诉协商制度运行的重要文化因素。

正是美国独特的实用主义哲学为美国社会普遍接纳、认受辩诉协商提供了思想基础,使其最终获得了合法性地位。一方面,在实用主义哲学

---

[1] 另据统计,纽约市 1990 年犯重罪而被逮捕的有 118000 人次,其中 64000 人在侦查阶段就作了辩诉协商处理,占 54.24%;有 54000 人是按辩诉协商解决的,占 83.33%;5000 人因证据不足而撤销案件,占 9.26%;仅 4000 人按正式程序开庭审判,占 7.41%。参见卞建林译:《美国联邦刑事诉讼规则和证据规则》,中国政法大学出版社 1996 年版,第 10 页。

[2] 谢佑平、万毅:《中国引入辩诉协商制度的三重障碍》,载《政治与法律》2003 年第 4 期。

的支配下,司法的目的在于解决纠纷,而不是追求绝对的、理想的公正,[1]更不是寻求一种政策的实施。纠纷解决型程序(达玛什卡语)支持公民将法律转化为个人自主的程序选择权。由于公民可自主确定自己的利益,包括他们在诉讼中取得成功的机会,他们原则上可以自由地放弃自己在法律程序中享有的权利,因此,权利可以作为程序参与者之间进行谈判的议价筹码。[2] 另一方面,司法资源以及司法体系的整体运作也占据了司法政策考虑的重要单元。就法院系统而言,美国最高法院将辩诉协商视为"司法管理的一个基本元素","认为只要它被正确适用,就应当值得鼓励。"[3]在辩诉协商合宪性被予以确认之初,大法官伯格就从司法管理和程序运营的角度作出过论证,如果辩诉协商发生表面上看来百分比很小的一点变化,就可能带来严重的后果。辩诉协商从 90% 减至 80%,便要求两倍的司法人员和程序设施,包括法官、法庭报告员、法警、书记官、陪审员及审判庭,如果减至 70%,则要求三倍的司法人员和程序设置。同样,就检察系统而言,检察官在审查起诉时,美国盛行着"系统效益模式"与"审判充分模式"。在指控实践遵循"系统效益模式"的检察官心目中,起诉任何案件必然将消耗掉能被用来起诉其他更值得诉讼的案件的司法资源,因此,如何有效地运用有限的时间和金钱就成为决定提起指控与否的关键因素;在"审判充分模式"下,检察官努力筛选只对那些可能被宣判的案件提起指控,他可能预先评估案件的胜诉可能性、案件的"陪审团上诉"可能性[4],最后仅仅决定起诉那些明显高于有罪判决所要求的证明标准的案件。[5]

    3. 美国独有的"政治型"检察文化也是影响辩诉协商生发的重要政

---

[1] 谢佑平、万毅:《中国引入辩诉协商制度的三重障碍》,载《政治与法律》2003 年第 4 期。

[2] [美]达玛什卡:《司法和国家权力的多种面孔——比较视野中的法律程序》,郑戈译,中国政法大学出版社 2004 年版,第 147 页。

[3] 谢佑平、万毅:《中国引入辩诉协商制度的三重障碍》,载《政治与法律》2003 年第 4 期。

[4] 例如,陪审员是否有可能发现可信的主要证人,如果案件的被害人和主要起诉证人都是被宣告有罪的贩毒者,陪审员的上诉可能性就不大。参见[美]爱伦·斯黛丽、南希·弗兰克:《美国刑事法院诉讼程序》,陈卫东、徐美君译,中国人民法学出版社 2002 年版,第 284 页。

[5] [美]爱伦·斯黛丽、南希·弗兰克:《美国刑事法院诉讼程序》,陈卫东、徐美君译,中国人民法学出版社 2002 年版,第 279,284 页。

治性因素。

　　美国的检察官是一种政治型检察官,不仅检察官隶属于行政序列,而且绝大多数州[1]检察官的选拔是通过选举产生的,检察官在任职期间的表现,确切地说,定罪率的高低将极大地影响到检察官本人在职务上的升迁,由此,为了克服政治生涯与司法仕途上的风险,检控方在必要时会更加愿意谋求妥协与合意,以规避普通诉讼程序所带来的司法不确定性与诉讼风险性。

(二)辩诉协商在美国金融危机前后的应用

　　2001年10月,安然公司因为公司账务欺诈而悄然倒塌,这随之引发出一系列的公司丑闻,涉及美国包括世界电讯公司、阿德尔菲亚公司、讯宝科技公司、Dynegy公司、HealthSouth公司等世界著名企业,这些公司丑闻被曝光或被调查预示着一个新的时代的到来,美国也由此进入了另一场“战争”之中——反金融犯罪的“战争”。

　　对此,美国总统、国会、司法部以及国家量刑委员会针对金融犯罪均采取严苛立场。[2] 很明显,这些政府机关为了挽回公众对美国金融系统的信心,采取了两项比较主要的举措:一是增加检察官起诉金融诈骗的案件数量;二是对金融犯罪定罪后,增加量刑幅度。据此,从政策导向上,似乎对金融犯罪的打击力度在加强。为此,一些学者指出,执法力度上的加强和量刑幅度上的增加,可能导致实践中检察机关启动辩诉协商的比率降低。

　　然而,这毕竟只是政策导向层面的讨论,并没有落实到实践层面。如前文所述,美国在金融危机期间,对金融犯罪的打击呈现出“实体层面严苛”、“程序层面宽缓”的趋势。事实上,按照美国刑事司法程序的运行规律,如果美国检察官在金融犯罪案件中不(经常性地)启用辩诉协商制度的话,几乎是很难想象的。据相关数据显示,经过对政府起诉、监狱量刑的数据以及辩诉协商的比率显示,截止2008年左右,不仅政府对金融犯

---

　　〔1〕美国只有四个州检察官不是由当地居民直接选举。〔美〕爱伦·斯黛丽、南希·弗兰克:《美国刑事法院诉讼程序》,陈卫东、徐美君译,中国人民法学出版社2002年版,第210页。

　　〔2〕Stephanos Bibas, White-Collar Plea Bargaining and Sentencing After Booker, 47 WM. &.MARY L. REV. 721,721(2005)

罪的打击度并未增加,而且对金融欺诈犯罪分子的监禁刑也并无特别的波动。更进一步讲,那些担忧或预测检察官动用辩诉协商的比率会大幅降低的意见并未如愿。联邦案件中以辩诉协商方式结案的比率仍旧保持在 95% 以上。

尽管检察官可能会选择适用美国在安然公司事件之后新通过的金融立法和量刑指南以加强起诉和量刑力度,但是,他们并没有如此做。相反,检察官们正在使用他们新的工具以促使被追诉人接受辩诉协议,这些辩诉协议所采用的刑罚与 2001 年新法规出台之前适用的刑罚几乎类似。当然,这些金融被告人之所以接受这些协议,恰恰是因为检察官们以根据 2001 年新法规规定的刑罚进行起诉相威胁,迫使被告人接受辩诉协议。由此可见,2001 年金融危机之后,政府相关机构针对金融犯罪做出的后安然改革并没有实现其预期的成果,反而成为检察官进行辩诉协商的砝码,促进了辩诉协商在金融犯罪案件中的继续应用和进一步发展。

二、辩诉协商的传播及在金融案件中采行的必要性

(一)德国拓展辩诉协商机制的原因与表现

一直以来,辩诉协商都被视为美国土生土长的、适用于美国司法制度土壤的一种特殊机制。然而,受制于两个方面的原因,辩诉协商制度在美国以外的其他国家传播势头迅猛。其一,外在原因方面,随着各国司法制度相互融合的趋势越来越明显,英美法系国家和欧陆法系国家之间相互借鉴的情况非常普遍,其中,欧陆法系国家对辩诉协议的借鉴就是非常突出的例子。其二,在内生原因方面,随着诸多复杂案件的大量出现,欧陆法系国家的检察官在应对案件积压、程序缓慢等方面越来越显得捉襟见肘。为了提高司法效率,也为了在民众关注度较高的复杂案件中避免"全赢全输"的博弈,检察官也更趋向于选择辩诉协商机制,适度降低指控而获得对被追诉人的有罪判罚。

在此,以德国为例,最早讨论德国辩诉协商的文献,一般都认为德国传统上实行职权主义诉讼模式,因此,没有任何关于辩诉协商的生存空间。但是,20 世纪 70 年代以后,辩诉协商机制却在德国刑事司法实践中悄然产生,并在金融犯罪等严重复杂案件中起着较为突出的作用。其关

键原因有如下几点：

首先，辩诉协商在德国发展的原因之一是，复杂案件的增加，使司法机关的工作负荷过重，法院想尽快结束案件的审理。这是机理性缘由。

其次，辩诉协商的衍生也与德国开始设定的简易程序之实践应用效果（消解案件负担能力有限、提升司法效率不足）有很大关联。其一，就德国"简易审判"而言，它主要通过简化通常程序的步骤，例如省略"中间程序"、对被告不予传唤或减缩传唤时间、简化证据调查程序等，来实现促进诉讼迅速解决的目的；但据统计资料显示，"简易审判"在德国刑事司法实务上适用比率极低，1996 年的统计表明，大约占全部区法院所审理案件总数的 2.71%，近 7 年来，其比率一直在下降之中。而主要原因正在于检察官不认为该程序对其工作负担有明显减轻作用，不愿申请。[1] 其二，就"刑事处罚令"程序而言，这种"简易程序"类型在实务中被寄予厚望，然而，据德国早期刑事实务统计资料显示，这种简易程序类型的制度功效却因为辩护方的声明异议被部分消解，于 1987 年，处罚命令的申请占全德国区法院受理案件的 46%；但对"处罚命令"声请异议者，也占全部"处罚命令"的 33%。[2] 很显然，被告方是否提出异议将直接决定刑事处罚令的功效程度，当然，这也在一定程度上为实务中检察官提供了一个改进的线索与思路，即争取与辩护方进行协商并达成合意，尽量减少被告方的声明异议。随着实务上案件负担的逐渐加重，一方面，促使检察官尽可能地利用该程序提前结束个案审查，因而该程序在德国刑事实务上适用频率显着增高；另一方面，被告人形式上虽然不参与刑事处罚令的起草和签发过程，但是，实质上检察官已经在大量吸取被告人的合意——在侦查终结前被告人有权向检察官进行陈述，而且如果他对刑事处罚令不服，可以提出异议，开启正式审判程序，实践中，辩护方与检察官就是否以刑事处罚令处理案件以及刑事处罚令的内容进行协商、达成合意已经成为

---

〔1〕 Her，aaO，S. 235 Anhang，Tabelle 1. 参见何赖杰：《论我国刑事简易程序与德国"简化之刑事程序"之比较研究》，载《中正法学集刊》，第 86 页。

〔2〕 何赖杰：《论我国刑事简易程序与德国"简化之刑事程序"之比较研究》，载《中正法学集刊》，第 90 页。

普遍做法。[1] 后来的统计数据已经表明,经由"辩诉协商"的补充,刑事处罚令程序这种简易程序在实务中发挥了更为重要的案件分流功能。在1998年,检察官提起了538807起公诉案件,提起659368起刑事处罚令的申请,刑事处罚令程序的适用率已经达到约55%,被告人未提起异议的比例也比较高,在2000年德国检察官共提出659368份刑事处罚令申请,提出异议的有166033,被告人未提出异议的比例约75%,而且,就实践效果而言,刑事处罚令程序已经成为德国法律制度中处理日常轻微案件不可缺少的途径。[2] "刑事处罚令不仅节省了司法系统的时间和精力,而且由于它避免了公开审判所引起的麻烦和影响名誉的后果,而吸引了许多被告人。"[3] 其三,就检察官或法官对于微罪案件之简化处理程序(暂缓起诉)而言,实证研究表明,在1989年,其适用比例也只占依据本条法律应该适用之全部案件的23.9%,可以说,其适用比例并不高。然而,依据实务观察的结果,不可讳言,该程序已经成为德国刑事诉讼实务开启一道"达成协议"(辩诉协商)的门径。[4] 应该说,德国刑事诉讼法第153a条的立法目的并非授权检察官与被告进行像现行实务中展现的大规模协商,当时的共识是,这一容许诉辩双方合意的条文只是例外,只有轻微案件方可适用,况且还有法官的同意作为约束,但检察官并未切实遵守这一立法精神,检察官与辩护律师逐渐开始大规模协商,而且也逐渐摆脱了轻微罪行的范围限制,当被告罪行显然很重时,检察官和律师也会以轻罪代替重罪达成协商,法官同意的约束也基本上"土崩瓦解"。目前实务上,法院囿于案件负担几乎从没有表示不同意。[5]

---

〔1〕[德]托马斯·魏根特:《德国刑事诉讼程序》,岳礼玲、温小洁译,中国政法大学出版社2003年版,第211页。

〔2〕参见[德]托马斯·魏根特:《德国刑事诉讼程序》,岳礼玲、温小洁译,中国政法大学出版社2003年版,第209页注[666],211页注[675]。

〔3〕[德]托马斯·魏根特:《德国刑事诉讼程序》,岳礼玲、温小洁译,中国政法大学出版社2003年版,第212页。

〔4〕何赖杰:《论我国刑事简易程序与德国"简化之刑事程序"之比较研究》,载《中正法学集刊》,第92,93页。

〔5〕王兆鹏:《刑事诉讼的新潮流:与被告协商》,载氏著《刑事被告的宪法权利》元照出版公司1999年版,第269—270页。

最后,非常重要的是,刑事司法中被告方基本权保障的强化以及辩护能动主义倾向的加强,重塑了被告人的程序主体性地位,加剧了诉讼的对抗性,增加了当事人之间的程序选择权,从而也增添了诉辩双方进行协商并达成合意的筹码。应当说,在传统刑事诉讼运作模式下,德国检察官或法官是根本不会考虑辩诉协商这种"简易化"程序类型的,因为对于刑事辩护方而言,从来都没有取得与检控方相平等的诉讼地位,也没有任何可资利用的诉讼优势;刑事侦控方在强大的国家资源和诉讼技术的支撑下,相对于辩护方具有绝对的诉讼主导权。然而,这一局势在二战以后发生了巨大的改观,一方面,被告方的基本权得到充分的保障,使庭前对抗性加强,检控方的追诉难度增大,从而增加了检控方主动协商的可能性。"不仅审问前要对疑犯忠告、搜查须有批准令、为制止侦控方程序性违法行为的权利救济等美国式概念已被广为采纳,而且在许多案件中,德国的保障力度已经有过于美国的保障标准。"[1]如德国对嫌疑人的沉默权进行了严格的保障,侦查机关对逮捕、羁押手段的适用率比美国低,对侦查中的其他强制措施有较多的限制,宪法法院对违法侦查获得的证据采取较强的排除力度,特别重要的是,根据德国《刑事诉讼法》第147条规定,辩护律师在侦查期间有权不受限制地查阅嫌疑人的陈述笔录、鉴定意见以及律师有权到场的法官调查行为的笔录,其他侦查案卷和证据至迟也必须在侦查终结时向辩护律师公开。我国学者孙长永指出,"这是连英美的律师都望尘莫及的。"[2]被告方对抗能力的提升对侦控方来说意味着发现真实难度的增加,使刑事追诉胜利的可能性大大降低。因此,在这种情况下,检察官产生了进行辩诉协商的主观动机,并进而以辩诉协商的方式办理案件。另一方面,德国刑事辩护活动能动性倾向逐渐加强,尤其是在金融等复杂犯罪案件中,也是加强辩护方参与协商,并与其他参与者达成合意的重要砝码。据学者考察,德国刑事辩护活动一直到1970年代,

[1]对于人权保障仅限于美国的误区进行理论纠正的文章,可以参见[美]克莱格·M·布兰德利:《刑事诉讼规则国际共识前瞻》,载江礼华、杨诚主编:《外国刑事诉讼制度探微》,法律出版社2000年版,第2页。

[2]参见孙长永:《侦查程序与人权——比较法考察》,中国方正出版社2000年版,第16—17页。

都相当被动、消极地与法院发生合作关系,但新一代律师逐渐发现刑事司法程序中一系列可资利用的司法资源,如有些规定可以让他们阻挠或延迟审判程序的进行,于是一些律师常常利用这些可能性,使法院和检察官倍感压力,因而法官和检察官倾向于采取较为快捷的判决程序,以换取较无压力的审判空间。[1]

(二)各国在金融犯罪中采行辩诉协商的必要性

任何一种生命力旺盛的制度均奠基于一定的法制缘由,其中一些属于机理性缘由,另一些属于地缘性缘由。前者催动着该制度类型的原始衍生、初步发展、以及广泛繁衍;后者则构成了该制度类型在不同地方性语境中的发展情况。辩诉协商之所以在美国产生并在金融犯罪案件中(尤其是在金融危机期间)大量采用,显然有其特殊的地域性因素存在。但与此同时,辩诉协商之所以在其他国家(如德国)传播,并在这些国家的金融犯罪案件中得到发展,也正是因为辩诉协商制度适应了现代刑事诉讼的发展和金融犯罪的特性。当然,这也凸显了各国在打击金融犯罪的司法程序中采行辩诉协商制度的必要性。

1. 辩诉协商有利于实现社会公众的预期。

现代刑事司法程序已经从传统上一味地求取案件真相的"实体真实"取向演变为更加重视诉辩双方平等选择、理性对抗、自愿协商而达成的"合意真实"。换言之,获取司法事实并不必然排斥辩诉双方的协商,司法程序的最高境界也正是旨在实现一种对话和交流,理性对话或理性协商的制度精要也正是实现在协商过程中让辩诉双方位于平等地位,针对案件事实进行讨论、商议,取得共识,最终经由法官的审查形成判决。

辩诉协商达成的合意真实可以在现实司法机制中发挥重要功用:一方面,合意真实并不总是与实质正义相悖,相反在很多情形下有利于实现实质正义。另一方面,合意真实还有利于促进特殊案件处理的合理性。刑事司法程序的理想目标乃在于实现刑事实体真实,然而,评断刑事被告人有罪或无罪的边界往往是模糊的,尤其是在事实真伪不明的幽暗地带,

---

〔1〕参见林秉晖:《认罪协商法制之研究》,中原大学财经法律学系硕士学位论文,第179页。

让被告承担全部有罪或完全无罪的极端审判结果都是不合情理的,也是不合司法逻辑的,因此,透过合意真实、辩诉协商可能达致一种更加理性的结果,也较容易为民众所接受。

2. 辩诉协商可以降低检察官的诉讼风险。

"诉讼,因其条件的不充分性和结果的不确定性,而成为一种风险机制,任何人在提起诉讼之前,都会对自己承担风险的可能性加以考虑而三思后行。"[1]诉讼风险一般与证明责任、证明标准、诉讼技巧等刑事诉讼过程中的相关特征紧密连接在一起。其一,现代刑事诉讼(包括英美法系与欧陆法系国家[2])受无罪推定与控审分离等法治国原则的约制,尤其是在公诉案件中,要求检察官肩负起提出控诉证据,证明控诉事实的举证责任,在证明对象上,他不仅需要证明案件事实确已发生,而且还要证明刑事案件确系被告所为。控诉方必须对被告人的犯罪行为提出充分的证据,使法官或陪审团对被告人有罪问题达到排除合理怀疑的心证程度,否则,被告人就应当被无罪释放。可见,在刑事诉讼中,检察官不仅需要面对辩护方的百般驳难,而且,还要承担远较民事诉讼、行政诉讼案件高的证明标准。其二,诉讼真实与客观真实永远是不可能重合的逻辑项,在诉讼中控辩双方诉讼技巧的应用也可能增加真实发现程序的复杂性及诉讼主体的风险性,"法律事实并不是自然生成的,而是人为造成的,……它们是根据证据法规则、法庭规则、判例汇编传统、辩护技巧、法官雄辩能力以及法律教育成规等诸如此类的事物而构设出来的"。[3]

由此可见,不论是证明责任机制,还是诉讼技巧的应用均对金融刑事案件中的控辩双方在诉讼心理上产生了巨大的压力,在案件事实及处理结果相对不确定时,基于自身理性的考虑,双方不免会寻求程序机制内的妥协与合意以实现诉讼的终结,换言之,通过程序合意达成协商,实现己方合理的诉讼预期,不仅对于承担高标准证明责任的检察官来说是可以

---

〔1〕谢佑平、万毅:《中国引入辩诉协商制度的三重障碍》,载《政治与法律》2003 年第 4 期。

〔2〕在此需要强调的是,诉讼风险虽然是英美与欧陆国家诉讼机制共同存在的影响因素,但影响程度显然是不同的,这也决定了辩诉协商在两种诉讼体系中的应用程度。

〔3〕〔美〕吉尔兹:《地方性知识:事实与法律的比较透视》,邓正来译,载梁治平编:《法律的文化解释》,北京三联书店 1994 年版,第 80 页。

接受的,对在强大的国家刑事追诉权面前极有可能受到刑事处罚的被告人而言也是可以接受的。正如美国著名律师德肖微茨所言,"庭外协议在这种情况下对检察方最大的好处是使他们心中有数。用这种交易可以使被告至少先承认某些方面有罪,这样检察官就不至两手空空白干一场。如果没有庭外协议,他对这场诉讼的结果一点也没有把握,陪审团、法官和上诉程序这一切都是千变万化难以预测的。"[1]对刑事被告而言,"也能从庭外协议中得到好处——只要一个案子一经陪审团审判结果就难说了。被告和检察官一样,希望对案子的结果有把握,尽管这么一来可能会判那么短短的一段徒刑也在所不惜。"[2]

3. 辩诉协商有利于提升检察官的诉讼效率。

"刑事诉讼本为人类的一种消费性活动,国家为推动刑事诉讼活动的进行需要投入大量的人力、物力和财力。由于资源本身的稀缺性,国家在一定时期内投入刑事司法领域的社会资源总是有限的,这就要求任何理性化的刑事诉讼程序在设计和运作上都必须具备一定的经济合理性,必须遵循成本最少而产出最大的效益规律。"[3]由此,现代刑事诉讼的功能注定是多元化的,不仅要关注实体真实,还应该注重诉讼效率和司法成本,在资源有限的司法空间内完全按照理想类型的刑事司法构造和运作模式来实现刑事冲突的纾解与程序正义是不现实的。

从现实的角度看,"诉讼爆炸"似乎已经成为全球性的热点问题。在美国,联邦刑事案件上诉率增长最为明显,从 1960 年的 25％增至 1983 年的 94.5％。[4] 在英国,王室法院体系也面临着巨大的工作压力,从 1965 年至 1974 年,王室法院的案件数量增长超过一倍。[5] 在德国,同样面临着犯罪率剧增、司法资源有限、司法负担过重的问题和现象,据统计,长年

〔1〕［美］艾伦·德肖微茨:《最好的辩护》,唐交东译,法律出版社 1994 年版,第 154—155 页。

〔2〕［美］艾伦·德肖微茨:《最好的辩护》,唐交东译,法律出版社 1994 年版,第 154—155 页。

〔3〕参见谢佑平、万毅:《刑事诉讼法原则:程序正义的基石》,法律出版社 2002 年版,第 396 页。

〔4〕转引自何兵:《纠纷解决机制之重构》,载《中外法学》2002 年第 1 期。

〔5〕参见杨正万:《辩诉协商问题研究》,贵州人民出版社 2002 年版,第 37 页。

以来德国犯罪率稳步增长，1963 年平均每 100 个居民中还只有 3 件犯罪行为，到 1983 年已增至 7 件，而到 1993 年（包括东柏林）平均每 100 个居民中的犯罪行为已超过 8 件。就案件的绝对数量来说，1981 年联邦德国全年发案数是 2133000 件，而到 1990 年全年发案数已增至 2876000 件，同时段相比发案数约增长了 35%。[1] 意大利也许是西方国家中案件积压以及诉讼时间拖延最为严重的国家。1988 年刑事诉讼法修订以前，虽然可靠的资料难以获得，但学者估算意大利法院待审的民事案件约有 150 万件，刑事案件超过 250 万件，诉讼过程甚至长达 15 年以上。[2] 在我国台湾地区，社会问题的层出不穷以及生活样态的剧烈变化导致犯罪率急速攀升，给刑事司法体系带来极大的困扰，以近十年为例，1999 年地方法院刑事新收案件数比 1990 年的 160649 件增加了一倍；平均每月每个法官结案折计件数由 60.54 件增为 70.23 件；终结件数中平均一件所需日数由 51.21 日增为 101.69 日。由此，案件的积压与拖延已经严重至不能忽视的地步，以台北市、高雄市、台中市、台南市等大城市近五年的第一审法院为例，其案件负荷量已经远远超过负荷极限，平均每位法官工作负荷加重 16.4%。[3] 金融犯罪案件的司法效率问题实际上是其中最为突出的。由此可见，案件负担给司法机制带来了巨大的现实压力[4]，而如何纾解司法压力，缓解不断激增的案件负担已成为各国诉讼改革者的司法命题。也由此，辩诉协商在各国刑事诉讼的改革场域无疑具有非凡的诱惑力。

〔1〕转引自左卫民等著：《简易刑事程序研究》，法律出版社 2005 年版，第 43 页。

〔2〕参见［意］马可·法里布：《意大利刑事司法制度改革：理论与实践的悖反》，龙宗智译，载陈光中、江伟主编：《诉讼法论丛》第 2 卷，法律出版社 1998 年版，第 287 页。

〔3〕参见林秉晖：《认罪协商法制之研究》，中原大学财经法律学系硕士学位论文，第 6 页。据另一项统计表明，1988 年至 1997 年 10 年间，台湾地区刑事案件增加了六成。苏永钦：《案件负担与审判迟延》，载苏永钦《司法改革的再改革》，月旦出版社 1998 年版，第 309 页。

〔4〕诚如 Israel 教授所指，自从 1960 年代中期以来，有关刑事司法环境的诸多问题中，没有一个比沉重的案件负担更受注意，已是警察、检察官、公设辩护人及法院所面对最普遍而且最严重的刑事司法行政问题。［美］丹尼尔·傅特：《美国如何处理刑事司法负荷问题》，载《法学丛刊》第 178 期。

三、我国在金融案件中适用辩诉协商的前景与展望

(一) 我国在金融案件中适用辩诉协商的必要性

关于辩诉协商的引入问题,此前,有学者曾提出引入辩诉协商并全面改造我国现行简易程序的主张。笔者认为,这显然过分重视了外部的理论/制度资源,而没有对我国的制度语境进行深入的分析,并且,也根本没有对德国辩诉协商程序类型如何得以衍生进行深入反思。辩诉协商良好运作的前提乃在于当事人之间维系一种平等性、对抗性、自愿性及处分性的关系——平等性和对抗性决定了当事人之间富有意义地参与刑事司法程序的程序主体性;而自愿性和处分性赋予了当事人之间协同有效地进行程序合意的程序选择权。

辩诉协商虽然在美国这一原生场域运作良好,并产生了十分诱人的司法功效,但中肯地说,我国现行的制度语境中全面引入这一制度资源尚有一定难度,或者说,我国欲全面采行这种"简易化"程序类型尚需时日。当然,我们在此也并非主张机械的条件论和万能的文化决定论,而毋宁是立足于条件的可变性和文化的演进性产生的对"程序在他语域中可能衍生,以及如何衍生"的一种理论认知。由此,在肯认我国刑事司法实践对被告人刑事基本权的保障可能得到巨大改善的前提下,今后,在金融犯罪领域中,检察官办案可以有限度地试点辩诉协商制度。

第一,我国金融刑事司法实践中已开始逐渐遭遇办案压力大、司法负担重的问题,践行辩诉协商制度可以有效缓解检察机关及办案人员的工作压力。正如黄浦区人民检察院的一位检察官所言,"金融案件,有些案件涉案金额特别大,被告人认罪态度差,拒不认罪,我们一个公诉人要在庭上面对被告、律师与案件的新情况。一个庭像是一场战役。"[1]实际上,对于我国刑事案件中被追诉人认罪态度差的问题,除了应加大对物证等实物证据的获取力度之外,更为重要的是应创制一种能够促进被追诉人能够真诚悔过、主动认罪的司法机制。这也是一直以来支持辩诉协商

---

[1] 参见林莉丽:《金融犯罪案件检察科为黄浦金融集聚区保驾护航》,载 http://www. shjcy. gov. cn/jcxw/201204/t20120419_8750. htm

制度的学者们所秉持的一项非常重要的理由。

第二,我国金融刑事司法实践中受害者众多,社会公众对金融犯罪分子认罪伏法的司法预期较大。可以说,如果因为金融刑事案件较为复杂、涉案证据较为繁琐,以及程序环节较为机械,而导致案件久攻不下、迟迟不能结案,社会公众对司法的执行力和公信力必然会有所降低。

第三,我国金融刑事司法实践中被追诉人的律师参与度较高,这可以有效地实现控辩平等原则和被追诉人诉讼权利的保障。显然,只有司法机关的需求,是无法证成在金融犯罪案件中引入辩诉协商机制的正当性的。辩诉协商的有效运作有赖于辩护律师的参与度。而金融犯罪案件由于涉案人员都具有较高的社会身份,也具有充足的社会资源和经济实力,因此,聘请律师运用司法程序与检察官进行平等对抗,并不失时机地利用辩诉协商机制为被追诉人寻求更大的司法利益,就成为了可能。

(二) 我国在金融案件中适用辩诉协商的可能方式

着眼于新刑诉法的修订,其中,第 208 条规定:基层人民法院管辖的案件,符合下列条件的,可以适用简易程序审判:(一)案件事实清楚、证据充分的;(二)被告人承认自己所犯罪行,对指控的犯罪事实没有异议的;(三)被告人对适用简易程序没有异议。这三项规定充分体现了将简易程序建立在公正的基础之上的要求。其中,案件事实清楚、证据充分的要求体现的主要是实体公正的要求,而被告人对适用简易程序没有异议,则主要体现了尊重权利的程序公正要求。然而,尽管体现出了对被追诉人的程序保障,但是,采行简易程序或被追诉人同意使用简易程序,毕竟是对被追诉人使用普通程序权利的一种限制。因此,得到一定的补偿应当是合理的。[1]

目前,从新刑诉法的规定看,我国并没有明确简易程序的量刑优待,也没有明确被追诉人有罪答辩可以获得量刑上的从宽,在笔者看来,这在立法上是有一定改进空间的。

对此,第一,基于宽严相济刑事政策的理念,可以拓展适用侦查讯问

─────────

〔1〕《新刑诉法简易程序修改:公诉工作的应对路径选择》,载《检察日报》2012 年 5 月 23日。

程序中"坦白从宽"的原则,在金融犯罪案件的起诉与审判中,有限度地适用辩诉协商机制。

第二,由于美国辩诉协商乃是在被追诉人有罪答辩之后,直接进入量刑程序,在我国,这不仅不符合法律规定,也不容易得到公众支持,为此,可以采取检察官以量刑建议的方式,建议法院从轻处罚。这样既符合司法实践中的试点经验,也容易在检法之间达成共识,形成惯例。

第三,可以合理运用选择性起诉方式。所谓选择性起诉,是指在共同犯罪案件或者牵连犯罪案件中,检察官有选择性地仅对部分被告或者同一被告的部分犯罪事实提起指控。在疑难、复杂案件中,正确辨别各个行为人的刑事责任进而选择恰当的罪名提起公诉,这是检察机关的法定职责和义务。例如,被告人为想象竞合犯、牵连犯时,检察机关即需要根据刑法的规定(如牵连犯"从一重罪处断"的原则),选择恰当的罪名对被告人提起指控。又如,在共同犯罪案件中,检察机关亦需要根据刑法规定正确区分主犯与从犯,如果从犯情节较轻,具备法定不起诉条件的,检察机关即应当仅对主犯提起指控,同时对从犯作出不起诉处分。[1] 合理运用选择性起诉方式,可以有效地区分主犯和从犯,从而减少打击面,也有利于吸收一些从犯提供指控证据。当然,需要注意的是,选择性起诉不同于选择性打击。所谓"选择性打击",是指在打击金融犯罪时,并非对所有符合构成要件的行为都进行无差别对待,而是只选择其中的一部分进行重点打击。这种情况在打击内幕交易、操纵证券期货等金融犯罪时比较突出。[2] 后者是宽严相济刑事政策的一种应用,是对追诉对象的一种区分,当然,也容易流于恣意和有失公允;而前者则是一种起诉策略,是对追诉方式的一种选择,容易控制,一般符合底线正义的原则。

(林喜芬　撰)

〔1〕参见万毅:《公诉策略之运用及其底限》,载《中国刑事法杂志》2010年第11期。
〔2〕参见曹坚:《构建专业化金融刑事司法体制之基本路径(三)》,载《上海金融报》2011年1月25日。

第八章 中国金融检察建议的
实践运行与未来展望

在我国,检察机关的金融检察建议权主要来源于综合治理的宏观政策和检察实践的微观拓展。基于统计数据、实地访谈、媒体报道等实证素材,实践中的金融检察建议已贯穿各办案环节、种类相对丰富、效果也较为明显。操作流程主要包括"线索发现"、"部门批处"、"实地调研"、"制发文书"、"效果实现"等五个环节,运行效果受"问题意识"、"绩效考核"、"专业视角"、"沟通互动"等潜在因素影响。未来中国金融检察建议若要更大限度地实现综治效果和社会责任,其制发运行需要以质量优化为目标,以问题解决为依归。

一、问题、方法与材料

在我国检察制度与实践中,检察建议主要是指检察机关在履行检察监督职能的过程中,当不适宜采取刚性的检察措施时,或者认为有必要协助发案单位或监管单位预防犯罪时,向发案单位、监管单位或其他办案单位制发的一种建议性法律文书。从历史的角度讲,它缘起于我国对苏俄检察监督模式的引介与借鉴。早在土地革命时期,1931 年中华苏维埃共和国《工农检察部的组织条例》第三章第六、七、八、九条就规定,各级工农检察机关以有计划的检察方式履行检察职能,并在检察中运用检察建议。[1] 新中国成立后,经由 1954 年《人民检察院组织法》和 1979 年修订

---

[1] 王桂五:《王桂五论检察》,中国检察出版社 2008 年版,第 199 页。

后《人民检察院组织法》的确认,以及自 20 世纪 80 年代一系列司法解释或规范性文件的发展,检察建议已然成为一项兼具诉讼监督、规范执法、预防犯罪、堵漏建制、改进社会管理、维护法律统一等多项职能的检察监督权力。2009 年 11 月 13 日,最高人民检察院正式印发了《人民检察院检察建议工作规定(试行)》,该《规定》从检察建议的提出原则、发送对象、内容要求、适用范围、提出程序、制发主体、审批程序等方面作了明确规定,[1]这标志着历史与实践中衍生、拓展出来的此种检察权力获得了"司法解释"意义上的规范依据。从运行的角度讲,检察建议一般表现为"履行法律监督职能"和"履行社会治理职能"两种,多数学者认为,前者具有一定的柔性,虽然在强制其他机关落实建议方面存在不足,但也容易协调和兼顾公检法机关之间的关系;而后者则不宜作为检察机关的主业,而且检察机关在资源有限的情况下,也难以承担此种繁重任务。[2]从实证的角度讲,履行社会治理职能的检察建议确实不占多数,办案人员制作该种建议的主观动力也不足,而且,制发之后遇到发案单位的抵制或漠视的几率也更大。[3]

当然,总体永远都是具体情形的概括,总体也容易掩盖具体的特殊性。上述从功能(法律监督职能和社会治理职能)上进行区分和研究只是检察建议分类研究的一个重要方面,对于检察建议内容上的区分研究似乎也应给予充分重视。事实上,立足上海检察实践,一种较为特殊的、专业性的检察建议——金融检察建议,就亟待考察。在实践中,所谓金融检察建议,主要是指检察机关在办理金融犯罪案件时,因发现发案单位或监管单位存在制度漏洞,不利于预防金融犯罪,而针对上述单位制发的旨在规范金融制度、防治金融犯罪的检察建议。专业性色彩浓厚的金融检察建议,乃肇源于中国正处于经济转型时期这一宏观背景,对于金融检察建议,引发理论界与实务界关注的问题主要有两个:第一,从运行的角度

---

〔1〕陈国庆:《〈人民检察院检察建议工作规定(试行)〉解读》,载《人民检察》2010 年第 1 期。

〔2〕万毅、李小东:《权力的边界:检察建议的实证分析》,载《东方法学》2008 年第 1 期;吕涛:《检察建议的法理分析》,载《法学论坛》2010 年第 2 期。

〔3〕刘铁流:《检察机关检察建议实施情况调研》,载《人民检察》2011 年第 2 期。

讲,如果我们不仅限于理论上的一般阐述,实践中金融检察建议是何状态,运行效果如何,就成为无法绕开的重要议题;第二,从功能的角度讲,检察机关在制发金融检察建议时,更多是在履行社会综合治理的功能,而非法律监督职能,[1]由此,在总体上学界主张弱化检察建议社会治理功能的背景下,金融检察建议何去何从,值得深思。

为了厘清上述疑难,本章拟采取实证研究的方法,力图在展示实践情况的基础上,提出一些有针对性的理论对策。研究的材料,主要来源于上海检察机关法律文书库,检索对象设定为金融单位(包括银行、证券公司、期货公司、保险公司、财务公司、贷款公司)或金融监管单位(包括银监局、保监局、证监局),检索期间为 2010 年 1 月至 2012 年 12 月,依照此种方法共检索出检察建议 76 件,排除 1 件内容与金融无关的检察建议,纳入分析的检察建议共 75 件。需要说明的是,上海市检察机关法律文书库里虽然收录了在此期间的已制发的绝大部分检察建议,但考虑到漏录等原因,纳入分析的 75 件检察建议与实际制发的情况可能存在一定误差。除了以该 75 件金融检察建议为主要实证素材之外,笔者还结合了对若干检察人员的实地访谈,以及其他地区金融检察建议的工作总结或经验报道,以分析我国金融检察建议的总体运行状况。

二、金融检察建议的运行概况:实践现状与社会效果

(一)金融检察建议的制发已贯穿检察工作的主要环节

在纳入分析的 75 件金融检察建议中,第一,制发单位涵盖了三级检察院,其中,绝大部分检察建议由基层检察院制发。这主要是因为,刑法中所规定的直接与"金融"相关的犯罪多数经由基层检察院办理,故检察建议制发的数量上也以基层检察院居多。(参见图表一)第二,制发金融

---

[1] 虽然最高检较为强调检察建议的社会治理功能和参与社会管理创新的效果,例如,2009 年 11 月 17 日最高人民检察院发布的《人民检察院检察建议工作规定(试行)》中特别提到应通过检察建议完善社会管理、服务。最高人民检察院在 2011 年发布的《关于充分发挥检察职能参与与加强和创新社会管理的意见》中在立足检察职能,拓展检察机关参与加强和创新社会管理的方法途径中特别提到应切实发挥检察建议的作用。但是,理论界一般还是对此持谨慎态度。参见吕涛:《检察建议的法理分析》,载《法学论坛》2010 年第 2 期。

检察建议的部门囊括了侦监、公诉、民行、未检、职务犯罪预防等主要业务部门。从制发部门上看,似乎缺少了较为重要的反贪、反渎部门,这一定程度上与上海各基层检察机关的内部规定有关,根据上海市部分基层检察机关的内部规定,反贪、反渎等部门的检察建议统一由预防部门制发,因此,考察样本中之所以缺少反贪、反渎部门,很可能是反贪、反渎部门提供线索后,统一由预防部门制发检察建议。总体上,金融类检察建议制发贯穿了职务犯罪侦查、审查逮捕、审查起诉、民行申诉案件审查等主要检察工作环节,已成为上海检察机关办理金融案件时一项常规性的延伸工作。根据相关的经验报道,除上海之外,河北、广东、陕西、黑龙江等地检察机关在办案中也较为注重通过金融检察建议拓展检察职能,实现金融检察的社会责任。[1]

图表一　上海三级检察机关制发检察建议数量

检察院	基层检察院	分院	市院
检察建议数量	67 件	6 件	2 件

图表二　金融类检察建议制发部门百分比统计图

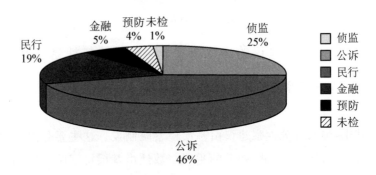

在我国,一些地方近年来,正试点检察院内部金融检察的专业化配

---

〔1〕参见《潍坊奎文检察建议书助推金融秩序的完善》,载 http://news. 163. com/12/0822/10/89GNPNF200014JB6.html;"广东梅县检察院检察建议助金融机构追回欠款 25 万",载 http://www. jcrb. com/procuratorate/jckx/201208/t20120803_920054. html;"白水县检察院到金融部门开展检察建议回访活动",载 http://www. sn. jcy. gn/0/1/22/127/3152. htm;"《检察建议书》为金融机构提醒",载 http://www. hl. jcy. gn/hljjcy/2003news/20030811-2. htm。

置,以上海为例,经最高人民检察院批准,在上海成立全国金融检察专业委员会,市检察院成立了金融检察处,分院也正在筹备金融检察处,浦东、静安、黄浦、杨浦、徐汇、闵行、松江七个区检察院已成立金融检察处(科),其他基层院也都设立了金融案件专业办案组。由于这些专门的金融检察办案单位在办案程序上试行"捕、诉、防一体化"机制,因此,未来这些地区金融检察建议的制作将可能集中于金融检察部门,与金融单位或金融监管单位的沟通互动也可能集中于金融检察办案部门。

(二)金融检察建议的种类相对丰富,效果也较为明显

第一,75件检察建议以制发对象界分,既有向银行等金融单位制发的,也有向银监局等金融管理机构制发的,其中,前者占多数。从建议内容来看,75件检察建议涉及金融服务、金融监管等诸多方面,如银行信用卡发放管理、信贷业务管理、保险公司的风险防范制度、证券经济人佣金提成发放监管等。根据内容的不同,大致包括四类:一是涉及金融单位完善服务管理类的(56件);二是涉及预防金融单位内部职务犯罪类的(10件);三是涉及金融监管机构改进监督管理类的(6件);四是涉及表彰金融单位相关人员类的(3件),其中,前三类检察建议占到近九成。从相关经验报道来看,其他地方还制发过督促起诉类金融检察建议,如"广东梅县为维护金融机构合法权益,确保集体财产不受损失,该院民行部门紧扣检察职能,向梅县农村信用合作联社发出《检察建议》,督促梅县农村信用合作联社尽快向法院提起民事诉讼。"[1]从实践访谈的情况看,上海检察机关办理金融案件时,透过案件发现金融管理、服务漏洞,制发检察建议帮助相关单位堵漏建制已成为一项常规性的检察工作。

图表三 金融类检察建议制发对象一览表

制发对象	银行	证券公司	期货公司	保险公司	银监局	保监局
数量(件)	52	3	1	17	1	1

---

〔1〕广东梅县检察院检察建议助金融机构追回欠款25万[EB/OL].(2014-2-5).http://www.jcrb.com/procuratorate/jckx/201208/t20120803_920054.html.

图表四　检察建议内容分类百分比图

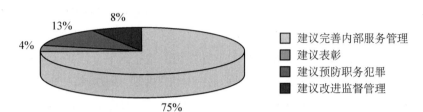

第二,统计数据显示,75 件检察建议之中标记收到整改回复的为 56 件,回复率约为 75%。虽然该回复比率及情况略低于上海市 2010—2011 两年间检察建议的整体回复率,后者约为 80%,[1]但是,由于金融创新与金融监管具有较强的专业性和高度的复杂性,金融单位和监管单位在预防犯罪或建章立制方面,需要有机协调"创新"和"安全"两大价值之间的关系,因此,谨慎回复或默示回应具有较大的现实可能性。[2] 通过延伸访谈,我们发现,大多数被建议单位积极回应了检察建议,并通过整改完善了金融监管,提升了金融服务,成效较为明显。与此同时,金融检察建议也一定程度上起到了拓展检察职能、完善金融规制的实践功效,一些基层区院结合具体办案,所制发的金融检察建议还起到了很好的社会影响。例如,浦东新区院结合办案针对房产"虚假交易中虚假买受人擅自出售房屋占有款"和"在实际房屋所有人不履行还贷义务时虚假买受人擅自出售房屋占有房款"等规避金融监管的行为,及时向央行上海总部提出预防类似金融风险的建议,受到央行的重视。又如,静安区院针对所办信用卡诈骗案发现的报案程序及报案条件把握存在疏漏等问题,及时制发检察建议,促进了银行对信用卡业务的规范化管理。[3] 在我国,其他地方金融

〔1〕参见《上海检察建议工作情况通报—2009—2011 年度》,载《上海检察机关检察建议工作推进会会议手册》。

〔2〕在实践中,我们发现还有一个因素影响着金融检察建议的回复率。自 2010 年起,案管部门的设立使检察建议的制发更为规范,也更容易统计,因为根据机关内部规定,只有检察建议在案管系统上显示"制发",检察建议才能获得盖章,但是,检察建议获得制发对象回复后,却无此机制予以督促。实践中,不乏办案人员收到制发对象回复后,却并没有将此信息反馈到案管系统中的情形。

〔3〕上述材料,参见上海市人民检察院课题组:《上海检察机关金融检察工作专业化调研报告》,载 http://www.docin.com/p-377660291.html

检察建议也有关于良好效果的经验报道,如"潍坊奎文检察建议书助推金融秩序的完善"[1]、"湖北荆门市人民检察院我院检察建议书促建金融防火墙"[2]、"(重庆)德兴市检察院发检察建议堵信用卡透支漏洞"[3]。

三、金融检察建议的运行机理:制发流程与影响因素

基于上述分析,金融检察建议已成为检察机关拓展办案效果,实现社会责任的媒介。然而,金融检察建议的制发流程是怎样的,金融检察建议的效果又是如何得以实现的?下文将结合实践中的典型案例与素材进行专门考察。

(一)金融检察建议的制发流程:典型案例的考察

在上海检察系统,金融检察建议的制发流程一般包括了"线索发现"、"部门批处"、"实地调研"、"制发文书"、"效果实现"等五个环节,既涉及检察机关内部的管控机制,也关乎检察机关与被建议单位之间的互动关系。

以一起信用卡诈骗案为典型例证,2009 年,马来西亚籍犯罪嫌疑人张某、朱某受国际信用卡诈骗集团雇用,通过在 ATM 取款机上安装盗码装置和针孔摄像头等手段,非法窃取居民银行卡磁条信息和取款密码,然后伪造银行卡,协助其他外籍犯罪分子异地提现,共骗取七位居民卡内资金 42 万余元。案发后,公安机关在犯罪嫌疑人张某的暂住处查获标明取款密码的伪造信用卡 3500 余张以及在国内盗取的信用卡信息资料 5000 余份。这是上海市查获的伪卡和盗取信息数量最大的一起案件。在此案中,检察机关的侦监处"走访通报"、"发送建议",上海市银监局"高度重视"、"具体落实",体现了金融检察与金融监管之间的一次成功互动,同时,也展现了制发金融检察建议的一般流程。具体而言,

第一,线索发现与部门批处。公安机关在侦破张某、朱某信用卡诈骗

---

〔1〕《潍坊奎文检察建议书助推金融秩序的完善》,载 http://news. 163. com/12/0822/10/89GNPNF200014JB6. html.

〔2〕《我院检察建议书促建金融防火墙》,载 http://www. jingmen. jcy. gov. cn/news. asp? infoid=220&classid=5&sclassid=0.

〔3〕《发检察建议堵信用卡透支漏洞》,载 http://www. cqcb. com/cbnews/instant/2012-06-19/1030748. html.

案之后,将案件提请检察机关审查批准逮捕,案件在几天内就办结了,可以说,办案过程显得非常顺畅。但是,在案件办理过程中,承办人并没有仅仅停留于办案本身,而是通过办案或依托办案,发现本案背后折射出商业银行对 ATM 机监管所存在的漏洞,于是案件办结后,将其作为重要检察建议线索向部门领导做了汇报,经部门领导意向性同意后,进入下一环节。

第二,实地调研和制发文书。在张某、朱某信用卡诈骗案中,由于该案涉及较为专业的 ATM 反盗码和反摄像装置技术,且关乎多家银行,为弄清案发原因,制定防范对策,侦监处相关领导和承办人一起就此问题走访了多家银行和上海市银监局。调研发现,我市金融机构的 ATM 机普遍未安装反盗码和反摄像报警设置,无法智能阻止银行卡信息和密码被窃。同时,金融机构的 ATM 机虽装有监控设备,但未能及时发现 ATM 机被安装了盗码装置。有些金融机构即便发现 ATM 机被安装盗码装置后,也仅将盗码装置或 ATM 机拆除,既没有将 ATM 机被安装盗码装置等情况及时告知持卡人,也没有采取锁定帐号、跟踪调查等措施以保护持卡人资金安全。显然,金融机构在防范 ATM 机盗码和反摄像上技术及管理漏洞。结合上述情况,检察机关侦监部门撰写了《国际信用卡诈骗集团在我市实施犯罪活动值得关注》的调研报告,调研报告分析了案发原因,并就金融机构如何健全和落实防范措施以及采取科技手段提高信用卡防伪能力等方面提出了相应对策。调研的过程包含收集梳理相关规章制度,以走访或座谈会等形式了解相关情况,分析产生问题的原因,就检察建议内容与相关单位沟通探讨等几个阶段。实地调研环节完成之后,承办人员拟就检察建议文书草稿,然后经内部审批环节,最终制发正式的金融检察建议文书。与普通的检察建议一样,金融检察建议的内部审批环节也需要经过"办案人员撰写、提请"、"业务部门负责人审核"、"分管副检察长审批"等三个环节,重要的金融检察建议还需要提交检察委员会讨论决定。

第三,效果实现。金融检察建议的效果是由文书送达被制发单位而实现的。在张某、朱某信用卡诈骗案中,金融检察建议以检察机关的名义签发之后,[1]侦查监督处走访银监会上海银监局,通报了跨国信用卡诈骗犯罪等情况,向银监局发送了要求对盗取银行信用卡信息,实施跨国犯罪加强防范的书面建议。银监局高度重视,认真研究,在向中外资银行发布的《风险预警通报》中通报了我们反映的问题,并根据我们的建议,要求银行等金融机构加强和落实相关防范措施,进一步延伸和扩大了调研的社会效果。[2]

(二)金融检察建议的影响因素:重点变量的剖解

1. 线索发现中的"问题意识"

金融风险前瞻是一个世界性难题,从金融检察办案中捕捉管理、服务漏洞,为我们提供了另一个解决此难题的途径。借助于案件办理,检察机关在发现金融体系漏洞方面具有天然的优势。在此意义上,金融犯罪是对金融体系的破坏,但从积极的意义上讲,金融犯罪也给予了我们观察并反思金融体系漏洞的机会,成为金融制度完善与创新的起点。

当然,金融检察的办案理念与职能从单纯打击犯罪向综合预防与治理转变,要求检察案件办理时,要具有问题思维,聚焦金融监管漏洞。就金融检察建议的制发而言,在问题意识导向下敏锐发现金融检察建议线索,就显得至关重要。前文所展示的个案中,正是由于检察机关未止步于案件办理,案件背后隐藏的银行管理漏洞才得以暴露。这尤其体现在对新型金融问题的发现上,以近几年兴起的小额贷款公司为例,作为新生事物其规范的管理模式尚在摸索中,在发展过程中呈现出各种问题。上海某区检察院在办理一起贷款诈骗案时发现,被害单位上海杨浦某小额贷款股份有限公司在贷款审批流程中存在较大漏洞,该检察院将其作为重要检察建议线索。随后,该院制发了上海首例针对新型金融机构的检察建议,其提出的整放贷政策、加强授信管理、完善实质审查等方面的建议

---

〔1〕实践中,有些地方检察建议的发布主体比较混乱,一些以检察机关的名义,一些以检察机关内设机构的名义。参见刘铁流:《检察机关检察建议实施情况调研》,载《人民检察》2011年第2期。

〔2〕参见上海市人民检察院第二分院侦监处:《2009年侦监处工作总结》。

获采纳,从而有效促进新型金融机构的健康有序发展。[1]

然而,值得注意的是,数据统计与实地访谈显示,检察实践中类案式的金融检察建议相对偏少,针对新型金融案件的检察建议也偏少。在75件金融检察建议分析样本中,只有3件检察建议为针对普遍性的一类问题所制发,其余均为个案检察建议;而且,金融检察建议在内容上主要集中于信用卡管理问题,占到了总数的近四成。这类信用卡管理问题,主要涉及银行在发放信用卡时审核把关不严格,造成了一人持有多张同一银行信用卡问题,存在引发信用卡诈骗案件的隐患。实际上,此类金融问题线索相对比较常见,专业性也不强,个案式制发检察建议除了对增加检察建议的制发数量有一定助益,并无太多意义,因此,采取类案式的检察建议,并向这些金融单位上级机关或监管机关,更具有犯罪防控效果,也更易于建议内容的落实。这也一定程度上反映出基层办案单位在制发金融检察建议时的问题意识并不充足。

2. 部门批处中的"绩效考核"

在实践中,并非上海市检察系统的所有检察机关都对检察建议线索设置了"部门批处"环节,[2]本作者之一所在的检察院因新任领导较为重视检察建议的质量及其职能发挥,因此,内部有规则专门规定了"部门批处"这一环节。尽管如此,实践运作中的情形也并非完全如此,业务部门的具体办案人员发现线索后,自行斟酌认为有制作检察建议的必要时,往往直接进行调研并制作了检察建议文书,然后再找部门负责人一并审核。在我们访谈的区县检察院中,制发金融检察建议大多也并不存在严格的部门批处环节,也就是说,在办案人员认为有必要制发检察建议后,就径行组织调研,省略了中间环节。

之所以如此,主要有两个方面的原因:第一,在科室内部,办案人员与部门负责人之间的沟通非常频繁,经常采取非正式、较随意的沟通方式。也就是说,案件虽然未经过规范的申请、也未经过严格的审核,但却

<hr>

[1]《杨浦检察院向新型金融机构制发检察建议完善金融管理》,载 http://www.shyangpu.jcy.gov.cn/mrgz/201111/t20111115_28801.html.

[2] 所有的检察建议制作完成后均需部门领导和分管检察长的签发,此处所讲的"部门批处"发生在检察建议制作之前,是针对检察建议制发价值的部门控制。

已得到部门负责人的口头认可或默示同意。除此之外,在案件办理过程中,部分负责人通过审阅承办人的审结报告,已对案件有了初步的了解,是否存在制发检察建议的必要,也可能已产生倾向性意见。第二,根据检察系统绩效考核的要求,制发检察建议对本院年终在全市检察院考核中会占据一定的分值,因此,制发检察建议对于承办案件的部门(包括承办人和部门负责人)而言,具有重要地位。因此,除非明显不具备制发检察建议的必要,部门负责人对于承办人制发检察建议都会默示同意。

3. 实地调研中的"专业视角"

"金融活动日益成为专门化、专业化的业务活动,而金融犯罪作为发生于金融活动领域的一种特殊类型的犯罪,其专业化、智能化、技术化、国际化的发展的趋势日益显现。"[1]相比较于普通犯罪,金融犯罪涉及的票据、信用证、保险、证券、期货等领域十分专业,该类案件办理需要极强的金融专业知识,透过这些案件发现金融监管、服务漏洞,并提出可行的完善建议,就更需要在专业化的视角下积极开展调研。可以说,金融案件办理更多的是在辅以金融知识的情况下准确判断犯罪构成,而要提出完善金融监管、服务的检察建议则是在此基础上更进一步,需要综合运用法学、金融学、管理学、社会学等跨学科的知识。鉴于提出完善金融监管、服务漏洞的检察建议与办理金融案件本身在知识结构要求的巨大差异,其对检察人员提出了更高的要求。如前文所展示的个案中,被告人通过技术手段非法窃取居民银行卡磁条信息和取款密码,骗取居民资金40余万元,从批准逮捕和公诉指控的角度,只需审查其是否符合信用卡诈骗或其他犯罪构成。但从制发检察建议的角度,则需通过调研了解银行 ATM 机的管理制度,盗码和摄像装置的技术防范等。在绝大多数情况下,制发检察建议超出了一般检察办案的知识储备,调研是消弭隔行如隔山的障碍,确保检察建议质量的有效方式。

从这个意义上讲,调研情况不仅决定了检察建议的针对性与可行性,也最终决定了后续建议机关与被建议单位的互动效果。但尽管如此,实

---

〔1〕曹坚:《金融刑事司法应向专业化方向发展》,载 http://news. sina. com. cn/o/2011-02-09/030021925280. shtml.

践中金融类检察建议的质量上的良莠不齐仍凸显出专业调研的质量有待提升的问题。在 75 件金融检察建议分析样本中,字数最少的检察建议不到 100 字,而最长的检察建议则有近 5000 字。部分检察建议对金融监管或服务问题没有分析或分析不到位,个别建议过于空泛、针对性不强。

4. 效果实现中的"沟通互动"

检察建议是一项实践中的权力。[1] 由于非法定、建议性和相对柔性,检察建议被认为是检察机关履行法律监督职能和参与社会管理的一种软法机制,其落实需要与被建议单位的合意与协作,而不能依靠强制。[2] 金融检察力图借助检察建议实现社会责任,需要以与被建议单位良好的沟通互动保障检察建议效果的实现。

第一,检察建议书是沟通互动的最初载体,其规范的制作与讲究的措辞直接关乎检察建议的采纳和落实。金融检察建议书撰写时需将问题分析到位,并将前期调研转化为可行的对策。平和协商的语言、而非居高临下的指责更有利于点明问题所在,又不致引起抵触情绪。

第二,检察建议书的送达也是彰显沟通效果的重要方面。不同的送达方式所能引起的重视程度不同,金融检察建议取得的效果也不同。因此,根据不同情况,选择合理的送达方式有助于其效果的实现。如笔者所在的检察机关就规定,根据实际情况,送达可以选择邮寄送达、约见被建议单位负责人送达等形式进行。对影响重大、涉及面广的检察建议,可以与被建议单位召开座谈会,结合案情,指出问题、讲明危害、提出整改建议,并送达检察建议书。[3]

第三,检察建议制发后的督促是保障沟通互动得以落实的关键。出于组织利益的考虑,部分被建议单位并没有足够的动力与意愿去完善金融检察建议所指出的缺陷。例如,针对金融行业组织(非监管单位)服务缺陷所制发的检察建议,其贯彻落实有助于社会公众利益的维护,但对金融行业组织本身则可能意味着成本的增加或者管理工作的烦琐。前文所

---

[1] 万毅、李小东:《权力的边界:检察建议的实证分析》,载《东方法学》2008 年第 1 期。

[2] 项谷、姜伟:《检察建议:一种参与社会管理的软法机制》,载《中国检察官》2012 年第 4 期。

[3] 参见上海市人民检察院第二分院:《检察建议工作实施办法(试行)》。

提及的防范 ATM 机盗码和反摄像,就有助于保障金融消费者的利益,但这需要金融机构更大的投入。正基于此,很多情况下,就需要办案人员多次电话回访或亲自回访,甚至有时需提请部门负责人出面回访,以催使被建议单位采取行动,当然,也由此,媒体上报道了诸多地区关于督促落实金融检察建议的素材。[1]

第四,由于金融检察建议更多的涉及社会公众利益,因此,有时还要考虑借助金融监管机构或被建议对象的上级单位的力量来共同督促落实,保障检察建议效果的最大化实现。

四、金融检察建议实现社会责任的路径与展望

金融犯罪刑事治理的终极目的并非惩治犯罪本身,而是促进基础性金融法律制度的完善与发展。事实上,金融检察在经济转轨时期不仅应通过职能优化回应层出不穷的金融犯罪行为,而且应承担起检察机关的社会责任,在发现金融漏洞或监管不力的情形,以法律监督机关的角色,以检察建议的方式,向相关部门提出完善制度和管理的建议,最终实现金融监管、服务与金融检察的双向互动与共赢。以创新金融监管和完善金融服务为目标,上海金融检察在运用检察建议实现社会责任方面进行了有益的探索与实践。前文的分析表明,金融检察实践将检察建议作为实现自身社会责任的重要途径,并取得了一定的成效,也呈现出一些问题。可见,金融检察建议制发与效果的实现有其自身的运作机理,因此,基于实践经验的积累,笔者认为,未来的金融检察建议仍需以质量优化为目标,以问题解决为方略,最终促使金融检察建议更好地实现其社会责任。

(一)强化金融检察建议的制发水平:以质量优化为目标

2010 年至 2012 年间,上海共制发金融类检察建议 75 件,若对比同期办理的审查起诉金融类案件,大约每 60 件案件制发金融检察建议 1

---

〔1〕媒体上对其相关工作经验进行了诸多报道。如"(陕西)白水县人民检察院职务犯罪预防科 3 名干警深入到中国工商银行白水县支行等县级金融单位,对《检察建议书》落实情况进行回访。回访采取召开座谈会听取汇报、现场查看相关信息资料、随机抽取客户调查走访、开展法律咨询等形式进行。"《白水县检察院到金融部门开展检察建议回访活动》,载 http://www.sn.jcy.gov.cn/0/1/22/127/3152.htm

件,数量仍有提升的空间。不过,更为重要的是,金融检察建议要达到制发数量与质量的平衡,以实现质量优化为目标。而以优化质量为目标,金融检察建议的制发就需要建立相应的质量内控机制和检察建议线索管理机制。

1. 金融检察建议的质量内控机制。检察建议是以院名义制发的检察文书,但因为属于延伸工作,其和案件办理过程中的起诉书、抗诉书等相比,后者因被纳入到全院常规性的案件考核之中,文书质量所受到的重视程度远甚于前者,质量内控机制也更为完善。一个显而易见的例子是,绝大多数检察院的起诉书由办公室统一排版印刷,而检察建议书则不是。[1] 另外,尽管检察建议书一般也要经由三级审批,[2]但这种审批或多或少带有形式化的倾向,内容质量并没有经由严格把关。研究室是检察建议的管理部门,但在实践运作中,由于其只是备案管理,因此,这种事后介入的管理方式难以真正发挥质量控制功能。笔者认为,完善金融检察建议质量内控机制可以有两种思路:一是,落实现有的三级审批内控机制。这需要转变观念,将检察建议书和起诉书等以院名义制发的文书同等对待。笔者所在的检察院以检察建议示范院建设为契机,实现了检察建议与其他检察文书的同等管理。[3] 笔者所知一位同事就因检察建议内容相对单薄而被要求重新撰写,这在以前几乎是不可能发生的。另一种思路是确立专门机构在检察建议制发前把关质量。如设专职检委会委员评查检察建议文书质量;或者,由研究室提前介入检察建议制发,对文书质量事前把关。

2. 金融检察建议的线索管理机制。从实践情况看,极少有检察院专门就线索管理制定规范。以金融检察建议制发而言,一是建议线索缺乏整合,类案检察建议偏少,个案检察建议中类似问题多次制发。如针对银行信用卡管理制发的检察建议偏多,且制发对象多为直接的涉案银行,向

---

[1] 检察建议书由承办人自己排版印刷。上海检察系统对近三年的检察建议书进行了评查,格式规范不统一仍被作为一个问题提出。

[2] 三级审批分别为科(组)长审批、部门负责人审批、分管检察长审批。

[3] 笔者所在的检察院专门制发了《检察建议工作实施办法(试行)》,就检察建议审批领导就文书质量把关,检察建议统一纳入办公室排版印刷等方面进行了细化规范。

其上级银行或者银行监管机构制发检察建议偏少。二是有价值的重要检察建议线索可能被遗漏而没有制发。以优化质量为目标,应实现金融检察建议线索的有效整合和及时制发。金融个案检察建议有其自身的价值,但对类似问题进行深度总结和挖掘,以类案检察建议形式向金融监管机构或涉案单位的共同上级主管部门制发检察建议更有利于问题的解决。如上海市人民检察院侦监处 2010 年总结上一年全市信用卡诈骗罪批捕情况,就各银行在信用卡管理中共同暴露的问题向上海市银监局制发检察建议。相比较于个案,其反映的问题就更为全面,所提建议的说服力也更强。因此,对于金融领域多发性的问题,宜将检察建议的线索留存一段时间形成类案检察建议;若在当下无法判断问题的普遍性,在制发个案检察建议后,仍适宜在总结类似个案检察建议的基础上,向金融监管部门制发类案检察建议。另一方面,对于信用卡诈骗罪以外的金融犯罪争取做到"一案一建议"。2010 年至 2012 年 8 月,在上海提起公诉的金融类案件中,绝大部分为信用卡诈骗案件,非信用卡诈骗的金融类案件只有100 余件。诸如内幕交易这样的案件每年的绝对数量虽少,但几乎每一个案件背后都能折射金融监管的漏洞。与此类似的、不常见的金融类案件适宜"一案一建议"。为保证不遗漏重要的检察建议线索,可要求各检察部门在金融案件办结后,若不制发检察建议应说明理由。[1]

(二)提升金融检察建议的社会效果:以问题解决为依归

不同的检察建议可能取得的效果是不同的。[2] 而实现金融检察建议的效果提升,当然应以问题的最终解决为依归,以避免绝对无效的检察

---

[1] 如在最后的审结报告中注明理由,经科室、处领导审批同意。又或者设计专门的工作表格,金融类案件办理结束后填写不制发检察建议的理由。

[2] 依据检察建议是否取得效果,以及所取得效果的大小,检察建议可以分为绝对无效的检察建议,该类检察建议主要包括没有回复的检察建议和被建议对象提出异议的检察建议;效果不确定的检察建议,该类检察建议发出后,涉案单位接受了建议,并根据建议取得了相应的整改措施,但这些整改措施能否得到执行,执行后能产生多大的社会效果难以计算;效果难以区分的检察建议,该类检察建议的效果是肯定存在的,但具体取得多少效果又是难以区分的;效果确定的检察建议,被建议对象根据检察建议采取了具体措施,取得了确定的社会效果。参见童君:《社会效果视野中的检察建议》,载《法律监督的途径与方式—暨检察理论与实践研讨会论文集》,第 258—260 页。

建议,督促效果不确定的检察建议,多形成效果确定的检察建议。

前文 75 件分析样本中,金融检察建议的回复率约为 75%,虽考虑到各种原因,实际的回复率可能高于统计的数字,但确有一部分检察建议未收到回复,这部分检察建议可归为未取得效果的检察建议。另一方面,由于检察机关普遍未建立检察建议制发后的回访机制,很难评估已收到回复的建议效果到底如何。为此,未来金融检察建议的完善还需注意以下方面,以促进金融问题的真正解决。

第一,合理选择制发对象,促进检察建议落实。从检察建议制发实践来看,监管机关对检察建议的回复率远高于一般金融服务单位。外力督促下的错误修正较之自我纠错更容易实现。因此,金融检察建议的制发对象应优先考虑金融监管单位或负有监督职责的上级金融服务单位。给涉案金融单位制发检察建议,务必要落实向上级单位的抄送制度。金融类检察建议抄送工作在实践中有待加强。如前文所述就信用卡管理问题制发的检察建议中,很大一部分选择向涉案银行(一般为支行)制发,且没有抄送其上级单位或监管部门。由于各银行普遍追求发卡业绩,检察建议所指出的加强审核等问题往往难以引起重视,也得以出台切实的改进举措。事实上,金融监管机构已就信用卡管理等制定了诸多规范,向其制发检察建议可使其掌握金融机构的规范落实情况,在其推动之下整改起来往往事半功倍。

第二,内外并举,推动检察建议的落实。实践中,承办人在检察建议发出后,一般会以电话进行催复。在办案牵扯绝大部分精力的情况下,检察建议回访制度,很难得到落实,办案人员也很少能一以贯之地坚持。一般而言,检察建议收到回复后未提出异议,就被认为已经落实。事实上,在检察办案压力之下,特别是在人案矛盾较为突出的检察院或检察部门,我们确实无法要求承办人对每件检察建议落实情况进行回访。以问题解决为依归,金融检察建议欲实现效果最大化,可从两方面着手:一是,坚持重点检察建议的回访制度。对内容涉及重大金融风险、金融违规、有损金融消费者利益的重点检察建议进行回访,防止相应的整改只停留在书面回复。二是,与金融监管部门建立常规性的沟通机制,借助金融主管机构落实检察建议。以上海浦东新区检察院为例,其通过加强与中国人民银行上海总部、市政监局、市保监局、市金融工作党委、银联中心的沟通联系,建立了专项通报机制,互相定期通报相关情况。此机制可以作为各检察院的仿效模式,以建立类似的沟通平台,并将金融检察建议的制发和回复情况纳入到通报范围,借助金融主管机构之力落实检察建议。

（林喜芬、黄翀　撰）

下篇

金融刑法：实体之维

第九章　恶意透支型信用卡诈骗罪的司法认定

一、反差：限缩适用之应然与司法扩张之实然

在对司法实务中的具体争议问题进行分析之前,有必要先从理念和理论层面对司法现状进行分析与反思。因为,每一种分歧意见的背后,其实都有支撑的理念与理论,只有在基本原则问题上取得共识后才有对不同问题进行对话交流的基础。

(一)对恶意透支行为入罪进行限缩的必要

1. 从立法和司法解释的沿革分析

最早将恶意透支行为规定为信用卡诈骗罪的是全国人大常委会于1995 年 6 月 30 日公布的《关于惩治破坏金融秩序犯罪的决定》,但该《决定》并未规定何为恶意透支。1996 年 12 月 16 日最高人民法院颁布《关于审理诈骗案件具体应用法律若干问题的解释》,其中第 7 条规定:"恶意透支是指持卡人以非法占有为目的,或明知无力偿还,透支数额超过信用卡准许透支的数额较大,逃避侦查,或自收到发卡银行催收通知之日起3 个月内仍不归还的行为。"在这一《解释》中,"催收"只是构罪的选择要件。而 1997 年《刑法》第 196 条规定:"恶意透支,是指持卡人以非法占有为目的,超过规定限额或者规定期限透支,并且经发卡银行催收后仍不归还的行为","催收"成为构罪的必须要件。2009 年 10 月 12 日最高人民法院、最高人民检察院公布的《关于办理妨害信用卡管理刑事案件具体应用法律若干问题的解释》(以下简称《09 解释》),又将"恶意透支"进一步明确为:"持卡人以非法占有为目的,超过规定限额或者规定期限透

支,并且经发卡银行两次催收后超过 3 个月仍不归还的",《09 解释》对"催收"要件进一步详化与限制,发卡银行的义务也相应提高,并且对恶意透支型信用卡诈骗罪规定了与其他四种类型信用卡诈骗罪不同的起刑点与量刑幅度。

从上述立法和司法解释的沿革可以看出,立法和最高司法机关的态度是不断限缩恶意透支行为入罪的范围,其目的在于"在维护金融秩序的同时,尽可能缩小打击面,既将一些非恶意透支的情况排除在外,又能便于司法机关从程序上认定恶意透支。"[1]

2. 从恶意透支行为的本质分析

恶意透支行为与其他四种类型的信用卡诈骗罪相比,最大的不同在于,它与信用卡本身拥有的基本功能——透支,具有密切的关联。而透支本质上是一种信用贷款行为,持卡人与银行之间是一种民事借贷合约,对于这种债权债务关系,刑法原则上不应积极介入。就好比普通的商业贷款,在借款人无力归还贷款时,并不必然构成贷款诈骗罪,而主要由银行通过民事途径予以救济。相应的,以个人信用为基础的信用卡透支行为,在持卡人无力归还透支款项时,也应该优先考虑民事途径。况且,信用卡业务作为一种高利润的商业活动,本身也蕴含着高风险,刑法应当正确区分信用卡诈骗与法律所允许的金融风险,不能一味坚持"银行中心主义",在允许银行对透支科以重息的同时又对持卡人的半步越池行为予以严厉打击,[2]对于那些合法取得信用卡的持卡人,其所进行的交易与透支行为,除非有证据表明其具有非法占有目的,原则上就不应作为犯罪处理,尤其是合法透支行为向恶意透支转化的,应该就解释所规定的恶意推定情形适用"可疑即排除"的原则。[3]

3. 从被害人过错角度分析

---

〔1〕最高人民法院刑事审判第一庭主编:《现行刑事法律司法解释与适用》,人民出版社 2010 年版,第 613 页。

〔2〕参见高艳东:《恶意透支型信用卡诈骗罪疑难问题探析》,载《华东刑事司法评论》2003 年第 2 期。

〔3〕王海侨:《恶意透支型信用卡诈骗罪适用若干疑难问题的界定》,载《南昌大学学报》(人文社会科学版)2013 年第 5 期。

恶意透支型信用卡诈骗罪固然给银行造成了经济损失,侵害了银行的财产权,但作为被害人的银行,其自身的责任亦不容忽视。为拓宽市场,银行不仅常以办卡即送赠品、免缴年费、消费优惠、积分等形式招揽客户,而且为片面追求发卡量而放松对申请人资信证明的审核甚至根本不经审核就发放信用卡,实务中甚至出现银行工作人员帮助申请人伪造虚假收入证明的现象,导致许多根本没有固定收入和还款能力的人成为持卡人,也使得信用卡业务自始就处于高风险中。而这种风险属于刑法上所称的被害人自招风险,如果持卡人透支后无法归还即追究其刑事责任,无疑是让持卡人全部承担了由双方行为共同造成的损失,对持卡人是不公平的,而且也无益于银行的风险控制意识的提高与机制的完善。

（二）司法实务中的不当扩张

1. 案件数量年年攀升

据统计,全国检察机关受理移送审查起诉的金融犯罪案件中,信用卡诈骗罪的受案数最多且增幅显著,从 2006 年 700 余件激增至 2010 年近 7000 件,增加了 791.21%。[1] 这固然与公安机关开展打击银行卡犯罪专项行动有关,也与司法实务中对恶意透支型信用卡诈骗罪的构成要件及证据要求把握过宽有关。

2. 有客观归罪倾向

根据法律和司法解释,"非法占有目的"与"超过规定限额或者规定期限透支,并且经发卡银行两次催收后超过三个月仍不归还"是两个并列要件。虽然作为主观要件,只能见之于客观,通过客观行为来推定行为人是否具有非法占有目的,但实践中却多少存在客观归罪倾向,认为只要具备后者就可以直接推定前者。特别是在适用《09 解释》第六条第二款第（一）项"明知没有还款能力而大量透支,无法归还的"和第（六）项"其他非法占有资金,拒不归还的行为"时,这种倾向表现的更为明显。

3. 证据规格把握不严

一方面,司法机关在把握证据时,更注重对透支行为和催收不还的证

〔1〕 王军、张晓津、李莹:《金融犯罪态势与金融犯罪研究》,载彭东主编:《刑事司法指南》（总第 50 集）,法律出版社 2012 年版,第 59 页。

据收集与固定,而较为忽视对非法占有目的证据的收集;另一方面,即使是客观方面的证据,亦存在把握不严的现象。以"发卡银行两次催收"为例,实践中有的将银行账单作为催收证据;有的仅以银行单方面出具的催收记录为唯一证据,如某区公安机关提供的催收记录上仅能看出银行发送催收函的时间与地址,至于是否实际发送、信函内容是什么、对方是否收到等均不能反映,甚至在个别银行还出现了伪造催收记录的极端个案。

(三)恶意透支行为入罪的基本原则

如前所述,应然层面,对恶意透支行为应限缩入罪范围,但实然层面却出现了不当扩张的现象。只有准确把握恶意透支行为入罪的基本原则,才能在司法实践中做到既突出打击重点,对那些以非法占有为目的,严重扰乱信用卡管理秩序侵害银行财产权的持卡人予以刑事制裁,又能严格控制打击面,将没有非法占有目的的持卡人排除在刑事犯罪圈之外。

1. 主客观相一致

主客观相一致原则是刑法的基本原则之一,它是指犯罪的成立不仅要求在客观上实施了危害社会的行为,而且要求主观上具有犯罪的故意或过失且主客观内容具有一致性。[1] 对恶意透支型信用卡诈骗罪而言,主客观相一致原则意味着不能仅看行为是否符合"超额或超限,两次催收三个月不归还"的客观要件,同时要看行为人是否具有非法占有目的。非法占有目的是区分恶意透支的信用卡诈骗罪与善意透支的主要界限。《09解释》规定了在六种情形下可以认定行为人具有非法占有目的,但必须明确的是,司法解释的客观化列举方式并非"唯后果论"[2],作为一种推定,必须容许行为人提出反证。

2. 行为与责任同时存在

根据责任主义,责任能力必须存在于行为时,此即"行为与责任同时存在"原理。根据这一原理,非法占有目的必须存在于透支时,如果透支时具有归还的意思,透支后由于客观原因不能归还,则不能认定为信用卡

---

〔1〕牛克乾:《犯罪数额的认定应遵循主客观相一致原则》,载《人民法院报》2008年8月13日,第六版。

〔2〕毛玲玲:《恶意透支型信用卡诈骗罪的实务问题思考》,载《政治与法律》2010年第11期。

诈骗罪。[1]

3. 充分尊重契约自由,保持刑法谦抑

恶意透支行为与其他的诈骗犯罪相比,具有一定的特殊性,其系源于金融业固有风险的投机行为,应尽可能限制在民事领域进行处理。而实际情况却是,信用卡透支应先承担的民事责任常常被弱化甚至忽略,而刑事责任的力度和影响力日渐强大甚至直接取代民事责任,[2]这必然导致刑法功能的错位,使刑法对社会生活的干预趋向过度和泛化。本着刑法不积极干涉经济活动和避免沦为金融企业追偿工具之考虑,刑法应保持谦抑,在不严重危害金融交易安全的情况下,刑法不应主动出击,而应严格把握犯罪构成要件,严格限定犯罪圈,并妥善运用司法解释提供的出罪机制,以充分贯彻宽严相济的刑事政策。

二、归正:实务中的争议与求解

据笔者调查,恶意透支型信用卡诈骗罪在实务中的争议问题主要集中于数额计算、主体认定、证据要求等方面。

(一)恶意透支数额的计算

1. 恶意透支数额的计算方式

数额是决定某一恶意透支行为是否入罪及罪轻罪重的基本因素,对于这一基本问题,实务中存在全额计算本息法和最后结清本息日计算法两种不同的算法。部分检察机关采用全额计算本息法,即计算涉案信用卡账户内的全部透支本金和全部还款额,还款均视为归还本金,不计利息,仅以未归还的本金数额认定。其理由是,根据《09 解释》规定,恶意透支的数额,是指持卡人拒不归还的数额或者尚未归还的数额,不包括复利、滞纳金、手续费等发卡银行收取的费用。

全额计算本息法对行为人是有利的,因为根据这一计算方式,只要持卡人自开卡之日起至案发,其实际归还银行的总数超过其透支的本金,就

---

〔1〕参见张明楷:《刑法学》(第四版),法律出版社 2011 年版,第 284、713 页。

〔2〕很多银行不愿意走民事诉讼而直接选择刑事报案即是证明,甚至根本没有达到追诉标准的某一笔透支额也会因为数额累计而计算在恶意透支信用卡诈骗犯罪的总额当中,更是省却了银行主动报案的精力。

不构成信用卡诈骗罪。但这一方式在法理上是站不住脚的。其一,透支有善意透支和恶意透支之分。除少数办卡之日起即有非法占有目的的持卡人外,一般情况下,持卡人均有一段善意透支的阶段,即持卡人透支后会在规定期限内归还本息,在善意透支一段时间后,产生非法占有目的,开始恶意透支,不按照要求还款。根据行为与责任并存原则,只有产生非法占有目的之后实施的透支行为才称得上恶意透支行为,因此,在计算恶意透支数额时也应当以此为时间界限。如果从开卡之日起计算,无疑是把持卡人尚未产生非法占有目的时的行为一并认定为恶意透支行为,这是不符合刑法规定的。其二,善意透支是一种正常的民事借贷关系,持卡人基于其与银行的信用卡申领协议归还钱款,即使其中可能会包括部分利息、滞纳金等费用,但这是持卡人履行民事义务的行为,双方的权利义务关系受到民事法律的保护与肯定,不能因为持卡人之后的行为构成刑事犯罪而否认之前合法民事行为的效力。全额计算本息法将行为人在善意透支阶段归还的利息等费用冲抵恶意透支阶段的本金,实际上是打破了善意透支阶段银行和持卡人之间基于合意而形成的民事关系。其三,根据《09解释》第二条第四款规定,在"持卡人拒不归还或尚未归还的数额"之前有一限制性定语"在第一款规定的条件下",而所谓第一款规定的条件,是指持卡人以非法占有为目的,实施的恶意透支行为。即司法解释亦要求在满足非法占有目的这一前提条件的情况下,才开始计算恶意透支数额。其四,即使全额计算本息法有利于被告人,但有利于被告也应充分遵循罪刑法定原则,而非是在违反刑法规定和刑法基本原理的情况下一味有利于被告,更不意味着可以随意对本应入罪的行为以有利于被告人为由进行出罪处理。

针对全额计算本息法的不足,法院系统有观点主张"首次未正常还款日起算法",即以持卡人第一笔没有正常归还欠款的时间为恶意透支数额计算的开始时间。[1] 这一观点看到了区分时间界限的必要性,但笔者认为,这一表述仍不尽准确。持卡人恶意透支开始的时间应当是最后本息结清日而非首次未正常还款日,因为根据银行与持卡人的协议,只要持卡

---

〔1〕参见肖晚祥:《恶意透支型信用卡诈骗罪认定中的新问题》,载《法学》2011年第6期。

人不具有非法占有目的,是允许非正常还款的,如持卡人忘记还款,只不过在超过银行免息期后需支付利息等费用,如果以首次未正常还款日作为数额起算时间,可能比持卡人产生非法占有目的的时间要早。而结清本息则意味着按信用卡规定用卡,属正常使用,最后一次结清本息日之后未归还才是恶意透支的犯罪故意产生之时。

2. 以分期付款方式透支消费的数额认定

使用信用卡分期付款是目前较为常见的消费方式,它是指银行允许持卡人对某笔大额消费申请分期还款,一旦申请成功,则由银行向商户一次性支付持卡人所购商品或服务的消费资金,然后由持卡人分期向银行还款。银行通过账户处理将已透支本金一次性扣除,之后根据分期期数,逐步计入本金,持卡人只需按照每月入账金额进行偿还。由此产生的问题是,对于分期付款的恶意透支数额,是否应当将尚未到期的数额一并计入? 实践中存在肯定与否定两种截然不同的计算方式。

笔者认为,简单认为应当或不应当一并计入犯罪数额都不尽合理,而应区分不同情况。只有持卡人与银行之间有协议明确约定,如果持卡人逾期不还超过规定时间分期付款业务自动失效,且银行就未到期的余额进行两次催收,持卡人超过三个月仍不归还的,可以将未到期的数额一并计入恶意透支数额,其他情形之下,均不应计入。例如,银行在缺少合约的情况下单方取消分期付款,或者银行未调整对账单、未就全部余额进行催收等,都应以银行实际催收的已到期未归还的数额为犯罪数额,而不应将未到期的余额计算在内。这是因为:其一,恶意透支以非法占有目的为前提,而非法占有目的又只能依照客观见之于主观的原理进行推定。如果银行未就未到期金额进行催收,就根本不具备推定持卡人就该部分金额有非法占有目的的客观事实基础。其二,从契约原则来看,既然银行同意了持卡人申请,允许其分期还款,那么对于尚未到期的余额暂时不还就是持卡人当然享有的权利,如果双方没有约定,银行单方取消分期还款就不具有法律效力。尤其是目前很多银行在提供该项业务时,根本不会与持卡人签订协议明确双方的权利义务,如果银行收取高额分期付款手续费的同时又允许其单方取消分期还款,显然会造成双方的权责不对等,对持卡人不公平,也违背了契约原则。当然,如果双方有书面协议,对此问题有明确约定则可另当别论。如交通银行太平洋信用卡中心的"分期宝业务条款与细则"中约定，"客户的信用卡在分期付款期间由于账户销户、注销卡片、账户被冻结等任何原因变为状态不正常，或交行认为其资信状况发生恶化，导致该账户不再适合进行分期付款业务，则无须任何事先通知，该笔分期付款业务的所有剩余未还债务将于发生上述情况之时视为全部到期，客户应当一次性偿还全部剩余分期付款的本金、手续费及其他相关费用。"当然，还必须明确的是，这里讨论的是恶意透支数额的计算，如果持卡人申请分期付款时并没有非法占有目的，只是由于短期资金周转不灵或因客观原因，无法及时还款而出现逾期，这种情况下就不存在恶意透支，更不存在将未到期金额一并计算的问题，即使银行依据双方协议解除分期付款并就全额催收，也因为责任要件的缺失而不能认定为犯罪。

例如，被告人蔡某于2007年12月申领某银行信用卡一张，后持卡消费、套现透支出现连续逾期的情形，截至案发，共透支本金12万余元，其中包括未逾期的分期消费未出账单金额3万余元。一审法院认定被告人蔡某恶意透支本金共计12万余元，数额巨大，判处其有期徒刑五年，并处罚金5万元。被告人上诉后，二审法院认为，将蔡某尚未逾期超过三个月的透支本金数额3万余元一并计入不当，其透支本金额应当认定为9万余元，属于数额较大，故改判其有期徒刑三年，缓刑三年，并处罚金2万元。[1]我们认为，二审法院改判是正确的。

3. 行为人持多张信用卡透支，单张卡的透支未归还本金均不超过1万元，但累计数额超过1万元，能否追究刑事责任？

通过调研，我们发现实务操作中，大多司法机关认为只要多张信用卡的透支未归还本金总额达到1万元以上即可追究刑事责任，主要理由有两点，一是将持多张信用卡透支视为连续犯；二是司法实践中对于单次盗窃、诈骗等未达起刑点，但多次累计数额达到起刑点的均是累计数额追究刑事责任。少数司法机关则坚持认为单张透支未归还本金均不超过1万

〔1〕案例来源：一审(2012)思刑初字第774号刑事判决书；二审(2012)厦刑终字第364号刑事判决书。

元的,不能累计计算数额以追究刑事责任。对此问题,公安部经济犯罪侦查局于 2010 年曾以《办理信用卡犯罪案件若干法律适用问题工作意见的通知》的形式规定,"对于一人持有多张信用卡进行恶意透支,每张信用卡透支数额均未达到 1 万元的立案追诉标准的,原则上可以累计数额进行追诉。但考虑到一人办多张信用卡的情况复杂,如累计透支数额不大的,应分别不同情况慎重处理",该《通知》似乎支持了累计计算的观点。理论上还有观点以接续犯[1]或徐行犯[2]等理论解释数额累计问题,亦有观点从我国违法二元论角度出发,认为行为的数额直观体现了行为的社会危害程度,当多次违法行为以其累计的数额达到犯罪行为所要求的量时,事物就会发生质变而升格为犯罪,这符合质量互变的一般规律。[3]

　　但笔者认为,上述罪数理论及违法二元论理论均不适合分析本问题。首先,连续犯是指行为人出自连续的同一故意,连续实施数个独立成罪的行为,触犯同一罪名的犯罪。[4]对于多张信用卡透支金额均超过一万的,适用该理论自然没有问题,但单张信用卡透支金额均不到一万,各行为均未独立成罪,不存在连续犯的适用空间。其次,无论是接续犯、徐行犯还是违法二元论,其前提都是数次行为虽不够成犯罪,但必须是违法行为,即单次行为均具有行政可罚性,而在我国的立法和司法中,行政违法性的累加是可能使行为性质从行政违法演化为刑事犯罪,但民事违约行为的累加却不可能使行为性质发生质变上升为犯罪行为。而透支行为本质上恰恰是一种银行与持卡人之间的民事借贷关系,只要单张卡的透支金额不超过 1 万,行为人逾期不还就属于民事违约的范畴,而非违法行为,此时银行只能通过民事途径对持卡人催讨,而不能通过刑事报案予以解决,这是透支行为与盗窃、诈骗等违法行为的本质区别所在。

　　当然,从罪责均衡角度考虑,如果对单张信用卡透支金额均不超过 1 万元的一律不予累计,也不尽合理。因为行为人多次实施恶意透支行为,

---

〔1〕张勇:《犯罪数额研究》,中国方正出版社 2004 年版,第 118 页。

〔2〕黄祥青:《从多次盗窃数额累计谈法条信息解读的完整性》,载《法律适用》2010 年第 1 期。

〔3〕朱铁军:《犯罪数额累计问题研究》,载《法治研究》2009 年第 10 期。

〔4〕马克昌主编:《犯罪通论》,武汉大学出版社 2001 年版,第 691 页。

尽管其每次金额均不到起刑点,但其体现的社会危害性和人身危险性应该高于只实施一次恶意透支行为刚刚达到起刑点的行为。如果后者认定为犯罪而前者不作为犯罪处理,明显有违罪责均衡原则,而且也会给"蚂蚁搬家"式的犯罪行为提供规避刑法的机会。因此,笔者认为,对此问题的解决方案应当是:单张信用卡透支金额均不超过 1 万元时,原则上不予累计,但有证据表明行为人持多张信用卡透支主观上系出于恶意时,应当累计金额以追究其刑事责任。比如行为人在没有稳定收入来源的情况下短时间内申领大量信用卡,或者在前张信用卡已经透支未归还的情况下又继续申请多张信用卡并大量透支,一般可以推定行为人系明知其无偿还能力而大量透支,主观上具有非法占有目的且有规避法律制裁的故意,这种情况下,当累计金额超过 1 万元时,应当追究刑事责任。

(二)恶意透支型信用卡诈骗罪犯罪主体的认定

根据刑法规定,恶意透支型信用卡诈骗罪的犯罪主体是"持卡人",但何为"持卡人",刑法条文没有明确。而根据《信用卡业务管理办法》等金融法规规定,持卡人是指信用卡的申领人,且"信用卡仅限于合法持卡人本人使用,持卡人不得出租或转借信用卡及其账户"。但现实生活中,信用卡的申领人与实际使用人经常因为各种原因处于分离状态。由此产生的问题是,当实际使用人[1]透支信用卡,其是否成为刑法中的"持卡人",产生的刑事责任应当由谁承担?我们在调研中发现实务操作中,除了两者有信用卡诈骗共同故意追究双方刑事责任的情形之外,存在只追究实际使用人的刑事责任、只追究申领人的刑事责任和均不追究刑事责任等几种做法。而理论界不少观点主张,单独犯罪的情况下,只有申领人才能成为本罪主体。[2]

笔者认为,生活中信用卡申领人与使用人相分离的原因与状况比较

---

〔1〕此处讨论的实际使用人不包括未经授权冒用他人信用卡以及以盗窃、抢劫等非法手段获取他人信用卡后透支使用的人,这些人在司法实践中不会产生"是否构成恶意透支型信用卡诈骗罪"的争议。

〔2〕如张明楷:《诈骗罪与金融诈骗罪研究》,清华大学出版社 2007 年版,第 666 页;王海侨:《恶意透支型信用卡诈骗罪适用若干疑难问题的界定》,载《南昌大学学报》(人文社会科学版)2013 年第 5 期。

复杂,不能划一的规定只追究哪一方或者追究双方的刑事责任,而要在厘清这种情况下的民刑差异的基础上提炼出刑事责任主体的认定原则和具体方法。

1. 刑法的独立性决定了对于同一用语刑法可以作出不同于民事法律的解释

刑法规范在法律规范体系中既有补充性,同时又具有独立性,刑法规范的概念、构成、功能都独立于其他法律规范,自成思想体系,[1]在满足符合刑法目的性和国民预测可能性的前提下,对于同一用语刑法可以作出不同于民事法律和行政法律规范的解释。[2] 最明显的例子在于,刑法对信用卡的界定就与《信用卡业务管理办法》的规定不同,前者的外延宽于后者。同理,该《办法》对持卡人的界定也不当然成为刑法中界定持卡人的依据。而且虽然《信用卡业务管理办法》对合法持卡人作出了限定,但不意味着在刑法领域,合法持卡人也仅限于申领人本人,更不意味着借用人、租用人等非申领人本人使用信用卡都属于非法持卡人。民事法律的目的在于调整民事主体之间的权利义务关系,而刑事法律的目的在于法益保护。对于那些取得申领人授权使用信用卡的借用人、租用人,其使用信用卡未侵犯银行财产权时,在民事法律范畴他们不属于合法持卡人,但在刑法领域不可能被认定为"冒用他人信用卡"的非法持卡人。

2. 民事法律关系的无效不能直接排除刑事违法性

赞成恶意透支型信用卡诈骗罪的犯罪主体只能是申领人的观点中,认为借用信用卡实际是一种授权行为,但这种授权行为因为现有法律明文禁止不得将信用卡借予他人使用,因而属于无效的授权行为,不能纳入刑法的评价。[3] 但笔者认为,民事法律关系的无效不能直接排除刑事违

---

〔1〕[意]杜里奥·帕瓦多尼:《意大利刑法学原理》,陈忠林评译,中国人民大学出版社2004年版,第4页。

〔2〕参见张绍谦:《试论行政犯中行政法规与刑事法规的关系——从著作权犯罪的"复制发行"说起》,载《政治与法律》2011年第8期。

〔3〕这是杨兴培教授在上海市静安区人民检察院举办的"恶意透支型信用卡诈骗罪如何认定"研讨会(2012年4月25日)上的观点,杨兴培教授认为,恶意透支信用卡诈骗罪的主体只能是持卡人(即申领人),对于借用信用卡的使用人,其每一次透支行为都应当看成是持卡人意志和行为的体现,故只能追究持卡人的刑事责任。

法性。如虽然通过伪造国家机关公文、证件担任国家工作人员职务的行为本身属于无效的法律行为,但其利用职务便利实施犯罪的,仍应认定为相应的职务犯罪。因此,虽然申领人将卡借予他人违反了《信用卡管理办法》的规定,属于无效的民事行为,但不能将民事法律关系责任认定的逻辑适用于刑法,并以此排除刑事违法性,而应当根据实际使用人的行为确定其相应的刑事责任。[1]

3. 恶意透支行为刑事归责的要件:行为+故意

如前所述,民事归责原则与刑事归责原则不一样。将信用卡出借给他人使用,在民事上存在着申领人与银行之间以及申领人与借卡人之间两个民事法律关系,根据合同不能约束第三人的合同法原则,只有申领人是归还透支款项的责任主体。但"民事看关系,刑事看行为",不能简单的以民事法律关系作为刑事归责的依据。因为刑法处罚的是行为,没有行为就没有犯罪,而且主观上的非难也是追究刑事责任的基础。因此,在信用卡申领人和实际使用人分离的情况下,刑事归责应当包括行为和故意两个要件,即只有既实施了透支行为又具有非法占有目的的人才能追究刑事责任。详言之,具体包括以下几种情形和处理方式:

(1) 只追究申领人的刑事责任

当只有申领人具有非法占有银行资金的目的,而实际使用人只不过是申领人恶意透支的工具时,只能追究申领人的刑事责任,这是刑法中所称的间接正犯,此时,真正支配构成要件实现的是申领人而非实际使用人。例如,被告人郑某因欠他人大笔资金,遂向银行申领信用卡,并将信用卡交予债权人,债权人通过透支取现实现债权后,将信用卡归还郑某,郑某接到银行两次催收后超过三个月仍不归还。本案中,虽然债权人是实际使用人,但其没有非法占有目的,且其透支取现是经郑某授权实现其债权的行为,从刑法上而言,真正实施恶意透支行为的是郑某,因此,郑某才是承担刑事责任的主体。

(2) 只追究实际使用人的刑事责任

---

〔1〕参见杨宏芹、林清红、朱铁军:《借用他人信用卡恶意透支的定性》,载《人民司法》2013年第 10 期。

　　当只有实际使用人有非法占有目的时,应当只追究实际使用人的刑事责任,这也是根据罪责自负原则得出的当然结论。虽然申领人授权他人使用其信用卡的行为在民法上属于无效的授权行为,但在刑法上,使用人是否是民法上的合法持卡人并不重要,重要的是谁的恶意透支行为侵犯了银行的财产权,破坏了金融管理秩序。例如,被告人范某向刘某借用信用卡后,在明知没有还款能力的情况下,透支本金2万余元,拒不归还。法院判决认定范某构成信用卡诈骗罪。[1]

　　(3) 追究双方共同犯罪的责任

　　如果有证据证实申领人和实际使用人均有非法占有目的时,双方构成共同犯罪,这一点应当不存争议。有必要补充的是,当有证据证明涉案信用卡是由申领人及其家庭成员共同使用,且主要用于家庭开支的情况下,虽然从理论上而言,可以认定申领人与家庭成员应共同承担责任,但从打击效果而言,此类案件不宜扩大打击面,追究申领人一人的刑事责任已能达到处罚的目的。

(三) 恶意透支型信用卡诈骗罪的证据要求

　　1. "非法占有目的"的证据收集

　　"非法占有目的"与"催收不还"之间是什么关系,是否两者并存才能认定犯罪,还是只需证明其中一者即可认定犯罪? 司法实务中,我们发现很多恶意透支型信用卡诈骗案件,公安机关和检察机关只注重收集和提供"催收不还"的证据,对《09解释》规定的六种情形并未提供证据,但法院也据此认定被告人具有非法占有目的。[2] 据此,实务部门有观点主张,"如果没有证据证明持卡人有《09解释》规定的"非法占有目的"的六种情形之一,但有证据证明持卡人经过银行二次催收,超过3个月没有规

---

〔1〕案例来源:(2012)静刑初字第242号刑事判决书。

〔2〕笔者随机抽取了多份恶意透支型信用卡诈骗案件的起诉书和判决书,发现不少法律文书在事实表述部分,仅表述"被告人某某于某时间向某银行申领信用卡一张,以透支消费和取现的方式,恶意透支本金共计＊＊元,后经银行多次催收拒不归还",在证据部分,也仅针对上述事实进行举证,但在结论部分,却表述为"被告人某某以非法占有为目的,……"。其中的逻辑似乎是只要证明了"催收不还","非法占有目的"便自然成立。

划,且数额达到司法解释规定的标准的,一般应当认定为恶意透支。"〔1〕

笔者对上述做法和观点持保留意见。首先,从规范法学角度分析本罪的构成要件。无论是刑法条文本身还是《09 解释》,在"非法占有为目的"和"催收不还"之间有一个连接词是"并且",而非如《96 解释》那样用的是"或者",证明二者均为本罪的构成要件。"催收不还"是本罪的必要条件而非充分条件,如果只证明"催收不还"即可认定行为人属于恶意透支,无疑与构成要件不符,也违背了主客观相一致原则。其次,从恶意透支与善意透支的区分来看,善意透支之所以为法律所允许而恶意透支要为刑法所规制,其区别就在于恶意透支是以非法占有为目的。再次,从体系解释角度分析。恶意透支型信用卡诈骗罪和其他类型的诈骗犯罪一样,都以非法占有目的为前提,而其他诈骗罪中并非行为人只要占有对方的财产不归还就构成犯罪,司法机关还必须证明其具有非法占有目的,当非法占有目的存疑时,就不能认定为诈骗类犯罪,恶意透支型信用卡诈骗罪也不能例外。

因此,在认定本罪时,公安机关和检察机关必须提供证据证明行为人不仅有"催收不还"的行为,还须证明其主观上有"非法占有目的"。当然,"非法占有目的"只能依据主观见之于客观的原理进行认定。《09 解释》为司法实务操作提供了六种情形作为收集证据的方向,对于第(三)、(四)、(五)项规定的情形,因为表述都比较客观和确定,也容易操作,但对于第(一)、(二)、(六)三项,司法解释的表述分别为"明知没有还款能力而大量透支,无法归还的"、"肆意挥霍透支的资金,无法归还的"和"其他非法占有资金,拒不归还的行为",这些表述或具有价值评价性,或具有不可量化性抑或具有兜底性,而不易把握。笔者认为,应当综合持卡人办卡情况、自身经济能力、用卡情况以及透支后的表现和不归还的原因等因素予以判断,而不能单纯以某一个因素就认定行为人具有非法占有目的。例如,个体户张某持信用卡携妻外出旅游,并将生意交由其子代为打理。旅游期间,张某在多个城市持卡消费,且透支大胆,消费奢侈。旅游结束返回家中后,打算前去偿还透支款,结果得知其子在代管生意期间因经验不

---

〔1〕肖晚祥:《恶意透支型信用卡诈骗罪认定中的新问题》,载《法学》2011 年第 6 期。

足上当受骗,生意严重亏本,无力偿还透支款项。虽经多方筹资,仍在银行二次催收三个月后无力归还,数额巨大。[1] 本案中,虽然张某短时间内巨额透支消费,但结合其本身的经济能力,并不能认为张某系"肆意挥霍",且其不能归还是因为其子被骗这一不能预料的原因造成,故不能认定其具有"非法占有目的"。

2."催收不还"的证据收集

(1)催收有效性的证明

催收是以发卡银行实际催收为有效还是以持卡人实际受到催收为有效? 实践中较为一致的观点是,只要银行按照持卡人预留的联系方式发出催收,视为催收成立,但银行催收证明存在明显瑕疵(如催收记录虚假、邮政回执虚假等)的除外;持卡人改变联系方式不通知发卡银行,导致银行无法实际催收到持卡人的,也视为催收成立。

笔者对此表示认同,否则一律要求持卡人实际收到催收才视为催收成立,既会不公平的加重银行的负担,也会给故意改变住址或通讯方式的持卡人以可趁之机。司法实践中存在的问题在于,银行通常是提供纸质版系统生成的催收记录(内容为对电话、信函或上门催收等过程予以简单记录)来证实自己发出过催收,如果持卡人对此表示认可,承认收到上述催收,司法机关一般会对催收记录予以认可,作为催收的有效证据予以采信,但如果持卡人提出异议,辩称从未收到过银行催收时,银行提供的证据效力究竟如何?

银行提供的催收记录具有单方性,当持卡人提出相反辩解时,就形成了证据一对一的局面,银行的证据并不具有证明力上的优势,相反,银行作为案件的被害人,其提供证据的真实性、客观性并不天然可靠。实践中也的确发生过某银行在事后伪造催收信函的极端个案,这更需司法机关提高对证据的采信要求。笔者认为,解决催收有效性证明的办法是进一步规范银行的催收行为。首先,关于催收的形式,银行应当采取两种以上的催收方式。目前各银行对催收方式均有自己的内部规定,例如依照《中

---

〔1〕案例来源:肖晚祥:《恶意透支型信用卡诈骗罪认定中的新问题》,载《法学》2011 年第 6 期。

国工商银行牡丹信用卡章程》，信用卡透支的催收主要为电话、短信、信函、电子邮件、上门、公告或司法渠道等方式，随着透支期限延长，催收强度依次加强。虽然《09解释》并未限定银行使用何种催收方式，但为充分保障持卡人权益，避免因某一种方式的联系障碍而轻易入罪，应适当加强银行的催收义务，督促银行采用两种以上的催收方式。其次，关于催收的证据，银行应当提供相应的证据佐证催收记录。因为催收记录只是银行对自己各种催收行为的记录汇总，并不能当然证明每一项记录的真实发生，因此银行必须提供其他证据来证实每一次催收（按照法律规定，两次即可），如书面催收的，有挂号信回执作证；电话催收的，有电话录音佐证；短信催收的，有短信截屏或者电信部门的短信记录佐证等等。如果缺少佐证证据，持卡人又提出异议的，司法机关应当否认催收的有效性。

（2）两次催收的时间间隔

《09解释》并未规定两次催收的时间间隔，所以有的银行为了尽快达到两次催收的法定要求，在第一次催收后短时间内进行第二次催收。例如张某从2007年11月起向6家银行共计申领6张信用卡，用于透支消费，由于无偿还能力，自2009年11月23日最后一笔还款后就不再还款。在此期间，各家银行均对其有过两次催收。其中只有两家银行的两次催收时间间隔为一个月以上，其他四家银行的间隔时间最长的为8天，最短的甚至在同一天进行两次催收。[1] 笔者认为，这样的催收既不严肃，也有悖司法解释设置两次催收的目的，上述四家银行的第二次催收不应当认定为有效催收。从《09解释》第六条第一款规定的本意来说，催收的目的是要求持卡人能够及时还款，而不是纯粹出于打击动机。其本质含义就是要求持卡人在收到催收信息后及时还款，以避免受到刑事追究，这种善意的催收本质就是给予持卡人合理的宽限期，而不是恶意为之。[2] 如果没有合理的时间间隔，实际上是变相剥夺了司法解释所赋予的宽限期。鉴于目前没有明确规定，有观点建议借鉴商业银行的记账周期，以一个月

---

〔1〕案例来源：上海市静安区人民检察院举办的"恶意透支型信用卡诈骗罪如何认定"研讨会（2012年4月25日）上用于研讨的真实案件。

〔2〕王亚明、刘继春：《恶意透支信用卡诈骗罪若干新问题研究》，载彭东主编：《刑事司法指南》（总第50集），法律出版社2012年版，第53—54页。

为限对两次催收之间的间隔时间进行限制,[1]也有观点主张参照《信用卡业务管理办法》规定的"账单日后第 20 天是本期账单还款的最后期限",以 20 天作为间隔时间。[2] 笔者认为,无论以 20 天还是一个月作为两次催收时间的时间间隔,均需有待两高出台司法解释时予以明确,以统一司法实务中的操作。

三、待续:信用卡业务创新带来的新问题

(一)信用卡业务的新发展

从 1985 年中国银行发行国内第一张信用卡,三十年来信用卡业务在我国经历了起步、发展与创新,根据中国人民银行发布的《2013 年支付体系运行总体情况》显示,截至 2013 年年末,全国累计发行信用卡已达 3.91 亿张,较 2012 年增长 18.03%,增幅显著。而近十年来,随着金融监管的不断优化,金融行业的竞争也日趋激烈,市场上各种金融产品和金融衍生品层出不穷。作为最传统的金融机构,银行在金融创新的浪潮中也不甘落后,新型信用卡业务即是银行在推出新型金融产品时的创新举措。

根据《信用卡业务管理办法》规定,信用卡是指由商业银行向个人和单位发行的信用支付工具,具有转账结算、存取现金、消费信用等功能。而根据全国人大常委会的立法解释,刑法中的信用卡是指由商业银行或其他金融机构发行的具有消费支付、信用贷款、转账结算、存取现金等全部功能或部分功能的电子支付卡。虽然后者对信用卡的界定范畴宽于前者,即刑法中的信用卡包括《信用卡管理业务》中所称的信用卡亦包括借记卡,但由于借记卡本身不具有透支功能,故恶意透支型信用卡诈骗罪中的信用卡不包括借记卡。一般认为,本罪中的信用卡其基本功能就是小额透支。但纵观目前市场上各大银行推出的如逸贷信用卡、小微采购卡、e 贷信用卡、好享贷信用卡、信金宝信用卡等名目繁多的信用卡,其与传统理解的信用卡有诸多差异,表现在:

---

〔1〕宁建海、乔苹苹:《论恶意透支型信用卡诈骗罪的法律适用》,载《中国刑事法杂志》2011 年第 12 期。

〔2〕肖晚祥:《恶意透支型信用卡诈骗罪认定中的新问题》,载《法学》2011 年第 6 期。

1. 功能差异。如前所述,信用卡应当具有基本的信贷、支付功能,但目前有的银行推出的信用卡只是其发放贷款后给持卡人用于履行还款义务的载体。

2. 用途差异。一般理解的信用卡主要用于生活消费,而如今多种信用卡其推出的目的就是用于生产经营,有的甚至直接在协议中明确约定信用卡资金用于特定经营性活动。

3. 定位差异。基于用途的不同,银行自身对其新的信用卡业务的定位也不同于以往,由消费信贷根据转化为融资工具。

4. 客户差异。一般而言,信用卡主要针对个人发行,但新的信用卡业务中却有大量直接针对小微企业发行。

5. 透支额度差异。客户、定位和用途的不同直接导致了信用卡透支额度的差异,传统理解的信用卡透支额度依据个人信用而定,一般从数万元到数十万元,而新型信用卡则因为其本身是作为小微企业的融资工具推出,因此其额度动辄上百万甚至上千万元,远远超过一般的消费信贷信用卡。

上述新型信用卡业务的推出,既与银行之间的竞争有关,也与传统贷款业务的要求高、审批难,个人和小微企业融资贷款困难的现状有关。作为一项金融创新,其自身蕴含着高于传统信用卡业务的风险,同时也给司法认定带来了一定的争议。

(二)司法实务中的新问题

案例 1:2011 年 6 月,蔡某为购买轿车,与某银行签订一份《个人信用卡分期付款轿车消费贷款借款抵押合同》。双方约定,蔡某向银行申领一张信用额度为 95000 元的信用卡,银行核发该卡后即一次性划款 95000 元给轿车销售公司,蔡某分 24 个月通过信用卡向银行还款。蔡某购买轿车后,将产证抵押给银行。2012 年期,蔡某不再向银行还款,后在银行不知情的情况下,擅自将轿车出售,所得款项用于偿还个人债务,银行多次催讨后仍不归还所欠本金 6 万余元。

案例 2:2012 年 8 月,凌某向某银行申领房屋装修贷款,银行要求其本人提供房屋所有权证明用于资信审核,并填写信用卡申请表。其本人亦通过书面形式以每月分期付款的形式还款,为期 2 年。同年 9 月,银行通过其资信审核向其核发信用卡并确认房款 25 万元,但同时申明上述钱款仅能用于房屋装修。后凌某将 25 万元提现用于装修及个人消费。2013 年 7 月最后一次向银行还款。此后,银行多次催收,其始终不还。

案例 3:2012 年 10 月,彭某在经营甲公司期间,为融资需求,与某银行签订采购卡分期透支业务合作协议,银行以"小微采购卡"的方式授信总额度 2000 万元,约定由甲公司向借款人提供连带责任担保承诺,并需提供其与借款人的相关销售合同,缴存保证金。在此基础上,由借款人填写采购卡申请表,由某银行向拟购买甲公司货物且有分期付款需求的借款人提供贷款用以支付甲公司货款,并将相应款项直接划拨至甲公司账户。2013 年 10 月,彭某虚构购销合同、授权书、证明材料等,组织某公司及社会人员 10 余人,以借款人的身份向某银行申请办理小微采购卡后交给某公司使用,某银行向上述卡内共计支付货款人民币 800 余万元。经银行多次向持卡人及彭某催收,已超过三个月仍未归还。

上述三个案例均是在信用卡业务创新背景下发生的真实案件,其中第三起案件中的上海某银行因为虚假贸易推高了其不良贷款率而叫停了小微采购卡业务,但其他地区和银行仍然存在类似业务,[1]因此,此类案件仍有发案可能。虽然公安机关对三起案件均以信用卡诈骗罪立案侦查并移送审查起诉,但检察机关内部对上述案件是存在较大争议的,争议的焦点均集中于上述电子支付卡能否被视为刑法中的信用卡,换言之,上述业务究竟是信用卡业务还是贷款业务?

笔者认为,案例 1 中的卡片只有信用卡之名而无信用卡之实,不应当认定为信用卡。因为该卡表面上具有 95000 元的信用额度,但已被发卡银行一次性将上述款项划拨给汽车销售公司,此后蔡某持有卡片却只能实施还款行为而无法实施透支、消费等行为,即该卡根本不具有信用卡最基本的信贷、支付功能,从本质上说,其只是蔡某履行还款义务的物理载体,因此,蔡某的行为不构成信用卡诈骗罪。案例 2 与案例 1 不同之处在于,持卡人可以通过卡片实现取现和消费功能,但本质上仍不宜认定为信用卡。因为凌某主观上系向银行申领房屋装修贷款,是在银行要求下填

---

〔1〕参见钟辉:《虚假贸易背景推高不良 银行叫停小微采购卡贷款》,载《21 世纪经济报道》2013 年 10 月 24 日第 1 版。

写了信用卡申请表,且凌某在申请该信用卡时需提供房屋产权证用于资信审核,银行将钱款用途限定为房屋装修,这一系列流程与银行发放贷款相同,而与信用卡业务一般不需提供产权证明不限定透支款用途迥异,案例2中的信用卡仍然不过是银行发放贷款及持卡人还款的载体。至于案例3中的卡片能否视为信用卡,笔者认为同样取决于该业务性质究竟是信用卡业务还是贷款业务。信用卡透支本质上也是一种信用贷款,但之所以刑法并不将恶意透支行为规定为贷款诈骗罪,是基于信用卡与贷款的不同。其一,信用卡具有透支的基本功能,而贷款不具有;其二,持卡人申领信用卡不需提供抵押,而贷款除信用贷款外其他贷款均需借款人提供抵押;其三,银行的审批程序不一样,向银行申领信用卡的流程比申领贷款的流程更简单快捷;其四,用途不一样,贷款必须明确特定用途,借款人必须按照合同约定的用途使用,而信用卡通常用于个人消费,具体用途无法事先明确。其五,银行对款项的监管力度不一样,持卡人使用信用卡透支的行为银行无法事先审核,而贷款用途需经银行审核;其六,从金融监管角度而言,信用卡业务适用的是《信用卡业务管理办法》和《商业银行信用卡业务监督管理办法》,而贷款适用的规定是《贷款通则》。对照上述区别,案例3中的小微采购卡既具有信用卡的部分特征又具有贷款的部分特征,因此其性质究竟属于信用卡还存有争议,笔者倾向认为,认定为贷款更合适。同时可以肯定的是,即使将小微采购卡业务认定为信用卡业务,也不能仅仅根据持卡人透支后经发卡银行两次催收超过三个月仍不归还就认定其行为构成信用卡诈骗罪,而需通过审查申领过程及钱款去向等判断行为是否采取了欺骗手段、是否具有非法占有目的。因为这类信用卡作为一种金融创新产品,其作用相当于贷款。但银行在发放贷款时承担更高的审查义务,因此这类案件中,银行实际上部分减轻了自身的审查义务,将风险转移给持卡人。刑事司法介入时应当通过严格审查犯罪构成要件来平衡双方的责任与风险,而不应仅简单地将全部责任完全转给持卡人。当然,可以预见,金融业务创新的不断发展必将给刑事司法造成更多的挑战与困惑,还有待学界和理论界的继续探讨。

（肖凯、李小文　撰）

第十章　集资诈骗罪的司法认定：
　　　　　以吴英案为例

　　判断某一行为是否成立集资诈骗罪，应当从主客观两个方面来判断：一是客观方面是否使用诈骗方法，非法集资；二是主观方面是否具有"非法占有目的"。吴英集资诈骗案，从案发之初，就以其特有的神秘元素和现实元素"折腾"着公众敏感的神经。其持续时间之久，高潮叠涌之多，是近年来热点案件传播中绝无仅有的。姗姗来迟的维持一审判决的二审裁定，更是将汹涌的舆情推向峰颠。众多网友纷纷呼吁刀下留人，一些知名学者也现身点评，并就社会公平、死刑存废、民间融资、金融垄断等一系列问题展开一场罕见的大讨论，一个普通刑事案件迅速演变为一起万众瞩目的法治事件。然而，"舆论的归舆论，司法的归司法"，在喧闹之余，一个规范层面的问题不容回避：吴英究竟是商业奇才还是诈骗罪犯？其所作所为究竟是经营创新还是庞氏骗局？换言之，一、二审法院以集资诈骗罪判处吴英死刑，其定性是否符合现行法律规定？本章拟针对上述问题，对吴英案以及集资诈骗罪的司法认定做一考察。

一、吴英案的基本案情

　　对热点案件发表评论，一直为一些学者所诟病，认为容易导致"媒体审判"、"舆论审判"，不当干扰司法活动。据说丹宁勋爵曾有言："法律是十分明确的，当诉讼案还未了结而法庭正在积极审理时，任何人不得对案件加以评论，因为这样做实际上会给审案工作带来不利影响……我们决不允许法院以外的'报纸审讯'、'电视审讯'或任何其他宣传工具的审讯。"〔1〕不过,丹宁本人就是法官,未免有自我辩护之嫌。最近又有人在博客断言,"法学家不宜介入未生效裁判论辩",盖因"其特定身份地位容易影响拉拢大众民意,从而可能误导摇摆不定的社会舆论迷信盲从,对社会公平正义、司法公信权威产生巨大的杀伤力。因此,就像法官不能滥用司法裁判权力一样,法学家也应当谨慎行使手中的话语权,对未生效裁判信口开河无异于给予烈性社会火上浇油。"〔2〕然而,且不论在微博时代公众喉舌能否被封住,也不论在去神化时代法学家是否有使公众盲从的权威,单就规范而论,禁止公众,包括法学人士,对尚未生效裁决发表评论,就与法律规定相悖。宪法规定,公民有言论自由权。这种权利,当然包括对法院裁判活动发表评论的权利。因为法院裁判活动,本质上也是一种公权力的运用,自然不能超出公众的监督之外。所谓"报纸审讯"、"电视审讯",不过是一种修辞和隐喻,实乃指媒体所造成的舆论声势对司法活动的压力。然而,"兼听则明,偏听则暗",只要法官能够持守自己,确信所作裁判持之有据,言之有理,法律效果和社会效果兼备,则又何必担心舆论干扰?法学家也是公众一员,且有传道、授业、解惑之责,故而更应结合现实案例,发表观点、阐释法理、谕教于众,而不应置身事外、三噤其声。如果仅仅满足于充当事后诸葛亮——定案之后三尺讲台上的口若悬河、纸上谈兵,则其法治效果必然大打折扣,特别是于案件处理又有何益?

当然,任何事物都具有两面性,舆论监督对司法活动的影响亦是利弊互见。在笔者看来,舆论监督对审判活动的负面影响,不在于公众对裁判结论是否合法、合理、合情的评判,而在于媒体对案件部分事实有意无意的不当剪裁和渲染(媒体"追新、追奇、追特"的特性使然),甚至是不实报导,从而影响公众对裁判结论的评判。如果媒体仅就裁判结论发表看法,而不改变或部分改变案件基本事实,则其对司法的负面影响其实相当有限。英美法系国家在陪审团审案期间,严格禁止陪审员接触外界,其原因

〔1〕转引自吴丹红:《不要让舆论决定吴英生死》,载《环球时报》2012 年 1 月 20 日第 15 版。
〔2〕古风听竹:《法学家不宜介入未生效裁判论辩》,载 http://zjsxyc001. fyfz. cn/art/1048344. htm 相反意见可参见周永坤:《谁当闭嘴——面对未生效判决》,载 http://guyan. fyfz. cn/art/1046811. htm。

也在于防止媒体的倾向性报导使其对案件事实形成"预断"。因此,在案件基本事实清楚的前提下,仅就案件法律处理发表评论,既能有效地避免舆论监督的负效应,也可为法官断案提供一定的参考(是否采纳,决定权仍在法官)。鉴于此,本章的分析,均建立在法院裁判认定的案件事实的基础之上。

尽管在一些具体细节、情节等方面存在疑义,但控辩双方对法院裁判认定的以下事实还是基本认同的:"2005 年 5 月至 2007 年 2 月间,被告人吴英以高额利息为诱饵,以投资、借款、资金周转等名义,先后从林卫平、杨卫凌、杨志昂、杨卫江、蒋辛幸、周忠红、叶义生、龚益峰、任义勇、毛夏娣、龚卫平等 11 人处非法集资 77339.5 万元,用于偿还集资款本金、支付高额利息、购买房产、汽车及个人挥霍等,至案发尚有 38426.5 万元无法归还。"[1]

上述事实,剥离价值评判内容后,可作如下表述:"2005 年 5 月至 2007 年 2 月间,被告人吴英以高额利息为条件,以投资、借款、资金周转等名义,先后从林卫平、杨卫凌、杨志昂、杨卫江、蒋辛幸、周忠红、叶义生、龚益峰、任义勇、毛夏娣、龚卫平等 11 人处借款 77339.5 万元,用于偿还借款本金、支付高额利息、购买房产、汽车及个人消费等,至案发尚有 38426.5 万元无法归还。"在规范层面,需要评判的是,对吴英这一集资行为的定性及其处罚与现行法律规定的契合性。根据刑法第 192 条的规定,所谓集资诈骗罪,是指"以非法占有为目的,使用诈骗方法非法集资,数额较大"的行为。据此,判断某一行为是否成立集资诈骗罪,应当从主客观两个方面来判断:一是客观方面是否使用诈骗方法,非法集资;二是主观方面是否具备以非法占有为目的。下文就这两个方面展开分析。

二、集资诈骗罪客观方面的认定

(一)集资诈骗是一种非法集资活动,必须以非法吸收公众资金行为的成立为前提

1. 集资诈骗罪和非法吸收公众存款罪是一种堵截关系,二者在客观

---

[1]《浙江省高级人民法院刑事裁定书》(2010)浙刑二终字第 27 号。

行为方面完全相同

对于非法集资活动，现行刑法设立了三个罪名予以规制。这三个罪名是：非法吸收公众存款罪（刑法第 176 条），擅自发行股票、公司、企业债券罪（刑法第 179 条），集资诈骗罪（刑法第 192 条）。这三个罪在客观行为方面均表现为向社会公众吸收资金：非法吸收公众存款罪是以存款利息为对价吸收公众资金，其媒介是存单（或者类似凭证）；擅自发行股票、公司、企业债券罪是以投资回报为对价吸收公众资金，其媒介是股票、债券；集资诈骗罪则是以诈骗方式吸收公众资金，其媒介既可能是存单（或者类似凭证），也可能是股票、债券等。从逻辑关系来看，非法集资存在以下划分关系，包括非法集资违法和非法集资犯罪两类；而非法集资犯罪又可以进一步划分为："使用"型非法集资犯罪和"占有"型非法集资犯罪。前者包括非法吸收公众存款罪和擅自发行股票、公司、企业债券罪，后者则指集资诈骗罪。由于擅自发行股票、公司、企业债券罪和非法吸收公众存款罪处于同一层次，因此厘清了非法吸收公众存款罪和集资诈骗罪的关系，也就厘清了擅自发行股票、公司、企业债券罪和集资诈骗罪的关系，因而以下着重阐释集资诈骗罪和非法吸收公众存款罪的关系。

关于集资诈骗罪和非法吸收公众存款罪的关系，有权威教材归纳了三点区别：一是侵犯的客体不完全相同。前者侵犯的客体是复杂客体，包括金融管理秩序和公私财产所有权，而后者侵犯的是单一客体，即金融管理秩序。二是客观方面表现不同。前者是结果犯，表现为使用诈骗方法，进行非法集资，数额较大的行为；后者是行为犯，表现为行为人不具有吸收公众存款的主体资格而非法吸收公众存款，或者虽然具有吸收公众存款的主体资格，但却采取非法的方法吸收公众存款；三是犯罪目的不同。前者的犯罪目的在于将非法筹集的资金占为己有，而后者的犯罪目的是通过非法吸收存款进行营利活动，并无将非法所吸收的存款据为己有的目的。[1] 然而，上述归纳过于抽象和模糊（第一点的客体区别和第三点的目的区别，都无法通过直接观察认定，而第二点客观方面区别又未

─────────

〔1〕参见高铭暄、马克昌主编：《刑法学》，北京大学出版社、高等教育出版社 2007 年版，第 469 页。

真正辨明），难以对司法实践提供明确的指引。笔者认为，从司法认定的角度来看，非法吸收公众存款罪和集资诈骗罪是一种包容、堵截关系：集资诈骗是以诈骗的方式实施的"非法吸收公众存款"（此处暂时排除以公开发行证券方式实施的非法集资活动）。判定某一行为成立集资诈骗罪，首先必须以该行为成立非法吸收公众存款为前提；如果某一行为不成立非法吸收公众存款，则亦不可能成立集资诈骗罪。申言之，非法吸收公众存款罪和集资诈骗罪在客观行为要素方面并无本质差异，二者的区别根本在于主观方面是否具有非法占有的目的。

长期以来，我国司法实务界对于集资诈骗罪和非法吸收公众存款罪的关系，似亦未真正澄清。虽然最高司法机关先后颁布了若干个相关的司法解释，但对于二者在客观行为方面的关系，大多语焉不详。2010 年 12 月 13 日发布的《最高人民法院关于审理非法集资刑事案件具体应用法律若干问题的解释》（以下简称《解释》）在这方面有所改进，但仍需进一步明确。根据《解释》第 4 条第 1 款规定，以非法占有为目的，使用诈骗方法实施本解释第 2 条规定所列行为的，应当以集资诈骗罪定罪处罚。而《解释》第 2 条规定，实施本条所列的行为，同时符合本解释第 1 条第 1 款规定的条件的，应当以非法吸收公众存款罪定罪处罚。据此，不难推断，《解释》第 2 条的行为，既可能成立非法吸收公众存款罪，也可能成立集资诈骗罪。可见，在《解释》的制定者看来，集资诈骗罪和非法吸收公众存款罪在客观方面，至少有部分是相同的。而笔者认为，二者在客观行为表现方面是完全相同的，都是一种向社会公众吸收资金的行为。就吴英案而言，要认定其行为构成集资诈骗罪，首先必须认定其行为成立非法吸收公众存款。

2. 非法吸收公众存款罪的行为特征在于"吸收公众存款"（集资），"非法"则是一种法律评价

据刑法第 176 条的规定，所谓非法吸收公众存款罪，是指"非法吸收公众存款或者变相吸收公众存款，扰乱金融秩序"的行为。据此，非法吸收公众存款罪在客观方面具有两个要素：一是非法（变相）吸收公众存款；二是扰乱金融秩序。不过，就这两个要素的关系而言，二者是一种决定与被决定的关系。亦言之，如果能够认定某一行为成立非法（变相）吸

收公众存款,则该行为必然扰乱了金融秩序(严重程度另论)。因此,从司法认定的角度来看,"扰乱金融秩序"这一要素对判定行为是否成立非法吸收公众存款罪并不具有实质意义。有学者认为,非法吸收公众存款,扰乱金融秩序的,才成立非法吸收公众存款罪。只有当行为人非法吸收公众存款,用于进行货币资本的经营时(如发放贷款),才能认定为扰乱金融秩序。[1] 笔者认为,这一观点前半部分是正确的,后半部分则是错误的。一方面,扰乱金融秩序虽然是非法吸收公众存款罪的必要要素,但这一结果要素是与"非法吸收公众存款"的行为相伴而生的,因而是可以直接推断的。另一方面,非法从事货币资本经营当然会扰乱金融秩序,但非法吸收公众存款同样也会扰乱金融秩序,认为单纯的非法吸收公众存款行为不会扰乱金融秩序既不符合法律规定,也不符合生活现实。

既然扰乱金融秩序这一结果要素是可以由非法(变相)吸收公众存款这一行为要素推断出来,那么关键是正确认定非法(变相)吸收公众存款。对于这一行为要素,事实上还可以进一步拆分:"非法"和"吸收公众存款"。何谓"非法"?简单地说,就是违反法律规定。"非法",实际上是对"吸收公众存款"行为的法律评价。从司法认定的角度来看,就是检视、审查吸收公众存款的行为与现行法条是否相抵触(实务中更简单的做法,就是看吸收公众存款行为是否经过有关部门批准),因而在判断上理应不存在困难。但在司法实践中,对于此类案件恰恰在"非法"这一点上存在激烈争论。究其原因,主要是混淆了规范和价值两个不同层面的问题。就现行法律规定来看,国家对金融业务是严格管制、垄断经营的。这方面的政策精神集中体现在1995年5月10日颁布的《商业银行法》的有关条文中。该法第3条第1款规定,商业银行可以经营吸收公众存款、发放贷款、办理结算等十三种业务。虽然这里的立法用语是"可以",但并不意味着其他组织也可以任意经营这些金融业务。因为紧接着该法第11条明确规定,"设立商业银行,应当经中国人民银行审查批准。未经中国人民银行批准,任何单位和个人不得从事吸收公众存款等商业银行业务,任何单位不得在名称中使用'银行'字样。"在附则中,该法第89条、第90条还

〔1〕参见张明楷:《刑法学》,法律出版社2007年版,第584—585页。

特别明确了城市信用合作社、农村信用合作社和邮政企业可以经营的金融业务范围（信用合作社可以办理存款、贷款和结算等业务；邮政企业可以办理邮政储蓄、汇款业务）。[1] 该法还通过增设刑事责任来保护这种垄断的金融经营，其第 79 条规定，"未经中国人民银行批准，擅自设立商业银行，或者非法吸收公众存款、变相吸收公众存款的，依法追究刑事责任；并由中国人民银行予以取缔。伪造、变造、转让商业银行经营许可证的，依法追究刑事责任。"与此相适应，1995 年 6 月 30 日颁布的《全国人民代表大会常务委员会关于惩治破坏金融秩序犯罪的决定》在第 6、7、8 条分别规定了擅自设立金融机构罪、伪造、变造、转让金融机构经营许可证罪、非法吸收公众存款罪、集资诈骗罪。除个别文字作了简单修改外，这些规定均被现行刑法所吸收。这一立法状况表明，国家严格管制金融业务的政策始终未变。综上，不难得出结论：未经有关部门批准而吸收公众存款，就是违法的。在一些案件中，辩护律师往往挑战"吸收公众存款需要批准"的正当性，这其实已经跳出规范层面而掀起一场价值之争，而这显然只有立法机关才能解决。

何谓"吸收公众存款"？有观点认为，"非法吸收公众存款犯罪的认定应该从非法从事资本、货币经营的角度去看。如果仅仅是吸收社会资金，而未进行资本、货币经营，即使未经银行批准，也不应该认定为非法吸收公众存款。"[2]按照这种观点，吸收公众存款包括了吸收社会资金和资本、货币经营两个方面的内容。但这一理解不仅不符合"吸收公众存款"的基本语义，也违反了相关法律的规定。如《商业银行法》第 2 条规定："本法所称的商业银行是指依照本法和《中华人民共和国公司法》设立的吸收公众存款、发放贷款、办理结算等业务的企业法人。"据此，吸收公众存款与发放贷款是两种独立的金融业务，二者互不包容。笔者认为，所谓吸收公众存款，简单地说，就是以出具存单方式筹集公众资金，是最常见

---

〔1〕2003 年 12 月 27 日第十届全国人民代表大会常务委员会第六次会议对《商业银行法》进行了修正，但除个别措词不同外，对上述条文并未作任何实质性修改，这表明国家金融管制政策并未有任何松动。

〔2〕周泽：《对孙大午"非法集资案"的刑法学思考——兼谈非法吸收公众存款罪的认定》，载《中国律师》2003 年第 11 期。

的一种集资方式。[1] 因此,关键是如何界定"公众"。何谓社会公众?理论界通常认为,所谓公众,是指社会不特定对象(不特定多数人)。社会不特定对象,意味着筹集资金的方式和范围的公开性、广泛性和不受限性。换言之,社会不特定对象这个概念所要表达的含义,是指"集资人属于一种敞开式的集资,即,集资人设定条件,并向社会公开,符合条件者均可参与。"[2] 具体而言,对社会公众应当从主客观两个方面来判断:一是行为人客观上采取向社会公开的方式筹集资金;二是行为人主观上旨在向社会不特定多数人筹集资金。至于行为人实际集资的对象是否是多数人,则并不影响认定。有观点认为,作为集资诈骗罪对象的"社会公众",应当是指不特定人或者多数人,而不是"不特定多数人"。在集资诈骗罪的认定上,对象范围是否特定并不具有决定性意义。无论是向不特定的多数人还是向特定的多数人实施集资诈骗的都构成集资诈骗罪。[3] 笔者不赞同这一观点。如果将特定的多数人也纳入社会公众的范围,则必然扩大吸收公众存款行为的外延,有出入人罪之虞。如根据这一观点,则向自己众多亲友(特定的多数人)借款的,亦是一种吸收公众存款的行为表现,这显然不妥。

然而,从司法操作的角度来看,将"社会公众"解读为"不特定的多数

---

〔1〕对于(非法)集资的涵义,有关的行政法规和司法解释的理解并不一致。国务院 1998 年 7 月 13 日颁布的《非法金融机构和非法金融业务活动取缔办法》第 4 条第 1 款将非法(变相)吸收公众存款与非法集资并列,作为两种不同的融资行为。中国人民银行 1999 年 1 月 27 日发布的《关于取缔非法金融机构和非法金融业务活动中有关问题的通知》第 1 条进一步对非法集资进行了界定,即"非法集资是指单位或者个人未依照法定程序经有关部门批准,以发行股票、债券、彩票、投资基金证券或其他债权凭证的方式向社会公众筹集资金,并承诺在一定期限内以货币、实物及其他方式向出资人还本付息或给予回报的行为。"但 1996 年 12 月 24 日发布的《最高人民法院关于审理诈骗案件具体应用法律的若干问题的解释》第 3 条第 3 款规定,"'非法集资'是指法人、其他组织或者个人,未经有权机关批准,向社会公众募集资金的行为。"最高人民法院 2001 年 1 月 21 日印发的《全国法院审理金融犯罪工作座谈会纪要》更是明确指出,"集资诈骗罪和欺诈发行股票、债券罪、非法吸收公众存款罪在客观上均表现为向社会公众非法募集资金。区别的关键在于行为人是否具有非法占有的目的。"2010 年 12 月 13 日发布的《最高人民法院关于审理非法集资刑事案件具体应用法律若干问题的解释》亦延续了上述司法解释的做法,采用广义的"非法集资"概念。本章赞同司法解释的立场。

〔2〕参见钟瑞庆:《集资诈骗案件刑事管制的逻辑与现实》,载《法治研究》2011 年第 9 期。

〔3〕参见张建、俞小海:《集资诈骗罪对象研究中的认识误区及其辨正》,载《中国刑事法杂志》2011 年第 9 期。

人"似乎并没有解决认定问题。人们不禁要问，究竟多少人可以认定为"不特定的多数人"呢？从法理的层面来看，这一问题似乎是幼稚的，因为社会公众是一个集合概念，对其判定应视个案而定，而不应机械地一刀切。但从实务的层面来看，明确一个具体数据确实更便宜司法操作。根据最高人民法院 2001 年 1 月 21 日印发的《全国法院审理金融犯罪工作座谈会纪要》（以下简要《纪要》）的规定，非法吸收或者变相吸收公众存款，具有下列情形之一的，可以按非法吸收公众存款罪定罪处罚：（1）个人非法吸收或者变相吸收公众存款 20 万元以上的，单位非法吸收或者变相吸收公众存款 100 万元以上的；（2）个人非法吸收或者变相吸收公众存款 30 户以上的，单位非法吸收或者变相吸收公众存款 150 户以上的；（3）个人非法吸收或者变相吸收公众存款给存款人造成损失 10 万元以上的，单位非法吸收或者变相吸收公众存款给存款人造成损失 50 万元以上的，或者造成其他严重后果的。[1]《纪要》将集资对象人数与集资资金数额、被害人损失数额等并列，分别作为入罪的选择要素。这是否意味着，集资对象人数的构成地位已经下降，即非法吸收公众存款并不要求集资对象应当是不特定多数人这一因素呢？或者说，按照《纪要》的规定，个人吸收存款即使不到 30 户，但只要吸收的存款数额达到 20 万元，或者给存款人造成 10 万元以上的损失，即使指向的存款人只有 1 户，亦成立非法吸收公众存款呢？答案显然是否定的。因为根据《纪要》的规定，"非法吸收或者变相吸收公众存款"，同时具有上述三种情形之一的，才成立非法吸收公众存款罪。这里，前提是吸收存款行为已经成立"非法吸收或者变相吸收公众存款"。不过，《纪要》的规定确实容易引起误解，甚至有自相矛盾之嫌，因此，需要进行再"解释"：第一，其所规定的第二种入罪情形，应当是指非法吸收存款的实际户数；第二，其所规定的第一、第三种入罪

---

〔1〕这一标准亦被侦检部门认可。2001 年 4 月 18 日最高人民检察院、公安部联合发布的《关于经济犯罪案件追诉标准的规定》在第 24 条对非法吸收公众存款罪的追诉标准，作了基本相同的规定（但没有"造成其他严重后果"的规定）。此外，2010 年 12 月 13 日发布的《最高人民法院关于审理非法集资刑事案件具体应用法律若干问题的解释》对这一标准进行了重申，同时将"造成其他严重后果的"改为"造成恶劣社会影响或者其他严重后果的"，并作为一种独立的入罪情形。

情形,除了应当达到集资资金数额、被害人损失数额等标准外,还应当具备集资对象人数这一标准,即行为人实际或意向的集资对象必须是"不特定人数人"。至于这一"不特定多数人"的具体数据,则不妨以《纪要》规定的第二种情形的户数为参照标准。

3. 判断集资对象是否是"社会公众",应当以直接提供借款给集资人的人数为准

就吴英案而言,问题的关键不在于吴英的集资行为是否经过批准、有无扰乱金融秩序,也不在于该行为究竟是集资诈骗还是非法吸收公众存款,而在于该行为在根本上就不属于"吸收公众资金"。一方面,意向的集资对象是特定的。吴英并未设定统一的融资条件向社会公开,吸引社会公众借款给自己,而是与贷款人一一接触,分别就借款合同的具体内容展开洽谈。吴英的集资对象是特定、可控的,并非"多多益善",社会一般公众也很难将存款直接贷给她。显然,这是一种特定的熟人融资模式,而非公开的陌生人融资模式。另一方面,实际的集资对象是有限的。吴英实际上只向 11 个人借款,还不到《纪要》规定的户数标准的一半,难以谓之"多数人"。

对于实际贷款人只有 11 人却被认定为"社会公众"的质疑,法院作了相应的解释。"吴英除了本人出面向社会公众筹资,还委托部分不明真相的人向社会公众集资,虽原判认定的直接受害人仅为 11 人,但其中林卫平、杨卫陵、杨志昂、杨卫江四人的集资对象就有 120 多人,受害人涉及浙江省东阳、义乌、奉化、丽水、杭州等地,大量的是普通群众,且吴英也明知这些人的款项是从社会公众吸收而来,吴英显属向不特定的社会公众非法集资,有公众性。"[1]然而,集资对象应当是指直接提供借款给集资人的贷款人。在实际贷款人数确定的情形下,法院又对此加以推演和扩大,将这些贷款人背后的"贷款人"也作为行为人集资的对象。这显然是不当的,违反了因果关系的相对性这一基本法理。刑法上的因果关系,仅限于危害行为与危害结果之间引起与被引起的关系,具有严格的特定性。在本案中,吴英的行为是向 11 人借款,该行为的结果是这 11 人的借款部分

---

[1]《浙江省高级人民法院刑事裁定书》(2010)浙刑二终字第 27 号。

不能偿还。对此，需要司法判断的应当是，吴英向这 11 人借款的行为是否构成犯罪？至于这 11 人有无向社会公众借款，有无造成公私财产损失，则是另一层面的法律问题，与吴英行为没有直接的因果关系。在刑法上，因果关系的链条只有在共犯关系中才可以适当拓展：一是共同实行犯要对其他实行犯的行为结果负责，即所谓的因果关系的竞合；二是教唆犯要对实行犯的行为结果负责，即所谓的因果关系的延长。吴英并未直接向这 11 人背后的众多贷款人借款，认定其集资对象包括这些人，显然牵强。如果要吴英对这 11 人的"吸收公众存款"行为负责，必须证明吴英与这 11 人结成共犯关系。本案中，法院认为，"吴英委托他人向社会公众集资"。如果这一事实确实存在，则基本可以认定吴英和他人结成共犯关系或者成立间接正犯（如果被委托者不明真相），吴英自然应对这一集资行为负责，但这需要证据支撑，而且应仅限于该集资行为，而不应扩及至所有集资行为。另外，法院的推理也存在明显的逻辑错误。"明知款项来自社会公众而借之"，并不能得出借款对象就是社会公众的结论。这犹如"明知赃车而买"，并不能得出买赃行为就是盗窃一样，是一个常识问题。

（二）集资诈骗罪是诈骗罪群中的一员，同样应当具备"诈骗"这一必要要素

1. 集资诈骗罪与普通诈骗罪是特别法条与一般法条的关系，应当具备"诈骗"这一共同要素

现行刑法在分则第四章规定了诈骗罪（刑法第 266 条），同时又在第三章第六节规定了集资诈骗罪（刑法第 192 条）、贷款诈骗罪（刑法第 193 条）、票据诈骗罪（刑法第 194 条第 1 款）、金融凭证诈骗罪（刑法第 194 条第 2 款）、信用证诈骗罪（刑法第 195 条）、信用卡诈骗罪（第 196 条）、有价证券诈骗罪（第 197 条）、保险诈骗罪（第 198 条）等九个金融诈骗罪，第三章第八节规定了合同诈骗罪（刑法第 224 条）。这些犯罪构成了刑法中的"诈骗罪群"。一般认为，刑法第 266 条规定的是普通诈骗罪，而上述其他条文规定的是特别诈骗罪，前者与后者之间是一般法条与特别法条的关系。但无论是普通诈骗罪还是特别诈骗罪，只要是诈骗罪群中的一员，都应当具备"诈骗犯罪"的本质特征——使用"诈骗方法"获取他人财物。诈骗犯罪的基本构造是：行为人实施欺骗行为——对方（受骗者）产生错误

认识——对方基于错误认识处分财产——行为人或第三者取得财产——被害人遭受财产损害。[1]

何谓"诈骗方法"？简单地说，就是虚构事实，隐瞒真相。当然，不同类型的诈骗罪，所使用的诈骗方法的具体表现形式并不一致，而是各有其特点。就集资诈骗罪而言，参照《最高人民法院关于审理诈骗案件具体应用法律的若干问题的解释》第3条第2款的规定，"诈骗方法"，是指行为人采取虚构集资用途，以虚假的证明文件和高回报率为诱饵，骗取集资款的手段。诈骗犯罪是结果犯，诈骗行为与获财结果之间必须具有因果关系，才能认定为犯罪既遂。行为人虽然实施了诈骗行为，也获取了他人财物，但他人交付财物不是因为陷于错误认识，而是由于其他原因所致，则不能认为诈骗既遂。

2. 在高利贷案件中，基于借贷双方的特殊身份，应当谨慎判断有无"诈骗"这一要素

判断有无"诈骗"要素，应当从过程和效果两个方面作双向考察：一方面要考察行为人有无实施诈骗行为；另一方面要考察被害人有无陷入错误认识。在高利借贷案件中，基于借贷双方对于借款风险和回报的高度认知，因而应当谨慎地判断有无"诈骗"因素。一方面，借款人之所以许以高息，通常是有燃眉之急，需要借款渡过暂时困难；另一方面，贷款人之所以愿意出借，往往是经过风险和收益计算之后，认为最终能够收回本息。在此，借贷双方都有"赌一把"的心理（借款人是赌将来能够"鲤鱼翻身"，还清债务；贷款人是赌风险可以规避，投资终有回报），一般（并非绝对）不存在有意的"骗"和无意的"被骗"，因而基本可以排除"诈骗"要素的存在。

在本案中，法院认为，"吴英均系以投资商铺、做煤和石油生意、合作开发酒店、资金周转等各种虚假的理由对外集资，同时，吴英为给社会公众造成其具有雄厚经济实力的假象，采用短时间大量虚假注册公司，并用这些公司装扮东阳市本色一条街；经常用集资款一次向一个房产公司购买大批房产、签订大额购房协议；买断东义路广告位集中推出本色宣传广

---

[1] 参见张明楷：《刑法学》，法律出版社2007年版，第735页。

告,制作本色宣传册向社会公众虚假宣传;将骗购来的大量珠宝堆在办公室炫富;在做期货严重亏损情况下仍以赚了大钱为由用集资款进行高利分红,吴英的上述种种行为显系以虚构事实、隐瞒真相、向社会公众虚假宣传的欺骗方法集资。"[1]这一推理实在潦草和粗疏,经不起推敲:首先,注册多家公司、购买大批房产、买断广告位、制作宣传册都是合法、正常的商业经营行为。在没有证据证明这些行为本身违法或者犯罪的情况下,认定实施这些行为就是为集资诈骗作准备,未免武断,难以服众。如果吴英实施这些行为果真是为诈骗公众存款打前站,则世人真要赞叹其"滴水不漏"的犯罪谋划。其次,珠宝堆在办公室未必就是炫富,即使是炫富,通常也仅是满足个人的虚荣心,极难与诈骗行为发生勾连。第三,在炒期货亏损的情况下仍支付高利给贷款人,正是履行合同的表现,将其视为是"为给社会公众造成其具有雄厚经济实力的假象",联想未免过于丰富。最后,未明确表明或者不实陈述借款理由,未必就是意图诈骗。与金融机构不同,民间借贷的贷款人往往并不特别关心借款用途(不少民间借贷合同缺乏借款用途的内容,就是明证),而更关心利息回报或双方关系,这些才是他们作出借款决定的根本原因。而对借款人而言,为了获取借款,含糊其词或者编造虚假理由,都是比较常见的现象。但只要借款人是抱着"有借有还"的心态与贷款人签订借款合同的,则难以将这种生活意义上的欺骗认定为刑法上的诈骗。

以上是从借款人吴英的角度排除其行为存在诈骗要素。如果从贷款人的角度来分析,则更难以认定吴英的行为存在诈骗要素。"骗"与"被骗",根本原因在于借款人和贷款人之间存在严重的信息不对称。但在本案中,却并不存在这一问题。吴英的投资项目几乎都在东阳本地,都是传统的微利行业。稍有经验的市场参与者,都可以从吴英的投资布局中,判断这些投资的风险和利润。向吴英放贷的11人都是职业放贷者(其中7人已被有关法院判决犯有非法吸收公众存款罪),都是掌握大量公众资金、有盈亏判断能力、风险控制能力的"专业人士",而非社会上容易遭受欺骗的普通民众。作为专业的高利贷经营者,他们非常清楚"高回报与高

---

[1]《浙江省高级人民法院刑事裁定书》(2010)浙刑二终字第27号。

风险始终并存"的铁律——高于银行利息数十倍、甚至数百倍的回报,必定潜隐着巨大的风险。在此情形下,他们之所以胆敢把资金借给吴英,是因为他们都有赌徒心理,都期望在资金链断裂之前本息全回,大赚一笔,抽身而退,把巨大的窟窿留给倒霉的后来者。在这个过程中,根本不需要吴英主动利诱或欺骗,他们早就怀揣着巨额资金择机而动了。由于存在这种追逐高利的动机,因而他们实际上并不在乎吴英借款的实际用途,也不在乎吴英投资项目的盈亏,他们在乎的是尽早拿回本息。[1] 对于这些精明的高利贷经营者而言,是很难被骗的。

三、集资诈骗罪主观方面的认定

集资诈骗罪是目的犯,"非法占有目的"是其主观方面的必要要素。所谓"非法占有目的",简单地说,就是"非法掌握控制财物的目的",[2]即排除权利者行使所有权的内容,将其财物当成自己所有的财物进行支配的意欲。"非法占有目的"是集资诈骗罪和非法吸收公众存款罪、擅自发行股票、公司、企业债券罪的分水岭,如果行为人主观方面缺乏这一要素,则难以认定其行为构成集资诈骗罪。

1. "非法占有目的"属于主观范畴,对其认定只能求诸司法推定

"非法占有目的"是财产性犯罪主观方面特有的内容,但其是故意的内容之一,还是故意之外的独立的主观要件? 对此,理论界存有争议。[3]但不管作何种理解,非法占有目的都只能是犯罪构成的主观要素。与客观要素不同,主观要素只能通过抽象思维来把握,而不能够通过直接观察来感知。因此,虽然客观要素和主观要素同属犯罪构成事实的内容,但对二者的认定路径并不相同:对于客观要素,可以通过推理来证明;而对于主观要素,则只能通过推定来证明(除非行为人本人供认)。推理,是根据逻辑法则,从已知的基础事实推断出待证事实存在的证明方法;推定,则

---

〔1〕在高利贷案件中,重复借款、循环借款的现象非常普遍,贷款人之所以愿意长期维系这种借贷关系,通常不是因为被骗,而是因为本息未全部收回而身陷其中,或是为了获取更大的投资回报。

〔2〕刘明祥:《刑法中的非法占有目的》,载《法学研究》2000 年第 2 期。

〔3〕有关争议,可参见刘明祥:《刑法中的非法占有目的》,载《法学研究》2000 年第 2 期。

是根据经验法则，从已知的基础事实推断出待证事实的证明方法。二者的区别在于，推理遵循严格的逻辑法则，只要不存在逻辑漏洞，则其结论必定正确；推定遵循的是经验法则（事物之间的"常态"联系），其结论允许反证推翻。[1] 推理一般用于对客观要素的证明，推定则主要用于对主观要素的证明。

如何认定"非法占有目的"，是司法实践中的一大难题。这是因为，"非法占有目的"只能通过推定来认定，而任何推定又都是建立在高概率的基础上的，允许一定的反证推翻，从而其准确性必然成为控辩双方争论的焦点。为此，最高司法机关不断进行归纳总结，以最大限度地减少争议。就集资诈骗罪的"非法占有目的"的认定而言，最高人民法院先后就颁布了三个司法解释。《最高人民法院关于审理诈骗案件具体应用法律的若干问题的解释》第 3 条第 4 款列举了以下四种情形，可以认定为具有"非法占有目的"：（1）携带集资款逃跑的；（2）挥霍集资款，致使集资款无法返还的；（3）使用集资款进行违法犯罪活动，致使集资款无法返还的；（4）具有其他欺诈行为，拒不返还集资款，或者致使集资款无法返还的。《纪要》扩大至七种情形：（1）明知没有归还能力而大量骗取资金的；（2）非法获取资金后逃跑的；（3）肆意挥霍骗取资金的；（4）使用骗取的资金进行违法犯罪活动的；（5）抽逃、转移资金、隐匿财产，以逃避返还资金的；（6）隐匿、销毁账目，或者搞假破产、假倒闭，以逃避返还资金的；（7）其他非法占有资金、拒不返还的行为。《解释》第 4 条第 2 款在结合上述规定的基础上，将其整合为八种情形：（1）集资后不用于生产经营活动或者用于生产经营活动与筹集资金规模明显不成比例，致使集资款不能返还的；（2）肆意挥霍集资款，致使集资款不能返还的；（3）携带集资款逃匿的；（4）将集资款用于违法犯罪活动的；（5）抽逃、转移资金、隐匿财产，逃避返还资金的；（6）隐匿、销毁账目，或者搞假破产、假倒闭，逃避返还资金的；（7）拒不交代资金去向，逃避返还资金的；（8）其他可以认定非法占有目的

---

〔1〕关于推定的涵义，学者的界定并不一致，但一般认为，推定是指"通过对基础事实与未知事实之间常态联系的肯定来认定事实的特殊方法"。参见裴苍龄：《再论推定》，载《法学研究》2006 年第 3 期。

的情形。

上述规定,对于解决实践中非法占有目的的认定难题,无疑具有积极意义。但仔细分析,却存在不少问题:第一,上述规定均未指明,对于认定结论,允许反证推翻。这易使人误解为这些规定都是严格的逻辑推理,而非建立在高概率之上的司法推定。第二,上述规定均允许根据单一的基础事实,就可以得出"非法占有目的"的结论,没有尽量缩小推定误差。根据经验常识,作为推定前提的基础事实越多,作为待证事实的推定结论就越可能接近客观真实;相反,基础事实越少,推定结论就越可能被反证推翻。第三,上述规定中选取的基础事实绝大部分是"事后事实",而非"事中事实"、"事前事实",容易导致唯结果论。如《纪要》规定的七种情形中,只有第一种情形"明知没有归还能力而大量骗取资金的"是集资行为本身的表现,而其他情形均是集资行为结束之后的表现。又如《解释》规定的八种情形,其落脚点都是"集资款不能返还"。换言之,如果能够返还或事后返还,即使行为人在集资时确实是出于"非法占有的目的",也不得认定为诈骗。第四,上述规定中有一些基础事实与待证事实之间的相关度极低,不宜作为推定前提的基础事实。如上述规定均把"将集资款用于违法犯罪活动"作为基础事实的一种情形,但这一基础事实与"非法占有目的"这一待证事实之间并不具有常态联系。换言之,集资行为是一回事,如何使用集资款是另一回事,集资款是用于合法的商业活动还是违法犯罪活动,并不能决定行为人集资时的主观意图。第五,上述规定存在将推定结论作为基础事实的情形。如《纪要》规定的第一种情形中的"明知没有归还能力",本身就需要推定来认定,因为"明知"也属于主观范畴。"明知没有归还能力"本身需要推定认定,又将其作为基础事实来认定"非法占有目的",就存在二次推定,增加了推定结论的不确定性。由于存在上述缺陷,因此,在适用上述规定判断行为人是否具有"非法占有目的"时,应当综合全部案情、具体分析认定,而不能机械照搬适用。

2. 当存在实业经营时,不能仅仅因为资金链断裂而推定具有"非法占有目的"

对"非法占有目的"的认定,只能通过推定以逆推方式解决,而推定并非百分之百绝对确定,因而要注意不能唯结果论,而应以行为人实施集资行为时的"意欲"为立基点。特别是，当存在实业经营时，不能因发生资金链断裂、难以为继的后果就反推行为人具有"非法占有目的"，而应考察行为人最初集资的目的及资金实际去向，综合分析认定。[1]

本案中，法院认为，"吴英自 2006 年 4 月成立本色控股集团公司前已负巨额债务，其后又不计条件、不计后果地大量高息集资，根本不考虑自身偿还能力，对巨额集资款又无账目、记录；同时，吴英将非法集资所得的资金除少部分用于注册传统微利行业的公司以掩盖真相外，绝大部分集资款未用于生产经营，而是用于支付前期集资款的本金和高额利息、大量购买高档轿车、珠宝及肆意挥霍；案发前吴英四处躲债，根本不具偿还能力，原判据此认定吴英的行为具有非法占有的目的并无不当。"[2]法院的这一推定实在过于跳跃和简略，存在太多的漏洞：首先，不严格适用有关司法解释。关于"非法占有目的"的认定，已有司法解释详细规定，法院不去适用，而是自己另搞一套，这是其结论引起质疑的重要原因；其次，不当设定基础事实。法院设定的基础事实，与"非法占有目的"的相关程度极低。如"不考虑自身偿还能力而高息借款"只能证明吴英缺乏理性、盲目投资，而不能证明其主观上就是要非法占有集资款；"对巨额集资款不记账"，只能证明本色集团财务管理混乱，而与"非法占有目的"无关；"四处躲债"充其量只能证明吴英债务累累，客观上无力偿还，而不能证明其主观上不想偿还。第三，使用过多的模糊性语言。对于一些关键的基础事实，法院使用模糊性词语表述，未能提供准确的数字，缺乏应有的严谨性。如认定吴英"绝大部分集资款未用于生产经营"，但究竟是多少数额、用于何处，并不明确；又如认定吴英"大量购买高档轿车、珠宝及肆意挥霍"，但究竟是多少辆汽车、珠宝，肆意挥霍多少集资款，也不清楚。

---

[1] 对此，有关的司法文件也有体现。如浙江省高级人民法院、浙江省高级人民检察院、浙江省公安厅 2008 年 12 月 2 日联合发布的《关于当前办理集资类刑事案件适用法律若干问题的会议纪要》第 2 条规定，"为生产经营所需，以承诺还本分红或者付息的方法，向相对固定的人员（一定范围内的人员如职工、亲友等）筹集资金，主要用于合法的生产经营活动，因经营亏损或者资金周转困难而未能及时兑付本息引发纠纷的，应当作为民间借贷纠纷处理。对此类案件，不能仅仅因为借款人或借款单位负责人出走，就认定为非法吸收公众存款犯罪或者集资诈骗犯罪。"

[2]《浙江省高级人民法院刑事裁定书》(2010)浙刑二终字第 27 号。

对照上述司法解释,结合具体案情,要认定吴英具有"非法占有的目的",必须证明以下全部或之一基础事实存在:其一,明知没有偿还能力而大量骗取资金;其二,集资后不用于生产经营活动或者用于生产经营活动与筹集资金规模明显不成比例;其三,肆意挥霍集资款。关于第一点事实,如前所述,对于有无偿还能力的认识,取决于个体的"明知",往往因人而异。对于同样的集资行为,一般人可能认为集资人是非理性的,其经营行为不可持续,资金链迟早会断裂。然而,集资人可能认为,其融资模式是理性的,投资项目是合理的,只是存在暂时困难,难关之后是坦途。当一般人和集资人就是否有偿还能力存在认识差异时,应当以集资人的认识为准。就本案而言,在一般人看来,吴英的集资行为是"疯狂"的:借款利息奇高,而借款又主要用于微利行业,经营行为必将难以为继,资金崩盘势所难免。但在吴英看来,自己的经营模式是一种商业创新,高息借款只是一时扩张规模所需,经营利润必定足以支付借款本息。考虑到吴英的家庭环境、学历背景、从业经历、自负性格、处事方式等,她这种高度、偏执的自信是完全可以理解的。关于第二点事实,其确定需要明确以下数据,即吴英筹集资金的总额[1]、用于生产经营活动的数额及二者的比例。对此,法院的判决未能提供精确的数据,而只是含糊地认定"绝大部分未用于生产经营"。但根据二审辩护词,吴英的集资款绝大部分都用于生产经营,如购置房地产、汽车、开办公司等等。[2] 而根据媒体报道,2006年10月10日本色控股集团成立时,仅注册资金就达1亿元。[3] 真相究竟如何,需要进一步查明。关于第三点事实,要注意对"挥霍"作严格的认定,即恶意胡乱消费以逃避偿还借款。一方面,不能将经营策略方面的支出认定为挥霍。行为人将借贷资金用于形象包装、人脉培养、圈内交际、市场调研等方面的,根本上都是为了公司发展,不能认为是挥霍。另一方面,不能将个人生活高消费简单地等同于挥霍。由于职业、收入、性别、年

---

〔1〕指实际借款数额。高利贷中常见的预先在本金中扣除利息的,应以实际借款数额作为集资数额;同样,将超出同期银行贷款利率四倍以上的利息部分作为本金重复借款的,该部分数额应当予以扣除。

〔2〕参见张雁峰:《吴英被控集资诈骗罪二审辩护词》(2011年4月7日)。

〔3〕《吴英案的来龙去脉》,载 http://news.ifeng.com/opinion/special/wuyingan。

龄等方面的差异，个体的消费观念千差万别：在一些人看来是挥霍的消费行为，在另一些人看来可能完全正常。因此，应当考虑生活消费的数额占借款总额的比例，只有这一比例明显不合理，才可以认定为挥霍。而在本案中，二审法院将吴英的经营策略支出与个人生活消费混杂在一起，均认定为挥霍数额，并不妥当。事实上，即使根据一审法院认定的事实，吴英用于个人生活消费的数额充其量只有 1000 万元（购买名衣、名表、化妆品 400 万元＋600 万元高档娱乐消费），占全部借款总额的 1.29％。[1]

鉴于上述基础事实本身需要相关证据来证明，因此难以推出吴英具有"非法占有目的"。退一步讲，即使能够认定吴英具有"非法占有目的"，但因其诈骗对象并非社会公众，而是专业高利贷者（人数特定、信息对称），故其行为应构成诈骗罪（未遂），而非集资诈骗罪。

四、仅仅只需开放金融市场吗？

评议热点案件，事实问题往往是个软肋。不过，尽管未能旁听庭审，也未能翻阅案卷，但综合各种信息来源，笔者对以下事实业已形成"内心确信"：一个盲目自信的经营者，为了实施一种所谓的"链式"经营模式而高息拆借巨资，负债经营，最终雪球越滚越大，乃至崩盘。[2] 这种因盲目扩张而失败的商业案例，绝不能与庞氏骗局相提并论。庞氏骗局有两大特征：其一是"拆东墙补西墙"，即用后期投资者的资金作为盈利支付给前期投资者。本案中吴英也有用后来筹集的资金支付先前借款本息的手法（并非全部），但这其实是一种常见的资本运作方式，并不意味着行为本身就违法；其二是"空手套白狼"，即所谓的投资项目根本就是子虚乌有或

---

〔1〕《浙江"亿万富姐"吴英因集资诈骗一审被判死刑》，载 http://www.chinanews.com/gn/news/2009/12-18/2026618.shtml。

〔2〕客观地说，笔者的这一确信受媒体报导的影响较大。因为关于本案事实，有关司法文书的叙述非常简略，且含有过多推定内容，而媒体的报导更加详细，且更符合生活经验。有关本案事实的报导，可参见陶喜年：《吴英案全记录：亿万富姐的罪与罚》，《记者观察》2010 年第 3 期（下）；李伊琳：《吴英：尖刀上的舞者》，载《21 世纪经济报道》2009 年 4 月 27 日，第 9、10 版。

者只是个障眼物,这才是决定行为违法的关键[1],而吴英的实业公司、投资项目都是真实存在的,尽管公司是负债运营、项目也未必盈利。可见,吴英既非李嘉诚,也非麦道夫,而只是一个因盲目投资而债台高筑、经营失败的普通创业者。

许多人认为,本案的发生,根本在于现行的金融垄断制度。因此,"要真正化解民间借贷的风险,必须以开放的姿态,放开民间金融,打破主流金融机构的垄断。"[2]确实,本案的发生,与金融市场垄断、民营企业融资困难有着难以剪割的关系。在现有金融制度下,正规金融机构完全掌控了信贷资金的"进口"(吸收公众存款)和"出口"(发放贷款),但又对贷款对象另眼相看,厚此薄彼。银行贷款实行配额制,蛋糕主要面向国有大中型企业,而民间小微企业所占份额微乎其微。在金融危机背景下,国家采取紧缩的货币政策,小微企业贷款更是难上加难。既然从正规金融机构不能满足融资需求,则小微企业只能另辟蹊径转向民间资本市场。而对民间资金持有人来说,只有借款人的"开价"高于银行的存款利息,才会出借。制度、需求和逐利,三个方面因素的共同结合,促成了一个民间高利贷市场的形成。而在生产成本和人工成本普遍看涨的情况下,高利借款实际上不是救"一时"之急,而成了"常态"的恶性循环。一些企业主明知火坑也要跳,与需求的急切和供给的"歧视"不无关系。如果国家逐步放开金融市场,发展多层次的信贷市场,支持成立小额贷款公司,小微企业的融资渠道通畅,自然不会求诸地下金融市场。因此,有必要逐步放开金融市场,正视民间借贷合法地位,给予民间资本更加广泛的发展空间。

然而,如果仅仅是简单地开放民间融资市场而不给予必要的监管和引导,那后果是不堪设想的。为此,一方面,要加强监管,保证民间资本规

---

〔1〕如庞氏诈骗的始作俑者查尔斯·庞兹(Charles Ponzi)谎称一个并不存在的欧洲某种邮政票据投资项目,高额的投资回报(在45天之内可以获得50%的回报)诱使三万多名波士顿市民"投资"1500万美元;庞氏诈骗的高手美国纳斯达克前主席伯纳德·莫道夫(Bernard Madoff)亦是以子虚乌有的投资项目和稳定的回报率(每年稳定在约10%)使众多投资者上当受骗,一些著名的投行、基金也未能幸免,涉案金额高达500亿美元。

〔2〕马光远:《加大金融开放,化解民间借贷风险》,载《新京报》2011年10月2日第A02版。

范化运作。监管不是踩刹车、堵出路，而是制定合理、弹性、多层次的金融政策，如利率问题。如果民间借贷"见光"之后仍然保留利率完全自由化的作法，则当前这种危局恐怕仍难以有效避免。为此，有必要以合理的利率控制为要点，对借贷利率进行封顶。[1] 另一方面，要加强引导，鼓励公众理性投资。资本具有逐利的天性，这种天性极易使人心浮气躁，急功近利，丧失理智。欲壑难填，如果对这种天性不予以必要的控制，而是任由其率性发展，则类似的悲剧必将一再重演。即使在美国这种金融市场相当成熟的国家，庞氏骗局仍时有发生，原因之一就是投资者的非理性。因此，即使国家今后完全放开金融市场，允许地下钱庄浮出水面（成为小型的银行、投行等），民间资金也未必都流向这里。如果借款人对所谓的"商机"深信不疑（吴英就有强烈的投机心理，如投资房地产、珠宝等），疯狂地筹集资金以捕捉这一商机，如果贷款人被借款人承诺的高利搞得晕头转向，则新的"地下钱庄"又会形成。总之，本案"是不理智的经营者和不理智的投资者共同促成的"[2]，要防范类似悲剧的发生，关键在于疏导民间资本的流向，提高投资者的风险意识。套用一句行话："股市有风险，入市须谨慎。"

（叶良芳　撰）

---

〔1〕这实际上也是实行金融市场自由化国家和地区的通例。如根据我国香港地区的《放债人条例》规定，任何人经注册都可以从事放债业务，借贷金额、借贷时间和偿还方式均由借贷双方自行约定，但实际利率不得超过年息六分。

〔2〕高艳东：《刑法对经济犯罪使用极刑应慎之又慎》，载 http://www.zj.xinhuanet.com/special/2012-02/07/content_24657419.htm，2012 年 2 月 20 日访问。

第十一章 操纵证券期货市场犯罪的司法认定

操纵证券期货市场犯罪是金融市场犯罪中法律适用疑难问题最多、实践争议最大的行为类型之一。本章通过操纵证券期货市场犯罪情况调查与实证分析,深入刑事司法实践考察操纵证券期货市场犯罪法律适用疑难问题,并对操纵证券期货市场犯罪法律适用与司法判断规则展开研究,期待通过对实务疑难问题的细致剖析,进一步认识和把握操纵证券期货市场犯罪的立法基础、司法原理和实践规则,为保障资本市场运行机制的顺畅进行、合理控制刑法介入资本市场规范调控的度提供理论支持,为实践部门提供可资参考的操纵证券期货市场犯罪疑难问题司法适用规则标准。

一、操纵证券期货市场犯罪的基本情况调查

本章抽样调查了全国不同地区、发生在我国证券市场不同发展时期的操纵证券市场罪(操纵证券交易价格罪)判例共计 10 例。[1] 判决时间

---

[1] 本章调查所涉及的 10 个判例分别为:世纪兴业投资有限公司等操纵证券交易价格案(贵州省贵阳市中级人民法院于 2005 年 10 月 10 日判决)、汪建中操纵证券市场案(北京市第二中级人民法院于 2011 年 8 月 3 日判决)、南方证券股份有限公司等操纵证券交易价格案(深圳市罗湖区人民法院于 2005 年 12 月 26 日判决)、徐卫国等操纵证券交易价格案(深圳市罗湖区人民法院于 2006 年 12 月 14 日判决)、李鸿清等操纵证券交易价格案(广州市中级人民法院于 2003 年 9 月 25 日判决)、艾克拉木·艾沙由夫操纵证券市场价格案(上海市第一中级人民法院于 2012 年 5 月判决)、上海华亚实业发展公司等操纵证券市场价格案(北京市第二中级人民法院于 2003 年 4 月 1 日判决)、朱耀明操纵证券市场价格案(上海市第二中级人民法院于 2008 年 11 月 28 日判决)、宁新虎等操纵证券市场价格案(上海市浦东新区人民法院于 2006 年 1 月 7 日判决)、德隆国际战略投资有限公司等操纵证券市场价格案(武汉市中级人民法院于 2006 年 4 月 29 日判决)。

跨度自 2001 年至 2012 年,地区包括北京、上海、武汉、广州、深圳、贵州等,保证了基本情况调查与法律适用问题调查的整体覆盖面。

(一)操纵证券期货市场犯罪查处总体情况

抽样调查的 10 件操纵证券期货市场犯罪案例显示,从追究刑事责任的情况看,该 10 件案件中,共涉及 42 名被告人,被判处免予刑事处罚的高达到 9 人,判处三年以下有期徒刑并适用缓刑的达到 9 人,两项合计为18 人,免罚、缓刑适用比例高达 42.9%。上述情况反映出操纵证券期货市场犯罪的处罚强度总体偏低,司法机关基于办案效率与惩治操纵证券期货市场犯罪的实际需要,在刑罚适用上存在着轻缓化的倾向。

需要说明的是,我国至今尚未查处任何一起操纵期货市场的犯罪案件。证监会处罚过一定数量的期货市场操纵违法案件。例如,根据上海期货交易所监控发现的线索,2011 年 11 月,中国证监会对海南大印集团有限公司(以下简称海南大印)、海南龙盘园农业投资有限公司(以下简称海南龙盘园)、海南万嘉实业有限公司(以下简称海南万嘉)涉嫌操纵"橡胶 RU1010 合约"行为立案调查。2013 年 12 月,中国证监会依法对海南大印、海南龙盘园、海南万嘉公司及相关责任人员作出行政处罚。调查发现,2010 年 10 月 11 日—10 月 13 日,海南龙盘园与海南万嘉事先串通,通过各自公司期货账户在橡胶 RU1010 合约上多次进行对敲交易和自买自卖,其中,10 月 11 日,双方对敲交易和自买自卖合计占当日成交量的55.45%,致使当日结算价上涨 4.68%,为当日橡胶合约中的领涨合约。10 月 12 日,海南龙盘园交易量占当日成交量的 80.77%,当日结算价上涨 1.65%。10 月 13 日,双方对敲交易占当日成交量的 75.51%,致使当日结算价上涨 2.79%。截止 10 月 13 日,连续操纵交易行为导致橡胶RU1010 合约累计上涨 9.39%,其中,海南龙盘园获利 28.92 万元,海南万嘉获利 22.15 万元。海南龙盘园、海南万嘉合谋实施操纵行为,大幅度影响了橡胶 RU1010 合约结算价,使得海南大印在现货市场能够通过择机提前交收、即时以有利的价格卖出标准仓单获利。2010 年 6 月至 7月,海南大印陆续买入 5000 吨橡胶标准仓单。10 月 11 日,海南大印利用在龙盘园农业、海南万嘉实施上述操纵行为当日,提前交收前期购入的4000 吨标准仓单,陆续于操纵当日转手卖出获利 24.14 万元。海南龙盘园是海南大印的控股子公司,王棒为两家公司的实际控制人,也是本案的策划组织者和主要责任人。海南万嘉与王棒控制的公司长期进行橡胶贸易,有较为密切的利益关系。在本案中,海南万嘉与海南龙盘园事先串通,共同实施了期货市场对敲交易。海南大印、海南龙盘园和海南万嘉上述行为违反了《期货交易管理条例》第四十三条"任何单位或者个人不得编造、传播有关期货交易的虚假信息,不得恶意串通、联手买卖或者以其他方式操纵期货交易价格"的规定,在期货和现货市场均有不当得利,构成期现联动的跨市场操纵行为,王棒为直接负责的主管人员,莫翠萍、陈道荣为责任人员。2013年12月,中国证监会依法作出行政处罚,责令海南大印、海南龙盘园和海南万嘉改正违法行为,分别没收违法所得24.14万元、28.92万元和22.15万元,并处以违法所得2倍罚款。对王棒、莫翠萍和陈道荣给予警告,并分别处以10万元、3万元和2万元罚款。[1]但是,期货市场操纵案件尚未移送过公安机关侦查。

同时,还应当看到,市场操纵犯罪案件中,全部均为股票市场操纵犯罪,目前尚未出现过债券市场操纵犯罪案件。债券市场操纵仅作为行政违法处理。例如,根据上海证券交易所监控发现的线索,2011年12月,证监会对陈玉璟债券市场操纵案立案调查。近日,证监会对此案作出行政处罚决定。经查,陈玉璟通过控制本人及其亲属的4个证券账户,操纵相关债券交易价格:2011年7月19日14:59后,陈玉璟以96.02元交易10芜投02债券4手,致使10芜投02债券收盘价为96.02元,跌幅2.86%。2011年7月21日14:59后,陈玉璟以99.40元至101元交易10芜投02债券24手,致使10芜投02债券收盘价为102.15元,涨幅5.31%。2011年7月19日14:59后,陈玉璟以91.90元交易10丹东债2手,致使10丹东债收盘价为91.90元,跌幅5.27%。2011年7月21日14:59后,陈玉璟以104.97元至110元交易10丹东债11手,致使10丹东债收盘价为103.31元,涨幅8.75%。此外,陈玉璟还用相似的手法于

---

〔1〕中国证监会:《证监会查处"海南大印、海南龙盘园、海南万嘉"等公司操纵期货市场违法违规案》,载 http://www.csrc.gov.cn/pub/newsite/jcj/aqfb/201404/t20140411_246782.html.

2011 年 8 月 22 日至 8 月 24 日和 2011 年 9 月 2 日操纵 10 芜投 02 债券、10 丹东债、09 青国投交易价格。证监会认定,陈玉璟的上述行为违反了《证券法》第七十七条第三款"在自己实际控制的账户之间进行证券交易,影响证券交易价格或者证券交易量"以及第四款"以其他手段操纵证券市场"的规定,构成了《证券法》第二百零三条所述的操纵证券交易价格的行为。根据《证券法》第二百零三条和《行政处罚法》第二十七条的相关规定,证监会决定:对陈玉璟处以 20 万元罚款。证监会有关部门负责人指出,本案是首起操纵债券市场案,在本案中,陈玉璟利用自己控制的多个证券账户在收盘前 1 分钟操纵债券价格并以此来获利,造成债券价格大幅偏离其价值,严重影响了债券市场的价格形成机制,侵害了投资者的合法权益。[1]

(二) 操纵证券期货市场犯罪行为人职务状况

抽样调查的 10 件操纵证券期货市场犯罪案例中,共涉及被告人 42 人,大多数有较高职务,集中于公司领导岗位。其中,公司法定代表人或负责人为 9 人;公司总经理及副总经理为 8 人,两项合计达到 17 人,占比为 40.5%,可见,操纵证券期货市场犯罪往往在公司高层领导之中发生,这也与该群体人员所掌握的权力较大、资源较多、能够调动的资金规模较大有关系。除此之外,公司董事有 1 人,公司部门经理有 11 人;公司一般工作人员有 11 人;无职务人员为 2 人,实践中通常是职业股民、职业交易员。

(三) 操纵主体、操纵证券所涉及行业

从被告人自身所处的行业中看,绝大多数都集中在金融类公司,这也与该类犯罪的基本特征(金融犯罪)相关。具体为,证券公司从业人员有 14 人,占比为 33.3%;投资公司从业人员有 12 人,占比为 28.6%;资产管理公司从业人员有 5 人,占比为 11.9%,三项合计达 31 人,总占比为 73.8%,另有其他公司从业人员有 9 人,占比为 21.4%。

被告人所操纵的股票较为分散,分别为:"亿安科技"、"哈飞股份"、

---

〔1〕中国证监会:《证监会查处陈玉璟操纵债券市场案》,载 http://www.csrc.gov.cn/pub/newsite/jcj/aqfb/201212/t20121220_219471.html.

"五矿发展"、"世纪中天"、"啤酒花"、"徐工科技"、"海欣股份"、"中科创业"、"百科药业"以及"工商银行"、"中国联通"等其他 38 只股票。

（四）操纵证券期货市场犯罪的形式

根据《刑法》规定,操纵证券期货市场犯罪的行为方式主要有连续交易、相对委托、洗售、其他操纵方法等 4 种形式。抽样调查的 10 件操纵证券期货市场犯罪案例显示：以自买自卖形式操纵股票价格的有 9 件；以集中资金联合连续买卖方式操纵证券价格的有 4 件,其中,上述两种方式均有的有 4 件,以其他方式操纵的也仅有 1 案。法律明文规定的前三种操纵形式认定上并无多大障碍,而对于其他方式的认定争议较大,譬如汪建中案,辩护律师作无罪辩解,而法院认为汪建中采取先行买入相关证券,后利用公司名义在媒体上对外推荐该先行买入的相关证券,人为影响了证券交易价格,理应属于广义的操纵证券市场的行为。

（五）操纵证券期货市场犯罪的数额

由于证券市场的特性,认定的操纵犯罪数额都极大,累计集中资金数额最大的达到 54.84 亿余元（艾克拉木·艾沙由夫案）；融资数额最小的也达到 14.86 亿元（李鸿清案）。在以自买自卖方式进行操纵证券期货市场犯罪中,自买自卖股票数量占当日成交量比例最大的达 100%（徐卫国案）,占当日成交量比例最小的也达到 60.5%（世纪兴业公司案）。在以集中资金优势联合连续买卖方式操纵证券期货市场犯罪中,最多持股比例达到 91.5%（德隆投资公司案）；最少持股比例也达到 52.348%（朱耀明案）。

（六）操纵证券期货市场犯罪获取不正当利益的具体表现

证券市场上,证券交易价格具有极其重要性,实践中,影响证券交易价格的因素非常多,包括公司盈利状况、市场利率、经济周期的循环波动、货币政策等等,这些都是十分正常的。但操纵证券期货市场犯罪的行为人集中资金大量持股,通过自买自卖的方式,使得证券市场的股票价格非真实性波动,导致"跟庄"现象相当严重,行为人进而从所操纵股票的涨跌中获取巨额利益。抽样调查的 10 件操纵证券期货市场犯罪案例显示,被告人通过自买自卖等方式获取不正当利益是牟利的主要途径,获利丰厚。

（七）操纵证券期货市场犯罪中的单位犯罪情况

由于证券市场的独特构造,操纵证券期货市场犯罪几乎都涉及到机构和大户,而且大多是多人(人与人、机构与人)共同操纵。但本章所涉及的该 10 起案件中,其中仅有 4 起法院判决中涉及到单位犯罪,分别是判决世纪兴业公司罚金 100 万元;亿安集团罚金 4.7 亿元;德隆国际战略投资有限公司罚金 50 亿元、新疆德隆集团有限公司罚金 50 亿元;华亚公司罚金 2300 万元。可见,实践中对于操纵证券期货市场犯罪的单位被告人的认定存有一定难度,同时,相较于单位获利的丰厚来说,处罚力度仍然较弱。

（八）强制措施适用情况

抽样调查的 10 件操纵证券期货市场犯罪案例所涉及的 42 名被告人,30 人被刑事拘留,36 人被逮捕,7 被取保候审,1 人系服刑在押人员。已决案件强制措施适用流程基本上表现为:(1)刑事拘留——逮捕(25 人);(2)监视居住——逮捕(6 人);(3)监视居住——刑事拘留——逮捕(5 人);(4)未经刑事拘留与逮捕,直接取保候审(5 人);(5)刑事拘留——逮捕——取保(2 人)。可见,操纵证券期货市场犯罪案件羁押性强制措施适用率较高。

（九）辩护权行使情况

抽样调查的 10 件操纵证券期货市场犯罪案例显示,辩护律师出庭率相对较高,42 名被告人中有 38 人聘请了律师,未聘请律师的仅为 4 人,辩护律师出庭辩护率相对较高,达到了 90.5％。这与操纵证券期货市场犯罪的行为主体具备的资金实力、职务地位具有紧密关系。其中,提出无罪辩护意见的达到 17 人,但法院均未采纳。被采纳的辩护意见主要包括(1)系从犯;(2)有自首情节;(3)有立功情节。而上述内容即使没有提出辩护意见,法庭亦会主动考虑是否存在有关情节。

二、操纵证券期货市场犯罪的法律适用疑难问题

除了采用静态分析法律文书方法之外,本章还对操纵证券期货市场犯罪案件的一线办案人员、辩护律师进行走访,并且组织专家学者、金融

犯罪案件实务人员等对操纵证券期货市场犯罪法律适用问题进行多次座谈和专题研讨,对统计数据反映的情况进行动态补充,掌握了较为翔实的操纵证券期货市场犯罪法律适用疑难问题。

(一)连续交易操纵司法实践疑难问题

连续交易操纵犯罪是指单独或者合谋,集中资金优势、持股优势或者利用信息优势联合或者连续买卖,操纵证券交易价格或者证券交易量的犯罪行为。[1] 这种操纵证券期货市场的行为方式又可区分为单独操纵和合谋联合买卖、合谋连续买卖。调查发现,司法实践连续交易操纵一般表现为,资金大户、持股(持仓)大户等利用其大量资金或大量股票仓位等进行单独或通谋买卖,对某种股票连续以高价买进或连续以低价卖出,以造成该股票价格见涨、见跌的现象,诱使其他投资者错误地抛售或追涨,而自己则做出相反的行为,以获取巨额利润。这种典型的连续操纵犯罪行为诱导证券市场投资者对证券供求关系形成误判,进场追高接盘或者退场低位抛售,而连续交易操纵者在支出一定数量的证券交易费用、手续费、差额损失等成本的基础上,通过数量更为庞大的差价利益谋取操纵利润。

调查发现,司法实务中的法律判断难点在于:根据《刑法》第182条第1款第1项的规定,连续交易操纵证券期货市场犯罪的客观行为表现为集中资金优势、持股优势或者利用信息优势联合或者连续买卖,理论上通常把"资金优势"、"持股优势"、"信息优势"等统称为资源优势,但如何认定这种资源优势,实践中并没有形成有效的司法判断规则。例如,达到怎样的资金标准才能构成"资金优势"?再如,对于如何理解"信息优势",实践中长期存在不同的看法。有观点认为这里所谓的"信息",其外延应等同于内幕信息。[2] 也有意见认为,这里的"信息"不应仅仅限于重大信息,因为此罪的本质是行为人对证券交易价格的操纵,为达此目的行为人将重大信息之外的一般信息加以包装和渲染,同样也能成为其操纵证券交易价格犯罪的武器。信息优势也不应仅仅限于未公开的信息。因为信

---

〔1〕谢杰:《操纵资本市场犯罪刑法规制研究》,上海人民出版社2013年版,第136页。
〔2〕宋茂国等:《略论操纵证券交易价格罪》,载《云南法学》1998年第2期。

息从公开到传播需有一个过程,由于行为人与上市公司有某种联系,事先得知信息将于某日公开,在买卖证券时可先人一步,抢时间差,同样可以达到获取高额利润或转嫁风险的目的。[1] 上述问题在认识上的不一致性影响到了连续交易操纵犯罪资源优势司法认定的确定性与准确性。

调查中还发现一个非常重要的规范细节性争议问题——根据法律规定,构成连续交易操纵犯罪需要满足"操纵"证券交易价格或者交易量的法定条件。司法实践中的办案人员反映,细致对比《刑法》第 182 条操纵证券期货市场罪明示规定的三种市场操纵犯罪行为模式,可以看到,连续交易操纵、相对委托操纵、洗售操纵之间非常重要的区别在于,连续交易操纵在行为结果层面必须达到"操纵"证券交易价格或者交易量的程度,而相对委托操纵、洗售操纵则需要达到"影响"证券交易价格或者交易量的程度。部分司法实务人员认为,这一规范上的细节并不能说明连续交易操纵与相对委托、洗售操纵等行为类型之间存在实质上的差别。但有部分办案人员提出,操纵与影响显然是不同的市场操纵程度,应当在司法判断中予以区分。

(二)相对委托操纵司法实践疑难问题

根据《刑法》第 182 条操纵证券市场罪第 1 款第 2 项的规定,相对委托操纵犯罪,是指与他人串通,以事先约定的时间、价格和方式相互进行证券交易,影响证券交易价格或者证券交易量的犯罪行为。司法实践中相对委托交易都是在行为人与他人相互串通和事先约定的情况下进行的。当相对委托行为反复进行时,相对委托交易的特定证券价格就可能受时间、价格和方式等因素的影响而被抬高或降低,行为人可以在价格被抬高时进行抛售,而在价格被降低时进行买入。

从事相对委托交易的行为主体必须是两人或者两人以上,可以均为自然人或者法人,也可以是自然人与法人之间的相互证券交易。调查发现,实践中对于同一行为主体控制之下的方向相对且数量、价格、时间等要素进行控制的证券交易如何认定其行为性质,存在不同的认识。有观点认为,如果单一行为主体以不同的名义进行对向性证券交易,意图影响

---

[1] 张军主编:《破坏金融管理秩序罪》,中国人民公安大学出版社 1999 年版,第 358 页。

证券市场中的交易价格或者交易量,但没有与他人通谋,显然不存在相对成交的问题,则不能构成任何形式的操纵证券期货市场犯罪。这实际上是刑法规制操纵证券期货市场犯罪行为的制度漏洞之一。[1] 但不同意见认为,相对委托交易操纵犯罪必须是由二人(或机构)通谋进行相对买卖,才能完成制造虚假供求关系的"记录上的交易"。相对委托行为主体为必要的共同犯罪,必须由相对委托的买方或卖方共同构成。如果行为人是利用配偶、亲属或他人的账户进行相对买卖的,就要看该被利用的人与行为人之间是否有犯意联络。如果有犯意联络,则构成相对委托;如果没有犯意联络,则仅成立刑法第182条第1款第3项规定的洗售操纵犯罪。[2] 可见,对于相对委托操纵犯罪行为主体的认识困惑直接导致实务部门对特定行为是否构成操纵证券期货市场犯罪、构成何种操纵类型的认定分歧。

构成相对委托操纵的核心基础在于"以事先约定的时间、价格和方式相互进行证券交易"。但调查发现,证券期货犯罪刑法理论与实务中对于该问题有不同的认识。有的办案人员指出,相对委托操纵中的事先约定,在时间、价格、交易方式上必须进行明确的共谋与确定的事先约定。但也有观点认为,对于相对委托操纵犯罪而言,行为主体之间可以是就相互证券交易所有的内容进行通谋,也可以就部分内容进行约定,尤其是对于时间要素而言,不以事先约定为限,行为人在向证券经纪商提出委托申报之后再与他人沟通约定交易时间的,也可以认定为相对委托操纵。[3] 还有观点认为,相对委托操纵犯罪只需出于操纵证券价格的故意,以通谋时间、价格、数量等为基础达成交易即可,不应将这一交易限定于通谋者之间。也就是说,即使在通谋者买进或卖出时,因第三者的阻挠而中断,致

〔1〕参见邵庆平:《论相对委托之规范与强化——从证券操纵禁止之理论基础出发》,载《月旦民商法杂志》2008年第3期。

〔2〕参见于莹:《论以虚伪交易方式操纵证券期货市场》,载《国家检察官学院学报》2003年第5期。

〔3〕参见李开远:《证券交易法第一百五十五条第一项第三款处罚股价操纵行为——"相对委托"刑事责任之探讨》,载《铭传大学法学论丛》2006年6月总第6期。

使通谋者间的相互交易未能成立,也不妨碍相对委托操纵犯罪的成立。[1]

(三)洗售操纵司法实践疑难问题

根据《刑法》第182条操纵证券市场罪第1款第3项的规定,洗售操纵是指在自己实际控制的账户之间进行证券交易,影响证券交易价格或者证券交易量的操纵市场犯罪行为。实践中对于洗售操纵犯罪还有多种称谓,例如冲洗买卖(交易)、伪作买卖(交易)、冲销买卖(交易)、相对成交、自买自卖、自我交易等等。这些不同的称谓不仅体现了实务部门对洗售操纵实质特征形式化概括与提炼的理解差异,而且一定程度上反映出司法实践对于这种具有古老历史的操纵违法犯罪行为缺乏现代性的认识。

由于单一行为主体实际控制账户之间的证券交易在行为概率上通常表现为对证券价格形成机制的非法控制,立法机关在制定法律的过程中将此类行为推定为具有操纵证券期货市场的违法犯罪性质,[2]因此洗售操纵犯罪客观行为认定上并不存在非常困难的障碍。实践中的疑难问题主要集中在洗售操纵犯罪主观故意的判断,对于这一问题,刑法理论与司法实务之间存在非常明显的认识分歧。由于《刑法》第182条第1款第3项并没有对洗售操纵犯罪的主观故意进行规定,调查发现,司法实务人员一般认为,根据刑法总则故意以及操纵证券期货市场犯罪故意的基本原理,洗售操纵犯罪故意的基本内容应当是:行为人明知自己在实际控制的账户之间从事证券交易会影响证券交易价格或者交易量,希望或者放任这种危害证券期货市场正常供求关系或者价格形成机制的结果发生。但刑法理论上一种非常具有代表性的观点认为,洗售操纵犯罪应当具有特定的操纵意图,即主观上具有造成特定证券交易行情活跃,诱使他人从事相关证券交易的意图。其主要理由在于:美国、日本等国家的操纵证券期货市场违法犯罪法律均在反洗售操纵条款中规定了"意图产生不真

---

〔1〕参见于莹:《论以虚伪交易方式操纵证券期货市场》,载《国家检察官学院学报》2003年第5期。

〔2〕参见谢杰:《操纵资本市场犯罪刑法规制研究》,上海人民出版社2013年版,第189页。

实或足以令人误解的证券交易处于活跃状态,足以致使或者诱导他人误解证券交易状况"的主观要素。我国证券法及刑法对是否须有诱使他人买卖的故意均未做规定,但应和美日证券交易法作相同的解释。因为只有在其他投资者跟风买进或者卖出的情况下,操纵者才能获利或避免损失,而且操纵者影响证券价格的目的也正是为了诱使其他投资者进行该种证券的交易。可以说,影响证券期货市场的价格是操纵者实现诱使其他投资者买卖这一最终目的的前提条件,诱使其他投资者进行证券买卖,才是操纵者操纵证券期货市场的真实目的。[1] 理论上甚至还有观点认为,如果实施洗售操纵行为的主观状态是影响证券市场价格和诱使他人买卖两种目的并存,但诱使他人买卖证券的故意并非主要目的,则应当认定为洗售操纵违法,但不构成洗售操纵犯罪。[2] 刑法理论与实务意见之间的差异影响了洗售操纵犯罪主观故意认定的确定性。

(四) 抢帽子交易操纵司法实践疑难问题

抢帽子交易操纵通常是指证券公司、证券投资咨询机构、专业中介机构以及相关投资咨询专业人员买卖或者持有相关证券,并对相关证券、上市公司及其标的资产等公开评价、预测或者提出投资建议、研究报告,通过期待的市场反应获取经济利益的行为。2008 年 10 月至今,证监会陆续查处一批具有重大影响的证券投资咨询机构及其责任人员操纵证券市场案件。[3] 2011 年 8 月 3 日,中国抢帽子交易第一案一审构成操纵证券

---

〔1〕参见于莹:《论以虚伪交易方式操纵证券期货市场》,载《国家检察官学院学报》2003 年第 5 期。

〔2〕参见陈建旭:《日本规制证券犯罪的刑法理论探析》,载《北方法学》2010 年第 6 期。

〔3〕典型案例:(1)邓晓波、邓悉源操纵证券期货市场案〔中国证监会行政处罚决定书(2011)4 号〕。(2)武汉新兰德、朱汉东、陈杰操纵证券期货市场案〔中国证监会行政处罚决定书(2008)44 号〕。(3)汪建中操纵证券期货市场案〔中国证监会行政处罚决定书(2008)42 号〕。(4)高晓莉操纵证券市场案。2008 年 1 月至 2009 年 7 月间,广州百灵信先后在多家媒体公开发布荐股资料 295 次,其间公司股东高晓莉实际控制的账户先行买入证券,再向公众推荐,最后抢先卖出获利,先后共交易 233 次涉及股票 97 只,累计成交金额 20 亿余元,获利 2570 万余元。证监会认定,高晓莉等人的"抢帽子"交易方式已经符合操纵证券期货市场的行为,并涉嫌构成犯罪。(5)徐翀操纵证券市场案。2009 年 5 月到 6 月,曾在江苏现代工作的分析师徐翀以其他咨询机构的身份在媒体公开荐股 22 只,吸引投资者买入所推荐的股票,而后与江苏现代关系密切的赵宝明通过控制的涉案账户在当日卖出,累计成交金额 1.3 亿元,获利近 460 万元。参见于扬:《证监会通报五起违法违规案件》,载《证券时报》2012 年 1 月 7 日第 A2 版。

市场罪。[1] 至此,抢帽子交易刑法属性问题的法实践争议告一段落。但是,在抢帽子交易操纵犯罪的具体认定上,实践中仍然存在比较大的争议,调查发现,其中的突出问题在于财经媒体从业人员能否构成抢帽子交易操纵。

实践中,抢帽子交易操纵犯罪要实现谋取证券交易利润,很大程度上需要控制特定证券所对应的相当数量的资本流动,由于电视、电台、报刊、网络等财经新闻媒体对于证券期货市场投资者的决策具有重大影响,故相当数量的抢帽子交易操纵犯罪中的信息发布需要依靠媒体从业人员的协助予以实施,藉此实现证券投资信息的大规模推广与传播。在此过程中,确实有一部分媒体从业人员利用发布利益冲突信息谋取证券交易利益。甚至也有部分媒体从业人员在事先持有相关证券仓位的情况下,独立发布或者联合其他媒体共同发布有关上市公司及其发行证券利好或者利空的报道,随后通过实施相关证券交易谋取利益。对于这种财经新闻媒体从业人员的行为是否能够认定为抢帽子交易操纵犯罪,司法实务中存在较大的疑难与困惑。

三、操纵证券期货市场的犯罪构成特征分析

对于反市场操纵犯罪刑事司法实践而言,只有在刑法理论层面对操纵证券市场罪的构成特征进行准确的把握,才能够正确认定操纵证券市场罪,明确市场投机、市场操纵违法以及市场操纵犯罪之间的基本界限。

(一)操纵证券期货市场犯罪的犯罪对象

根据刑法第182条的规定,本罪的犯罪对象显然就是证券市场。对于市场操纵犯罪对象的研究而言,需要再次强调的问题是,操纵衍生品市场的行为应否纳入市场操纵犯罪的刑法规范框架之中进行法律规制。

金融衍生品是指其价值依赖于标的资产价值变动的标准化合约或者经由交易对手协商订立条款的合约,包括期权(option)、互换(swap)、零

---

〔1〕翟兰云、陆昊:《股市"黑嘴"汪建中一审获刑七年》,载《检察日报》2011年8月4日第1版。

息债券(zero coupon bond)等金融衍生产品。[1] 衍生品市场就是创制并从事金融衍生产品交易的金融市场。虽然衍生品交易的过度投机催生了2008年全球金融危机的爆发,但衍生品市场的合理创新与稳健发展仍旧是全球金融实践的必然走向与发展脉络。然而,正如前文所述,由于我国衍生品交易市场的发展滞后,客观上造成立法机关在技术上难以评价衍生品市场中操纵行为的表现形式以及社会危害性,从而无法评估期货及衍生品交易环节操纵行为犯罪化的必要性。衍生品交易实践经验的匮乏也决定了金融犯罪刑法理论对衍生品市场中操纵行为违法性与入罪必要性分析的研究处于空白状态。但中国的衍生品交易不可能永远处于停滞状态,当我国金融市场通过努力,建立起一定规模的场外与场内衍生品交易市场之时,不能没有反衍生品市场操纵犯罪的刑法条款。从国外的实践经验来看,大型投资银行、基金公司、私募等机构投资者中的核心业务管理人员存在利用信息优势控制衍生品交易谋取巨额利润的嫌疑;衍生品市场高杠杆性交易的放大效应与信息披露规范力度的不尽如意,导致市场操纵行为对金融市场合理配置资本功能造成的破坏更大,也更难被监管部门发现。同时,衍生品市场与其基础资产市场密切关联,行为人完全可以通过证券市场与衍生品市场的关联度实施跨市场的操纵犯罪行为。所以,我国反操纵法律实践应当对衍生品市场中的违规行为形成灵活的反应机制。在今后证券市场操纵违法犯罪的规范修正与增补过程中,将市场操纵犯罪对象范围拓展至以证券为基础的衍生品市场,明确操纵衍生品市场行为的违法性与犯罪性,及时将衍生品交易中的操纵行为纳入监管范围,为衍生品市场的公平交易提供充分的法律保障,顺应证券及其相关衍生品市场操纵行为的系统性规制与平衡性惩处的趋势。

(二) 操纵证券期货市场犯罪的客观行为

根据刑法第182条的规定,操纵证券市场罪的客观行为以下四种方式:(1)单独或者合谋,集中资金优势、持股或者持仓优势或者利用信息优势联合或者连续买卖,操纵证券、期货交易价格或者证券、期货交易量;(2)与他人串通,以事先约定的时间、价格和方式相互进行证券、期货交

---

[1] R. L. McDonald, Derivatives markets, Boston: Addison-Wesley, 2006, P. 1.

易,影响证券、期货交易价格或者证券、期货交易量;(3)在自己实际控制的账户之间进行证券交易,或者以自己为交易对象,自买自卖期货合约,影响证券、期货交易价格或者证券、期货交易量;(4)以其他方法操纵证券市场。

由于犯罪的核心是行为,故操纵证券期货市场犯罪的核心是市场操纵行为,总体把握操纵证券期货市场犯罪构成中的客观行为要件时,应当注意,纳入操纵证券期货市场犯罪刑法条文评价的行为应当是一种市场行为,不具有任何市场因素的行为,不是操纵证券期货市场犯罪刑法规制的范畴。当前的证券犯罪刑法理论与司法实务往往没有对操纵证券期货市场犯罪行为的"市场性"要素予以重点关注,从而对于影响证券市场交易价格或者交易量的行为都倾向于认定为操纵证券期货市场犯罪行为。

应当承认,交易价格与交易量是证券交易的核心指标,是指导资本市场投资者参与证券交易的两大重要指标。其中,证券价格的变动更是直接影响着投资者的收益或损失。随着我国经济和科学技术的发展,网络技术在社会生活的各个领域已经被广泛使用,一些不法分子利用计算机以及网络技术进行各种犯罪活动日趋增多。尤其是在证券期货等金融领域,由于金融活动直接以产生经济效率为核心,通过网络犯罪侵害证券交易秩序,可以从中谋取巨额利益,不少具有信息网络技术背景的犯罪分子,逐渐倾向于利用网络犯罪实现在证券交易上谋取巨额利润。由于这种类型的犯罪案件具有网络犯罪与证券犯罪互为交织的特点,造成司法实践中较难认定通过网络犯罪影响证券交易价格行为。

典型案例表现为:被告人赵喆受过电子专业的高等教育,具有多年从事证券交易的经历,谙熟证券交易的电脑操作程序。1999 年 3 月 31 日下午,被告人赵喆在三亚中亚信托投资公司上海新闸路证券交易营业部(以下简称"三亚中亚上证")营业厅,通过小厅内电脑终端非法侵入三亚中亚上证计算机信息系统,当发现该系统的委托报盘数据库未设置密码后,即萌生修改计算机中委托报盘的数据,拉高"兴业房产"股票价格,以使自己所持有的 7800 股"兴业房业"股票得以抛售获利的念头。同时,被告人赵喆又决意采用相同手法提高"莲花味精"股票价格,并示意股民高春修购进"莲花味精"股票,以达到自我炫耀的目的。4 月 15 日,被告人赵喆在三亚中亚上证再次侵入该计算机信息系统,复制了委托报盘数据库进行了修改试验,获得成功。4 月 16 日中午股市午间休市时,被告人赵喆在上述地点将三亚中亚上证尚未向证券交易所发送的周某等五位股民委托买卖其他股票的报盘数据内容全部修改成委托买入"兴业房产"股票和"莲花味精"股票共计 497.93 万股。两种股票的价格也分别改成以前日收盘价格各上升百分之十的涨停价位,即 10.93 元和 12.98 元。当日下午股市开盘时,当上述被修改的委托数据被发送到证券交易所后,引起"兴业房产"和"莲花味精"两种股票的交易量和交易价格出现了非正常波动,造成三亚中亚上证需支付 6000 余万元资金,以涨停价或接近涨停价的价格如数买入了该两种股票,致使三亚中亚上证因一时无法支付巨额资金而被迫平仓,经济损失达 295 万余元。被告人赵喆却乘机以涨停价抛售了其在天津市国际投资公司上海证券业务部账户上的 7800 股"兴业房产"股票,获利 7277.01 元。股民高春修及其代理人王琦华也将受被告人示意买入的 8.9 万股"莲花味精"股票抛出,获利共计 8.4 万余元。检察院以操纵证券交易价格罪提起公诉,法院也以此罪对行为人定罪量刑。法院认为,赵喆身为证券行业从业人员,理当自觉执行证券管理制度、维护证券交易秩序,但其为了使自己和朋友所持的股票得以高价抛售,从中获取非法利益,竟利用修改计算机信息系统存储数据的方法,人为地操纵股票价格,扰乱股市交易秩序,给三亚营业部造成巨大经济损失,情节严重。赵喆的行为构成操纵证券交易价格罪,最终被判处有期徒刑 3 年,并处罚金 1 万元;赵喆赔偿三亚信托上海新闸路证券交易营业部经济损失约 250 万元;追缴赵喆的违法所得 7000 余元,予以没收。[1]

对于如何认定赵喆非法侵入证券公司计算机信息系统、修改数据信息并以此影响证券交易价格并从中谋取利益的行为,刑法理论与司法实务中存在较大的认识分歧:

第一种意见认为,赵喆的行为不构成犯罪。《刑法》第 182 条操纵证券市场罪的规定,操纵证券期货市场犯罪行为是指连续交易、自我交易、相对委托等操纵行为,刑法条文规定的"其他方法"操纵证券市场,应当与

---

〔1〕上海市静安区人民法院刑事判决书(1999)静刑初字第 211 号。

这三种操纵行为相类似。而赵喆利用其掌握的计算机知识,非法侵入证券公司的电脑报价系统,对系统中存储的股票委托买卖信息等数据进行修改,致使该系统将虚假、错误的信息传送至上海证券交易所,造成有关股票的价格异常波动,显然与刑法条文明确规定的操纵证券市场行为存在明显差异,故不能认定为操纵证券市场罪。同时,根据《刑法》第287条的规定,利用计算机实施金融诈骗、盗窃、贪污、挪用公款、窃取国家秘密或者其他犯罪的,依照本法有关规定定罪处罚。因此,赵喆虽然实施了破坏计算机信息系统的行为,但由于刑法条文明确规定这种行为的性质应当根据其意图实施的金融犯罪等其他犯罪的法律规定进行评价,故赵喆不构成任何形式的犯罪。

第二种意见认为,赵喆的行为构成操纵证券市场罪。因为,立法机关在制定操纵证券市场罪时,虽然已明文规定了三种操纵证券期货市场犯罪的客观行为,但基于社会和经济的发展,犯罪的手法千变万化,立法时不可能予以穷尽,故在列举了三项具体操纵行为后又规定了"以其他方法"操纵证券市场的刑法"兜底条款",以司法实践根据案件的具体情况予以适用。利用网络技术修改证券公司计算机信息系统中存储的报盘数据,抬高股票价格以获利的行为,完全可以认定为"以其他方法"操纵证券市场。这实际上就是信息网络时代操纵证券期货市场犯罪行为的最新发展趋势。本案中,被告人赵喆以非法获取证券交易盈利为目的,采用侵入证券公司计算机信息系统、修改数据的方法操纵证券交易价格,并引起证券交易价格的异动,侵害证券市场正常的交易机制与管理秩序,应当构成操纵证券市场罪。

第三种意见认为,赵喆的行为构成破坏计算机信息系统罪。赵喆实施了侵入证券公司计算机信息系统的行为,并通过修改证券公司信息系统数据影响证券交易价格,客观上扰乱了证券市场交易秩序,但由于刑法条文没有明确将这种行为类型化为操纵证券期货市场犯罪,故不能以《刑法》第182条进行法律评价。但是,赵喆非法侵入计算机信息系统并修改数据信息的行为,不仅非法谋取了经济利益,而且造成证券公司巨额经济损失,危害后果严重,按照《刑法》第286条第2款以及最新危害计算机信息系统安全犯罪司法解释的规定,应当以破坏计算机信息系统罪追究刑事责任。

应当看到,上述案例是利用计算机信息技术非法侵入证券公司并严重影响证券交易价格的网络犯罪与证券期货犯罪结合的一种典型表现。笔者主张应当以破坏计算机信息系统罪认定非法侵入证券报价系统并影响交易价格行为的犯罪性质。通过对本案的细致分析,不仅有利于明确如何根据网络犯罪与证券犯罪的罪质特征辨识利用计算机实施相关犯罪的法律性质,更为重要的是,本案的刑法解释能够在理论上明确操纵证券期货市场犯罪行为的"市场性"要素。

对于上述案件的定性问题,实践中有观点认为,利用修改计算机信息系统存储数据的方法,人为地操纵股票价格,情节严重的行为,应当认定为操纵证券市场罪的"兜底"行为模式,即以其他方式操纵证券市场的行为。对此,笔者认为,这一观点不仅没有以正确的方法解释刑法"兜底"条款,而且错误地理解了证券犯罪与网络犯罪的本质界限。证券犯罪属于典型的法定犯,与自然犯具有显著且本质的差异。刑法理论一般认为,法定犯是指违反行政法规中的禁止性规范,并由行政法规中的刑事罚则所规定的犯罪。[1] 法定犯的本质特征在于其不受道德价值与普适观念的桎梏进行评价。而自然犯是指一般人根据道德观念进行判断,就可知其为犯罪应予惩罚,而无需根据刑法规范进行评价的犯罪行为。

作为证券犯罪的一种重要类型,操纵证券市场罪法定犯的类型性特征决定了其犯罪行为的内容与结构必须受到罪质特征的严格制约。操纵证券市场罪的罪质特征表现为通过法律所禁止的资本市场行为严重影响证券交易价格或交易量。因此,操纵证券期货市场犯罪行为必须是一种资本市场的操作行为,其可以表现为交易行为,也可以是在资本市场上发表与证券有关的评论、意见或者发布消息。无论其具体形式如何表征,都应当具有市场行为的根本属性,完全不具有市场行为特征的行为,是不能以操纵证券市场的法律规范进行评价的。在某些特定情形下,资本市场中的操作行为之所以被法律规定为市场操纵等违规、违法或者犯罪,并不在于使用资金购买证券或者使用证券进行抛售的行为本身,而在于这种

---

〔1〕苏惠渔:《刑法学》,中国政法大学出版社1997年版,第79页。

市场行为的时间、方式、对象、数量等要素中的一部或全部对证券市场制造了不允许的风险,因而为法律所禁止。

分析被告人赵喆的行为,我们可以清楚地看到,非法侵入证券公司信息系统并修改证券交易申报数据的行为,完全不具有资本市场操作行为的性质,而是一种破坏行为,即在未经证券公司同意的情况下,更改委托交易指令。侵入证券公司信息系统并修改数据,客观上虽然具有影响特定证券交易量与交易价格的效果,但由于其行为本身并不具有市场行为的性质,即不具备"市场性"要素,故不能评价为对证券市场的操纵。所以,本案中的被告人赵喆的行为不符合"以其他方法操纵证券市场"的特征,不构成操纵证券市场罪。

我国刑法第 287 条规定:利用计算机实施金融诈骗、盗窃、贪污、挪用公款、窃取国家秘密或者其他犯罪的,依照本法有关规定定罪处罚。基于此,实践中有观点认为,行为人非法使用信息网络技术,通过危害计算机信息系统的行为,实施金融犯罪行为的,应当直接根据金融犯罪的相关罪名确定涉案行为的犯罪性质。按照这种观点,本案中被告人赵喆的行为实际上就是利用计算机实施影响证券交易价格与交易量的行为,应当根据刑法第 287 条的明确规定,以相关金融犯罪的罪名,即操纵证券市场罪确定犯罪性质。

笔者并不同意这种看法,因为其误解了刑法第 287 条的应有之义。适用该条刑法规范的前提应当建立在以下基础之上——行为人利用网络技术实施的犯罪行为本身符合相关证券期货犯罪的构成要件而不符合非法侵入计算机信息系统罪、破坏计算机信息系统罪等网络犯罪的构成要件。按照前文所述,非法侵入证券公司计算机信息系统,通过修改证券交易数据影响证券交易价格的方式谋取非法交易利润,并不符合操纵证券市场罪的行为特征。所以,本案中被告人赵喆的行为不具有适用刑法第 287 条的法律前提。

根据刑法第 286 条第 2 款的规定,违反国家规定,对计算机信息系统中存储、处理或者传输的数据和应用程序进行删除、修改、增加的操作,后果严重的,依照前款的规定处罚。本案中,被告人赵喆违法侵入金融机构的计算机信息系统,对金融机构从事证券交易的委托交易指令进行修改,不仅造成证券公司巨额亏损,而且使得其本人以及他人非法获利。但是,由于司法实践中在相当长的一段时间内没有破坏计算机信息系统罪"后果严重"的认定标准,造成司法机关很难量化评估破坏计算机信息系统罪的危害结果,其实践结果便是鲜有犯罪行为以破坏计算机信息系统罪定罪处罚。2011 年最高人民法院、最高人民检察院联合发布的《关于办理危害计算机信息系统安全刑事案件应用法律若干问题的解释》(以下简称《危害信息系统安全犯罪解释》)对上述问题进行了细化规定,不仅从计算机信息系统受到破坏的程度量化评估网络犯罪行为的社会危害性,而且从非法经济利益、危害金融信息系统的角度设置了犯罪后果的量化评价标准,有效地解决了网络犯罪司法实践中的棘手问题。根据《危害信息系统安全犯罪解释》第 4 条的规定,破坏计算机信息系统功能、数据或者应用程序,违法所得五千元以上或者造成经济损失一万元以上的,或者造成其他严重后果的,应当认定为"后果严重";根据《危害信息系统安全犯罪解释》第 5 条的规定,破坏国家机关或者金融、电信、交通、教育、医疗、能源等领域提供公共服务的计算机信息系统的功能、数据或者应用程序,致使生产、生活受到严重影响或者造成恶劣社会影响的,应当认定为"后果特别严重"。

上述案例中,被告人赵喆非法进入证券公司报价系统并影响证券交易价格的行为,由于其行为内容根本不属于资本市场中的操作行为(既没有从事具有操纵性质的证券交易行为,也没有通过散布证券市场虚假信息扰乱证券市场),不能以反市场操纵犯罪条款予以评价。虽然没有造成证券公司计算机信息系统的主要软件或者硬件不能正常运行,也没有造成大量的计算机信息系统数据被非法修改,但其不仅非法获取了经济利益,而且造成金融机构的经营活动受到严重影响,进而造成 295 万余元的经济损失,应当被评价为"后果特别严重"。所以,本案以破坏计算机信息系统罪定性更为合理。

(三)操纵证券期货市场犯罪的行为主体

刑法第 182 条操纵证券市场罪没有对本罪的犯罪主体进行任何形式的限制,故操纵证券市场罪的犯罪主体显然是一般主体,即任何自然人或单位实施操纵证券市场的行为,均可认定为市场操纵犯罪的主体。也正因为如此,刑法理论通常极少对本罪的犯罪主体展开进一步的分析。

但是,我们应当看到,由于实施操纵证券市场行为建立在拥有资金以及证券、期货交易账户的条件之上,因此,司法实践中认定操纵证券市场罪的行为主体应当从资金与账户的角度注意以下两个要点:其一,基金、信托、保险等大额资金的管理人或受托人可以成为操纵证券市场罪的主体。也就是说,资金管理人或者受托人等行为主体,以投资基金、社保基金、保险品种、企业年金、信托计划、投资理财计划等资金实施操纵行为的,应当认定管理人或受托人等为市场操纵犯罪的主体。其二,利用他人账户通过非法交易行为操纵证券市场的,实际利用账户者应当认定为市场操纵犯罪的主体。实践中,下列实际控制账户行为人应当认定为本罪的犯罪主体:(1)行为人直接或者间接提供证券供他人卖出,或者提供资金供他人购买证券、期货合约,并且相关证券交易的利益或者损失,全部或者部分归属于该行为人;(2)行为人对他人持有的证券具有管理、使用和处分的权益。

同时,我们还应当看到,由于实施操纵证券期货市场犯罪通常需要具备相当强度的资金、信息等资源优势,而对证券、信托、保险、基金等公司作为主要从事证券业务的金融单位而言,相对自然人而言一般更有条件具备资金、信息等资源优势,所以,单位实施操纵证券市场违法犯罪案件在国外证券期货犯罪司法实践中占据了相当比例。尽管我国反市场操纵犯罪司法实践中目前为止仅有"中科创业"、汪建中市场操纵案件中的极少数的单位构成操纵证券、期货市场犯罪,但随着我国反市场操纵犯罪立法与司法的不断深入,完全可以预期会有更多的单位操纵证券期货市场犯罪案件的出现。因此,在刑法理论上对单位操纵证券期货市场犯罪进行论证具有重要的理论与实践价值。

根据刑法第182条操纵证券市场罪第2款的规定,单位犯前款罪的,对单位判处罚金,并对其直接负责的主管人员和其他直接责任人员,依照前款的规定处罚。根据刑法第30条单位犯罪的法律规定以及1999年最高人民法院《关于审理单位犯罪案件具体应用法律有关问题的解释》的规定,认定单位操纵证券期货市场犯罪应当把握以下两个基本规则:其一,单位操纵证券期货市场犯罪的认定规则。以单位名义操纵证券市场,违法所得归单位所有的,应认定单位为操纵证券期货市场犯罪的主体。个人利用其设立的公司、企业、事业单位操纵证券市场的,或者公司、企业、事业单位设立后以操纵证券市场作为主要活动的,应认定设立公司、企业、事业单位的个人为操纵证券期货市场犯罪的主体。盗用单位名义操纵证券市场的,应认定个人为操纵证券期货市场犯罪的主体。其二,单位操纵证券期货市场犯罪自然人责任主体的认定规则。直接负责的主管人员应当是在单位操纵证券市场中起决定、批准、授意、纵容、指挥等作用的人员,一般是单位的主管负责人,包括法定代表人。其他直接责任人员应当是在单位操纵证券市场中具体实施操纵市场行为并起较大作用的人员,既可以是单位的经营管理人员,也可以是单位的职工,包括聘用、雇佣的人员。

单位操纵证券期货市场犯罪案件中较为疑难的一个问题是,同一证券公司或者金融机构内部的自然人与自然人共同实施操纵证券期货市场犯罪是按照单位犯罪处理还是按照自然人共同犯罪处理。对此,笔者认为,关键要看这些内部人员实施的操纵证券期货市场犯罪行为是否在一个统一单位意志支配之下。单位内部的自然人之间共谋实施与单位无关的市场操纵犯罪,如他们既不是以单位名义进行,违法所得也不归单位所有,这种情况已经完全不存在有所谓单位犯罪问题了,相关内部人员当然可以构成共同操纵证券、期货市场罪。相反,如果这些内部人员实施的市场操纵犯罪行为是在单位的统一意志支配下共同进行,且操纵市场违法所得利润也归单位所有的,就属于单位犯罪,而不能构成共同操纵证券期货市场犯罪。在司法实践中,应当注意避免在承认单位犯罪前提下肯定了单位内部人员可以构成共同犯罪。因为,单位内部的主管人员和其他直接责任人员都是在单位统一意志支配下而实施操纵证券期货市场犯罪的,他们的行为都只是单位整体行为中的一个组成部分。这种犯罪的主体只有一个即是单位。虽然刑法第182条第2款规定了两罚制,单位内部的主管人员和其他直接责任人员也须承担刑事责任,但他们作为自然人本身并非是犯罪主体。也即在成立单位操纵证券期货市场犯罪的情况下,单位中内部人员只能作为单位犯罪的组成部分而并非是操纵证券市场罪的独立犯罪主体,他们之间不存在共同犯罪问题。

实践中更为疑难的问题是如何认定单位与其成员共同实施操纵证券期货市场犯罪行为。通常而言,在单位与自然人共同实施操纵证券期货市场犯罪中,一般是指一个或者数个单位与该单位以外的一个或者数个自然人相勾结而实行的共同犯罪。但是,我们应该看到,在当前操纵证券市场违法犯罪中,单位与其内部成员互相勾结实施犯罪的情况是比较普遍的。例如,某证券公司自营业务部分的从业人员为获取不正当利益,与本公司领导商定利用公司和自己的资金优势,实施联合或者连续买卖的行为,以操纵某一股票的交易价格,获利后由单位和单位中的业务人员双方根据事先的约定按比例分成。对于此案中单位以及单位中的业务人员应如何处理? 刑法理论和实践中有不同意见。

刑法理论上有一种观点认为,单位成员一方面作为单位犯罪的直接责任人员,其行为具有单位犯罪的特征,同时,其具有为自己牟利的目的,其主观方面及其行为均超出了单位犯罪的要素,具有相对独立性,对此可按单位犯罪的共犯处理。[1] 不同意见认为,上述看法一方面认为其行为属于单位犯罪的性质,另一方面又认为由于其具有为自己牟利的目的,具有独立性,可按共犯处理,那么究竟如何处理为好? 而且依该观点,为单位牟利的部分属于单位犯罪,为自己牟利的部分则属于自然人的犯罪,这便人为地割裂了单位犯罪直接负责人员行为的整体性。另外,司法实践中,单位主管人员和其他直接责任人员实施单位犯罪的同时,为自己谋取利益的情况是广泛存在的。这也是单位犯罪中的一种常见现象,如果将这种情况都认定为自然人与单位之间的共同犯罪,是不切实际的。这种处理方式违背了刑法上"禁止重复评价"的原则。[2]

应当认识到,在刑法意义上,所谓单位内部成员是指单位中直接负责的主管人员和其他直接责任人员。正如上文所述,在单位操纵证券期货市场犯罪中,直接负责的主管人员是在单位实施的市场操纵犯罪中起决定、批准、授意、纵容、指挥等作用的人员,一般是单位的主管负责人,包括

---

〔1〕喻伟、聂立泽:《单位犯罪若干问题研究》,载《浙江社会科学》2000年第4期。

〔2〕阴建峰、周如海主编:《共同犯罪适用中疑难问题研究》,吉林人民出版社2001年版,第97页。

法定代表人。其他直接责任人员是在单位市场犯罪中具体实施犯罪并起较大作用的人员,既可以是单位的经营管理人员也可是单位的职工,包括聘任、雇用的人员。但是,由于操纵证券期货市场犯罪是一种组织结构非常复杂的犯罪类型,尤其是在单位犯罪的语境下,市场操纵犯罪涉及单位中的人员也较广,因此在确定相关刑事责任时,我们一定要注意控制一定的范围,把单位内部成员严格控制在单位中直接负责的主管人员和其他直接责任人员,否则就有可能扩大打击面。在单位操纵证券期货市场犯罪案件中,对于受单位指派或奉命而参与实施了一定犯罪行为的人员,例如,受单位领导指派实施了一部分证券交易,一般不宜作为直接责任人员追究刑事责任。

立足于上述基本法理铺垫,笔者认为,单位与其内部成员也可能构成共同操纵证券期货市场犯罪。理由是:在一般情况下,单位内部成员尤其是对单位犯罪负直接责任的主管人员不会与本单位构成共犯,因为单位成员与单位是系统要素与系统整体的关系,单位成员为单位利益所实施的犯罪行为理应理解为是单位整体犯罪行为的组成部分,也即在单位犯罪情况下,单位与其内部成员之间的关系是整体与部分的关系,而不是共同犯罪的关系。尽管如此,我们也应该看到,单位内部的成员并非在所有情况下均不能与本单位构成共犯。单位内部成员的行为虽然有从属于单位整体意志和行为的一面,但也有独立于单位意志和行为的一面,即他们的身份具有双重性:他们既是单位中的成员,服从于单位的整体意志和利益,在此情况下他们是单位的代表者,单位的决策者,他们的思想、意志、行为属于单位;同时他们也是社会生活中独立于单位的个体,具有自己独立的意志和行为,在此情况下,他们的思想、意志、行为仅是自己的。这种身份的双重性直接决定了他们行为本身可能存在的双重性特征——既可能是单位行为的组成部分,又可能是个人的行为。

在操纵证券期货市场犯罪中,有时单位内部的自然人不仅仅是以其单位内部成员的身份而可能是以独立的个人身份与单位共同实施市场操纵犯罪行为,此时,单位内部人员的身份和行为的性质往往具有双重性,他既代表单位实施市场操纵犯罪,属于单位行为的一部分,又代表个人实施市场操纵犯罪行为,且与单位一起分取获得的利益,当然属于个人行为。笔者认为,这种情况就理应属于单位和其内部人员构成的共同操纵证券期货市场犯罪。正是由于单位内部人员这种双重身份的特性,足以表明对单位和其内部人员以共同操纵证券期货市场犯罪处理并没有违背"禁止重复评价"的原则。对其代表单位实施的犯罪行为,按单位犯罪追究其刑事责任,而对其代表个人实施的犯罪行为,则当然应该按自然人犯罪追究其刑事责任。上述认为这样处理方式违背了刑法上"禁止重复评价"原则的观点,实际上是站在对人评价的角度讨论这一问题的,从而得出了这种情况是对一个人作两次评价的结论。但是,事实上刑法中的评价对象主要针对人的行为而并非针对人,正是由于单位中的内部成员所实施的行为中既存在有单位行为也存在有个人行为,因此对同一人的不同行为分别进行评价不仅不是重复评价,相反这完全符合罪责刑相适应的原则。由此可见,单位与其内部成员构成共同操纵证券期货市场犯罪不仅是完全可能的,而且也不违背刑法原则的。

（四）操纵证券期货市场犯罪的主观故意

刑法理论上一般认为,操纵证券市场罪行为人的主观方面表现为故意。认定某一行为是否属于操纵证券市场行为,除了要看行为人是否具体实施了有关法律所规定的操纵行为,还必须查明行为人主观上是否具有操纵证券市场的故意。在早前的刑法理论与司法实务中,对于本罪只能由故意构成一般没有争议,但是对于本罪的构成是否包括间接故意则有不同看法。

有的学者认为,本罪的主观方面只能是故意,而且只能是直接故意。故意内容是:行为人明知自己的行为会发生制造虚假证券、期货交易价格的结果,但为了获取不正当利益或者转嫁风险,希望这一结果发生。本罪的主观目的具有两个层次,第一层次目的是制造虚假证券、期货交易价格;第二层次目的是获取不正当利益或者转嫁风险。第一层次目的是为第二层次目的服务的,即通过制造虚假证券、期货交易价格之目的实现,达到获取不正当利益或者转嫁风险之目的。[1]

有的学者认为,本罪可以由间接故意构成,即通过消极的放任行为

---

[1] 胡启忠等著:《金融犯罪论》,西南财经大学出版社 2001 年版,第 288 页。

（主要指欺骗性沉默）操纵证券交易价格。从司法实践中已发生的案例不难看出,本罪的主观方面是直接的犯罪故意和间接的犯罪故意兼而有之,过失不构成本罪。至于银行及金融机构非法拆借资金给自然人(主要是证券交易大户)和非法炒买炒卖的个人或者单位(包括国家机关、国有公司、企业、事业单位)以及其他所有制性质不同的经营法人实体,上述的这些个人或单位虽然没有直接实施操纵证券市场交易价格的犯罪,但为上述犯罪行为非法提供了巨资,对犯罪行为人或单位的操纵行为及获取非法利益的目的是明知,且采取了一种放任的态度,实质上放任的行为结果是对操纵证券市场交易价格犯罪的帮助,即为该罪的帮助犯。鉴于此,我国对证券市场交易价格犯罪的实行犯进行惩罚,但不能人为地排除对帮助犯的刑罚处罚。只有这样,才能在刑罚上充分地体现主观客观相一致的原则。[1]

2006 年《刑法修正案(六)》修改操纵证券市场罪之前,原刑法第 182 条中设置了"获取不正当利益或者转嫁风险"要件。由于当时刑法理论上对于该要件究竟属于主观目的要件还是客观结果要件存在极大的分歧,直接导致当时的操纵证券、期货交易价格罪难以确定主观内容局限于直接故意还是可以包括间接故意。当时,刑法理论上有观点认为,从字面上分析,这是指操纵证券、期货交易价格行为必须产生的结果,即操纵证券、期货交易价格必须产生"获取不正当利益或者转嫁风险"的结果,否则,就不构成本罪。也就是说,操纵证券、期货交易价格失败,获利不成或转嫁风险失败的,就不能构成操纵证券市场罪了。据此,某些行为人虽然有"对敲"、"自卖自买"等行为,操纵的金额也达到了十多亿,但因这些公司处于一亏再亏的状态,或者操作行为一而再再而三地失败,亏损累累,就不能构成操纵证券、期货交易价格罪。[2] 还有观点指出,从刑法条文对本罪罪状的表述来看,是先规定了行为,紧接着规定了行为的结果,以此逻辑顺序来看,它应是构成本罪客观方面的要件。此外,该条文也没有

---

〔1〕周平:《证券市场犯罪的刑法规范简介》,载《中央政法管理干部学院学报》1998 年第 1 期。

〔2〕参见顾肖荣、张国炎:《证券期货犯罪比较研究》,法律出版社 2003 年版,第 207—208 页。

"为了获取不正当利益或转嫁风险的目的"或者"为了获取不正当利益或转嫁风险"以及"意图获取不正当利益或转嫁风险"的表述。也即从条文的文字表述来看,得不出它是本罪主观目的的结论。如果说上述规定是指主观目的,那么没有产生上述结果,即没有达到目的,同样构成本罪。然而这显然是不符合立法意图的。[1]但是,不同意见认为,从操纵证券、期货交易价格罪的本质看,"获取不正当利益或者转嫁风险"是指行为人的行为目的,而不是指行为的结果。因此,只要行为人以此为目的,实施了刑法所列举的行为,即使操纵证券、期货交易价格行为失败,获利不成或转嫁风险失败,情节严重的,也可构成操纵证券、期货交易价格罪。[2]

　　笔者认为,对于《刑法修正案(六)》之前的操纵证券、期货交易价格罪而言,"获取不正当利益或者转嫁风险"理应属于该罪的主观要件。具体理由是:首先,刑法规定操纵证券、期货交易价格罪的目的是从根本上禁止对证券市场上的垄断,从而最大限度地体现证券市场上的公平、公正、公开原则,为市场竞争创造一个良好的环境。操纵证券、期货交易价格者客观上是否实际获取不正当利益或者转嫁了风险,在许多情况下并不会直接影响其操纵行为对证券市场的实际危害,因为无论如何操纵行为是否获取了利益或者是否转嫁了风险最多也只是行为社会危害性的表现之一,但绝不是全部或主要表现。操纵行为的社会危害性主要应该体现在操纵行为本身对证券、期货价格的操纵程度以及对证券市场正常管理秩序所造成的实际破坏。其次,操纵者是否实际"获取不正当利益或者转嫁风险"与其操纵行为对证券市场的危害并非一定具有必然、对等的联系,也即在证券市场上经常会存在有这种情况,行为人的操纵行为对证券市场破坏相当严重,但是,操纵者实际上却并没有获取不正当利益或者转嫁风险,有些甚至以失败告终。如果将"获取不正当利益或者转嫁风险"作为操纵证券、期货交易价格罪的客观要件对待,对于这种行为就无法以操纵证券、期货交易价格罪加以惩治。再次,世界各国和地区的有关立法

---

　　〔1〕王作富、马民革:《论操纵证券交易价格罪》,载单长宗等主编,《新刑法研究与适用》,人民法院出版社 2000 年版,第 376 页。

　　〔2〕参见顾肖荣、张国炎:《证券期货犯罪比较研究》,法律出版社 2003 年版,第207—208 页。

中，一般没有将"获取不正当利益或者转嫁风险"作为操纵证券、期货交易价格犯罪行为的客观要件，而较多地则规定"以引诱他人参加证券市场交易为目的"是构成操纵犯罪的主观要件。这意味着构成市场操纵犯罪，行为人主观上必须具有制造某一种或数种证券积极交易假象之目的，或具有制造证券市场虚假或误导性表面现象之目的。如果主观上缺乏这种目的，就不能构成本罪。这从一个侧面也说明了将"获取不正当利益或者转嫁风险"作为当时的操纵证券、期货交易价格罪的客观要件并不合理。所以，对于《刑法修正案（六）》之前仍然以"获取不正当利益或者转嫁风险"为主观目的要件的操纵证券、期货交易价格罪而言，由于其属于目的犯，故该罪的主观故意内容显然应当限定于直接故意。

但是，《刑法修正案（六）》明确取消了原刑法第182条规定的"获取不正当利益或者转嫁风险"要件，并经过一系列其他修改，将本罪重新建构为操纵证券市场罪，所以，操纵证券市场罪的主观方面由故意构成，在理论上没有必要进一步辨析本罪的主观故意是否限定于直接故意。对于操纵证券市场罪的司法实践更有价值的问题在于，如何准确认定行为人的操纵故意。这实际上是极为困难的实务问题。在证券交易的实际市场活动中，虽然符合操纵证券交易价格的客观行为很多，但真正作为犯罪处理的却很少，其中非常重要的原因就在于操纵故意难以界定。对于如何认定行为人的操纵故意问题，一些国家的实践中采用交易者提供反证的方法，即如果交易者不能提出没有操纵故意的反证，就可以认定交易者有操纵证券市场行为。至于操纵行为所造成的证券价格的上涨或下跌，则可以从证券交易记录中加以确认。当然在一般情况下，散布上涨消息而自己将手中证券等卖出的，或散布下跌消息而自己却买入某种证券的，基本上可以视为具有谋取行情变动的目的，虚买虚卖或自买自卖等行为本身属于不正常行为，根据这种行为一般就能推定出行为人具有操纵的故意。笔者认为，这种实践操作方案具有较强的合理性。在认定我国证券市场上操纵证券期货市场犯罪行为时，行为人的操纵故意的确定是最为重要的。行为人的操纵故意一般可以通过其行为的不正常性分析加以认定的，也即行为人只要实施了刑法中所列举的有关行为，结合行为人实施行为时的各种情况分析，就可以对其主观故意加以认定。而在某些情况下，我们也可以通过要求行为人提出反证的方法加以确定,如果行为人在实施了有关的不正常行为而又无法证明自己具有合法目的时,我们就可以确定其具有操纵故意。

四、操纵证券期货市场犯罪的司法判断规则优化

针对操纵证券期货市场犯罪情况调查中所反映出的法律适用疑难问题,司法实务部门有必要根据连续交易操纵、相对委托操纵、洗售操纵、抢帽子交易操纵等不同类型的操纵证券期货市场犯罪行为,设计与完善操纵证券期货市场犯罪司法判断规则。

(一)连续交易操纵犯罪司法判断规则

1. 连续交易主体的认定规则

刑法第182条第1款第1项连续交易操纵犯罪条文并未对这种类型的市场操纵犯罪主体设置任何形式条件限制,故证券市场中的自然人或者法人投资者以及证券公司等专业投资机构,均可构成连续交易操纵犯罪的行为主体。当然,刑法第182条规定行为人构成连续交易操纵犯罪可以是单独或者联合两种形式,故有必要对联合操纵行为主体进行进一步的分析。

构成联合性连续交易操纵的两个或者两个以上的行为主体显然必须具有在某一时段内一起买入或卖出某种证券的联合意图。对于如何判断相关行为主体是否存在联合买卖的意图,笔者认为,形式上的联合意图与实质上的一致性行为都可以作为认定联合买卖主观意图的依据。形式上的联合意图是指行为主体之间具有约定或者通过谈判、协商等方式形成决定或协议。实质上的一致行动是指行为主体之间没有具体的决定或协议,但行为主体之间在资金、股权、身份等方面具有关联、控制等一致行动关系。应当看到,实践中联合性连续交易操纵犯罪应当是一种常态,在联合主体结构中,资金提供者或者融资者、证券账户提供者、证券交易操盘者以及交易操纵计划制定与谋划者构成了联合主体中的组成部分。

在连续交易操纵犯罪联合主体结构中,承担不同犯罪分工的行为人在责任认定上具有不同的规则:其一,对于在连续交易操纵犯罪行为中负责形成"资金优势"、"持股优势"的行为主体,即融资或者融券提供者而

言,一方面其操纵犯罪实行行为人本身具有一定的资金、证券,另一方面很大程度上需要外部资金、证券资源的支持与配合。提供连续交易操纵资金、证券者,只有在主观上明知他人具有操纵市场故意,且客观上仍然给予资金或者证券供其进行交易,才构成连续交易操纵犯罪的帮助犯。其二,对于在连续交易操纵犯罪中提供证券账户从而确保相关证券交易可以分散进行从而规避监管与市场关注的行为主体而言,有的表现为提供本人证券账户,有的表现为联系、整合、集中大量"人头账户",不能仅仅根据行为人在主观上是否明知而判断其是否构成连续交易操纵犯罪的行为主体。明知他人连续交易操纵证券市场的现实需要而提供本人账户供其使用,尽管主观上存在故意且客观上提供了帮助行为,但由于连续交易操纵犯罪实际上是真实的证券交易行为,且单个证券账户在操纵账户体系中分担交易数量较少且具有明显的可替代性,并不会直接影响或者人为制造证券市场中的供求关系。因此,从社会危害性的角度分析,偶发性地向连续交易操纵者提供本人证券账户供其操作,可以认定为情节显著轻微、危害不大,而不作为连续交易操纵犯罪的主体进行定罪处罚。但是,明知他人从事连续交易操纵犯罪而向其提供大量证券账户,甚至是证券公司利用机构掌握的大量账户帮助操纵者打散证券交易仓位的,其在连续交易操纵犯罪结构中起到了关键性的帮助作用,应当作为联合操纵主体予以认定。其三,对于根据操纵计划制定者或者谋划者指令具体操盘的行为人而言,应当根据其在联合操纵主体结构中的角色定位判断其是否应当作为责任主体承担市场操纵的刑事责任。对于自然人连续交易操纵主体结构而言,操盘者不存在社会劳动分配意义上或者形式上的工作,而是单纯根据指令发布者的安排进行操盘,完全应当根据其主观上是否知道或者应当知道其实施的是连续交易操纵犯罪中的证券交易操盘行为分析其是否构成共犯结构中的一环。对于机构实施的连续交易操纵犯罪主体结构而言,操盘者实际上是公司、企业员工,形式上具有正当工作人员的身份,实质上也从事部分正当且合法的工作任务,不能仅从主观明知与客观参与的角度直接认定相关员工构成市场操纵犯罪主体。更为合理的判断规则是对操盘者的责任范围进行一定限制,只有全盘知悉连续交易操纵违法犯罪计划并全程参与连续交易操纵中的下单、交易的操盘者,才有必要作为联合性操纵犯罪主体中的责任人员承担市场操纵的刑事责任。

2. 资源优势的认定规则

《刑法》第 182 条第 1 款第 1 项规定的连续交易操纵证券期货市场犯罪中的资金优势应当是指市场操纵者为进行特定证券交易而聚集的资金,相对于相关证券产品中的其他投资者具有数量上的优势。实践中判断涉案市场操纵者是否具有资金优势,可以从以下角度进行分析:(1)行为人在特定交易账户中聚集的资金总量;(2)行为人针对特定证券品种进行交易的资金总量;(3)同期该特定证券品种市场交易总体情况以及其他投资者的交易情况等。连续交易操纵证券期货市场犯罪中的持股优势应当是指市场操纵者持有证券数量相对于特定证券市场与产品中的其他投资者具有数量上的优势。判断涉案市场操纵者是否具有资金优势,可以从以下角度进行分析:(1)特定证券市场流通总量;(2)行为人实际持有证券总量占总流通额的比例;(3)同期特定证券持股情况等。连续交易操纵证券期货市场犯罪的信息优势中所谓的"信息",其外延和内涵显然要比"内幕信息"宽。一般应该指包括任何与证券交易有关的信息,既包括内幕消息,也包括还未公开但已事先知悉的信息;既包括重大信息,也包括其他一般信息;既包括真实的信息,甚至还包括虚假的信息等。[1]

3. 操纵与影响的区分规则

《刑法》第 182 条规定的"操纵"证券交易价格、交易量与"影响"证券交易价格、交易量,在因果关系强度以及刑事证明程度上的要求显然存在显著的差异。"操纵"的因果强度与证明力度必须超过"影响"。《追诉标准二》在行为程度上设置了一定的量化标准,对于连续交易操纵犯罪而言,单独或者合谋,持有或者实际控制证券的流通股份数达到该证券的实际流通股份总量百分之三十以上,且在该证券连续二十个交易日内联合或者连续买卖股份数累计达到该证券同期总成交量百分之三十以上的,构成操纵证券市场罪;对于相对委托操纵犯罪行为而言,与他人串通,以

---

〔1〕参见刘宪权、谢杰:《证券期货犯罪刑法理论与实务》,上海人民出版社 2012 年版,第 366—368 页。

事先约定的时间、价格和方式相互进行证券或者期货合约交易,且在该证券或者期货合约连续二十个交易日内成交量累计达到该证券同期总成交量百分之二十以上的,构成犯罪;对洗售操纵犯罪行为而言,在自己实际控制的账户之间进行证券交易,且在该证券或者期货合约连续二十个交易日内成交量累计达到该证券或者期货合约同期总成交量百分之二十以上的,构成市场操纵犯罪。可见,司法解释纯粹从成交量的角度量化"操纵"与"影响"之间的量度差异,并且将这种强度与要求的差别控制在百分之十的标准。这种客观量度上的差异无法通过技术分析辨别优劣,实际上只是一种政策定位,在证券犯罪刑法理论层面没有必要进行过度的肯定或者批判,但是,笔者认为,"操纵"与"影响"之间的区别,除了从成交量的角度进行理解之外,显然还应当通过委托申报量甚至更为重要的证券交易价格波动之中设定量化指标进行界限区分。同时,除了客观要素上的标准之外,还可以尝试从主观故意程度上区分操纵性故意与影响性故意,从而丰富"操纵"证券交易价格或者交易量与"影响"证券交易价格或者交易量之间的不同衡量与分析标准。

4. 连续交易操纵犯罪故意的认定规则

连续交易操纵犯罪主观上应当由故意构成,即明知单独或者联合实施的连续证券交易行为会产生操纵证券价格或者交易量的危害结果,希望或者放任这种危害结果的发生。但是,这种主观故意的基本原理性概括实际上并不能完全满足连续交易操纵犯罪刑法适用的实践需要。正如前文所述,连续交易操纵犯罪是真实的证券交易,涉嫌市场操纵的行为主体与证券市场中的交易对手方之间产生了有效的证券交易关系,要对这种具有真实交易基础的行为以市场操纵犯罪进行归责,必须在主观故意上予以更为明确的限定。同时,任何证券交易实际上都是形成证券交易价格或者交易量的重要组成部分或者条件,即使连续证券交易行为导致了证券交易价格或者交易量的显著变动,也不应当因此认定这是一种损害结果或者以此认为行为人故意导致这种结果的行为具有违法性。连续交易操纵犯罪行为与相对委托、洗售等操纵犯罪行为具有显著的区别,因为,从行为内容的角度分析,相对委托、洗售等行为本身就是法律所禁止的行为,而连续交易显然应当是证券交易操作中的一种合法且必要的技术,法律全然不应当禁止。因此,从这个角度进行分析,连续交易操纵的主观操纵故意是认定其违法犯罪的核心要素。

因此,笔者认为,尽管刑法第 182 条第 1 款第 1 项并没有对连续交易操纵犯罪的主观目的进行任何明示性的限定,但为了准确区分正常的连续交易投资或者投机行为与连续交易操纵行为,应当对连续交易操纵犯罪的目的进行一定程度的限定与解释,即连续交易操纵者主观上应当具有诱导他人实施相关证券交易或者其他人为控制证券交易价格或者交易量的犯罪目的。

其一,疑似操纵者承认或者通过技术分析从证券交易数据记录中认定疑似操纵者人为制造证券供求关系信号之后吸引了证券市场投资者跟进接盘,操纵者从交易对手中获取了证券交易利润,则可以认为疑似操纵者具有诱导他人从事相关证券交易的目的。

其二,连续交易操纵犯罪通常以诱导他人从事相关证券交易为目的,但实践中显然还包括其他人为控制证券市场的犯罪目的。例如,在上市公司股票质押的情况下,对于出质股票者而言存在着一种质权人行使保全权的风险,即质押股票有可能出现价值减少时,质权人提前处分股票,以所得价款提前清偿所担保的主债权。这种保全处分实际上是由证券交易价格具有极大的市场风险所决定的。根据我国《担保法》第 70 条的规定,股权价值有明显减少的可能,股权价值的减少足以危害到所担保债权的实现,质权人应当通知出质人,并可以要求其提供进一步的担保。如果出质人拒绝提供担保的,质权人可以行使保全权,质权人行使"股票"保全,应当告知证券登记机构,在证券交易所按股票转让的方式进行出售;若行使"出资"保全,应当通知公司,并由公司通知其他股东,其他股东可以有优先购买权,如果其他股东不行使优先购买权,质权人有权变卖或拍卖出质的股权。处分出质股权所得的价金,用来提前清偿所担保的债权,也可以向第三人提存。可见,对于通过股票质押获取贷款的行为人而言,该股票在证券市场中交易价格与其贷款期限稳定性以及股票权利的完整性与可控性等具有密切的关系,有的股票质押人会通过违法的连续交易的方式稳定上市公司股票,从而控制贷款人提前处分股票的风险。因此,对其基于其他人为控制证券交易价格或者交易量的目的而实施连续证券交易的行为,也应当认定其具有操纵证券市场犯罪故意。

其三,如何从客观性的连续交易行为以及相关事实中判断行为人是否具有连续操纵犯罪故意,实际上是一个主观构成要件客观化的分析过程或者规则概括,所以,在行为人能够提出相关客观事实证明其不具有连续交易操纵犯罪故意以及相关市场操纵目的的,应当排除其连续交易行为的市场操纵违法犯罪性质。实践中排除操纵故意的客观类型化事实主要是:(1)基于证券市场供求关系或者其他基于优先买入或卖出证券的需要,以低于当时市场平均申报价格的水平,甚至以涨停或跌停价格进行申报,从而买入或卖出证券;(2)基于上市公司业绩、本人现金实际需要等因素,连续买入或者卖出证券,意图获取交易利润或者套现获取流动资金;(3)基于收购上市公司或者参与公司决策等原因进行提前准备,连续买入上市公司证券;(4)上市公司大股东、实际控制人等在外部力量打压或者做空上市公司证券交易价格,基于维护上市公司股东利益、稳定证券价格等实际需要对上市公司股票进行增持等。

(二)相对委托操纵犯罪司法判断规则

1. 相对委托主体的认定规则

由于相对委托操纵犯罪是与他人串通,以事先约定的时间、价格和方式相互进行证券交易的行为,故从事相对委托交易的行为主体必须是两人或者两人以上,可以均为自然人或者法人,也可以是自然人与法人之间的相互证券交易。

对于同一行为主体控制之下的方向相对且数量、价格、时间等要素进行控制的证券交易如何认定其行为性质,理论上存在不同的认识。刑法理论上有观点认为,如果单一行为主体以不同的名义进行对向性证券交易,意图影响证券市场中的交易价格或者交易量,但没有与他人通谋,显然不存在相对成交的问题,则不能构成任何形式的操纵证券市场犯罪。这实际上是刑法规制操纵证券市场违法犯罪行为的制度漏洞之一。[1]但不同意见认为,相对委托交易操纵犯罪必须是由二人(或机构)通谋进

---

〔1〕参见邵庆平:《论相对委托之规范与强化——从证券操纵禁止之理论基础出发》,载《月旦民商法杂志》2008 年第 3 期。

行相对买卖,才能完成制造虚假供求关系的"记录上的交易"。故相对委托行为主体为必要的共同犯罪,必须由相对委托的买方或卖方共同构成。如果行为人是利用配偶、亲属或他人的账户进行相对买卖的,就要看该被利用的人与行为人之间是否有犯意联络。如果有犯意联络,则构成相对委托;如果没有犯意联络,则仅成立刑法第182条第1款第3项规定的洗售操纵犯罪。[1]

笔者并不同意上述看法,因为其均错误解释了相对委托交易操纵与洗售交易操纵之间的规范关系与操纵类型界限:

其一,相对委托操纵与洗售操纵之间的唯一实质性区别在于行为操作主体结构上的差异。相对委托操纵是数个主体之间进行的虚假证券交易,而洗售操纵是单一主体实际控制下的虚假证券交易。因此,单一行为主体实际控制下的相对证券交易,虽然没有与他人进行共谋或者约定,不能构成相对委托操纵犯罪,但显然不能直接认定其不构成任何形式的市场操纵犯罪。洗售操纵犯罪实际上就是单一行为主体控制之下的相对委托交易,立法上没有刻意强调洗售交易的相对性是基于实际控制主体具有同一性的现实,对此,刑法解释上不能进行机械理解。

其二,不能认为不同行为主体证券账户之间发生的证券交易就是相对委托操纵。相对委托操纵犯罪的相对性不仅体现在证券交易账户的复数性,更为关键的是,相对委托必须是两个或者两个以上行为主体之间经过约定,以事先安排的价格、方向进行反复作价。只有在行为上完全符合这些相对性特征,相关行为主体才能够认定为相对委托操纵犯罪主体。操纵者在家人、亲属、朋友、公司员工等明知的情况下,利用他们的证券账户从事相互之间的证券买卖,并不意味着操纵者与这些提供账户的主体之间以约定的价格、数量、方式等相互进行证券交易。在实践中,提供这些账户的主体通常都不会实际参与仟何与操纵者有关的证券交易。因此,不能以提供账户者明知操纵行为而将其认定为相对委托操纵,不明知的认定为洗售操纵犯罪。正确的规则是,明知操纵者使用或者控制其证

---

〔1〕参见于莹:《论以虚伪交易方式操纵证券市场》,载《国家检察官学院学报》2003年第5期。

券账户是为了操纵证券市场仍然将自己的账户供其使用的，应当认定为洗售操纵；如果提供账户之后进一步与操纵者约定，以特定的时间、价格、数量相互进行证券交易并实际实施这些操作的，应当认定为相对委托操纵。

2. 事先约定相互交易行为的认定规则

在《刑法》第 182 条已经明确规定相对委托操纵犯罪应当在时间、价格、方式等要素上进行事先约定的情况下，司法实践中显然不能对规范的直观意思进行"折扣性"理解。相对委托操纵犯罪中的事先约定要素至少要在时间、价格、方式等核心内容上进行整体谋划。同时，《刑法》第 182 条第 1 款第 2 项使用的是"证券交易"的规范表述，这意味着证券交易可以是委托申报，也可以是实际买卖成交，而委托申报显然存在没有实际成交的可能性，因此，相对委托操纵完全可以通过没有实际成交的方式进行。但需要注意的是，并不能就此认定被中断的相对委托交易可以构成操纵犯罪。因为相对委托操纵犯罪的社会危害性集中表现为虚假证券交易行为对证券期货市场制造虚假的证券供求关系信号，而被市场中的其他投资者中断的相对委托交易，意味着一方提出的委托申报并未与事先约定的一方进行成交，而是与市场中没有操纵意图的投资者提出的申报完成了撮合交易。在这种情况下，意图进行相对委托操纵一方提出的申报价格已经被市场所认可与执行，相关证券交易记录代表着市场投资者对相关证券交易价格的确认，因此，就该笔证券交易而言，其制造的证券价格信号并不完全偏离真实的市场价格发现机制，不应当计入对证券期货市场非法控制影响的因果关系之中，也就不能将该笔证券交易的性质认定为相对委托。

3. 相对委托犯罪故意的认定规则

相对委托操纵犯罪主观上显然应当由故意构成，其故意内容应当是明知以事先约定的价格、方式、时间相互进行证券交易的行为会影响证券交易价格或者交易量，希望或放任这种证券市场或者特定证券价量指标受到操纵的危害结果的发生。

刑法理论上一种比较有代表性的观点认为，相对委托的行为人在主观上必须有抬高或压低集中交易市场证券交易价格的故意，至于价格的高低,应指自由证券市场中由价值规律及供需关系所决定的有价证券的价位,而非该上市公司的净值,而且相对委托交易操纵还应包括诱使他人进行交易的故意。[1] 相对委托交易的行为人主观上应当具有抬高或压低集中交易市场某种有价证券交易价格的意图,即违反以供需关系为基础的有价证券市场价格形成法则,以不当的人为操作介入,使该有价证券价格进行不正常的变动。[2] 但是,由于我国《刑法修正案(六)》已经明确删除了操纵证券市场罪获取利益或者规避损失要件,故犯罪目的实际上并非相对委托操纵犯罪应当予以证明的构成要件。同时,从有利案件分析的角度来看,在反市场操纵案件查处过程中对相对委托交易意图诱导投资者跟进进行推断,有助于高效地定位疑似操纵犯罪行为或者行为人,但在刑事追诉过程中,控方实际上没有必要承担相对委托交易意图诱导投资者买卖证券的证明责任。

需要注意的是,由于相对委托是经过串通与事先约定的交易型操纵,这种市场操纵犯罪的主观故意内容应当包括共同操纵故意。所谓共同操纵故意,就是各共同操纵证券市场的犯罪人认识到他们的共同操纵犯罪行为和由此行为会引发的影响证券市场的危害结果,并希望或者放任这种危害结果发生的心理态度。

共同操纵故意内容包括两个方面:其一,认识因素,主要包括各共同犯罪人认识到自己与他人互相配合共同实施了市场操纵犯罪;各共同犯罪人认识到自己的行为性质,并且认识到其他共同犯罪行为人的行为性质;各共同犯罪人概括地预见到共同危害行为与共同危害结果之间的因果关系,即认识到自己的行为引起的结果以及共同犯罪行为会引起的危害结果。其二,意志因素,即共同市场操纵犯罪人希望或者放任自己的行为引起的结果和共同犯罪行为会发生的危害结果。刑法理论上认为,共同犯罪人的共同意志具有二种形态:(1)共同的直接故意。即各共同犯罪人对共同犯罪行为会发生危害社会的结果都抱着希望的

---

〔1〕参见于莹:《论以虚伪交易方式操纵证券市场》,载《国家检察官学院学报》2003年第5期。
〔2〕参见林国全:《操纵行为之案例分析》,载《证券暨期货月刊》2004年第12期。

态度。（2）共同的间接故意。即各共同犯罪人对共同犯罪行为会发生危害社会的结果都抱着放任的态度。（3）一方直接故意与另一方间接故意。即参与共同犯罪活动的一部分人对共同犯罪行为会发生危害社会的结果持希望其发生的态度，而另一部分人则持放任其发生的态度，由此构成共同犯罪。

虽然共同操纵故意在刑法理论上一个非常清晰的概念，但在实践中正确认定行为人实施相对委托共同操纵故意则并非易事。因为，在证券市场上受"趋利避害"大众心理的影响，大量存在着所谓"羊群效应"，即一旦行情波动，会出现大量的追随者"随波逐流"。对于这些没有共同故意而参与随波逐流者，即使其从事的证券交易与操纵者之间反向相反且数量相应，但其显然不能以相对委托操纵证券市场罪的共犯加以认定，因为操纵者与这些随波逐流者之间并不存在串通以及实现的约定。实践中有观点认为，对这种情况提出可以按照"片面合意"的理论加以处理，也即对那些追随者以"片面共犯"认定，追究其共同犯罪的刑事责任。因为，他们在追随操纵行为时，已经完全理解了操纵者的故意内容和行为的性质，并在此基础上将自己的故意和行为融入操纵者的故意和行为之中，客观上对操纵行为起着推波助澜的作用，对追随者按共犯认定和处理完全可以说得过去。

笔者并不同意这种意见。尽管在我国刑法理论中存在"片面共犯"的理论，但其不能简单地用在操纵证券市场犯罪的认定之中，尤其不能适用于相对委托操纵犯罪。根据我国刑法第 182 条第 1 款第 2 项的规定，作为操纵证券市场罪的相对委托理应具有"串通"、"事先约定"等反映共同故意的行为。也即如果追随者没有实施与操纵者"串通"、"事先约定"等行为，尽管客观上可能对操纵行为起到推波助澜的作用，但由于缺乏刑法对相对委托操纵证券市场犯罪中有关故意内容与意思联络的特别要求，就不能构成单独犯罪，也不能以"片面共犯"原理对市场操纵的追随者以操纵行为的共犯认定。由此可见，实务部门在认定相对委托操纵犯罪案件时，分析行为人之间是否具有"串通"、"事先约定"等犯罪合意是关键所在，必须根据行为主体及其相关证券账户中的异常交易行为辨识其是否存在"串通"、"事先约定"的故意。

（三）洗售操纵犯罪司法判断规则

1. 洗售主体的认定规则

由于刑法没有对操纵证券市场犯罪的主体进行任何形式的限制，故构成洗售操纵犯罪的主体可以是证券市场中的自然人、法人投资者（投机者）、机构投资者、证券公司等所有能够开立账户并从事证券交易的自然人或者机构。但是，需要特别强调的是，由于存在共同犯罪的问题，洗售操纵犯罪的行为主体可以由两个或者两个以上的自然人或者法人构成，但从事洗售交易的相关证券账户的实际控制人只能是单数。如果相关账户由复数实际控制人进行操作与控制，则相关交易就不能称之为洗售操纵，相关实际控制人显然就不能成为这种操纵犯罪形式的行为主体。

当然，从刑法规制的角度分析洗售操纵犯罪的行为主体，首先应当重点考察实际控制相关证券账户并通过相关证券交易在这些账户中买入或者卖出证券的操纵者。其可以通过本人直接从事操作的方式实施相关证券的买入或者卖出，也可以雇佣交易员的方式通过发布交易指令控制相关证券在控制账户之间的流动。通常情况下，全程接受操纵者指令进行相关证券交易操作或者知悉操纵者控制相关特定证券市场完整信息的交易员，应当作为洗售操纵犯罪的行为主体接受刑法对其实施具体操作行为的评价。当然，临时性地接受操纵者指令或者受雇于操纵者，间歇性、片段性地实施一部分相关实际控制证券账户之间的证券转移操作，并没有全程或者深度参与整个洗售操纵实施环节的交易员，不应当作为犯罪处理。

无论是自然人投资者还是机构投资者，其从事证券交易的基础在于开立证券账户，由于在我国只有证券交易所的会员才具有证券交易资格，故所有自然人和法人都必须在证券交易所会员处开立证券账户，而证券经纪公司为自然人和法人投资者提供证券账户并代理其从事相关证券交易的机构。证券经纪公司明知相关自然人或者法人在实际控制的多个账户之间从事证券交易，仍然提供相关经纪服务的，显然可以构成洗售操纵犯罪的行为主体。但是，由于接受客户委托从事相关证券交易本质上就是对相关证券账户的控制，问题便随之而来——对于证券经纪公司在其系统中对于其实际控制或者代理的证券账户进行配对，在内部进行撮合之后提交证券交易所完成交易,在这种情况下,能否认定证券经纪公司属于从事洗售交易行为从而构成市场操纵犯罪的行为主体?

这种证券经纪公司在本公司的系统中对由其实际控制的账户进行内部配对交易,在证券交易实践中被称作"黑池"(dark pool)交易,即一种内部的电子化证券交易,通常由投资银行及证券公司创立及营运,其客户目前以机构投资者为主,股票交易会首先在会员之间自动对盘,剩下的余数才连接上交易所寻找承接。[1] 应当看到,如果对刑法第182条洗售操纵犯罪条款进行形式分析,此类"黑池"交易完全符合"在自己实际控制的账户之间进行证券交易"的行为特征,从这个层面理解,开辟"黑池"交易平台的证券公司、投资银行等显然应当构成洗售操纵犯罪的行为主体。但是,从实质角度进行分析,开辟"黑池"交易平台的证券公司不仅没有操纵证券市场的主观意图,而且不可能向证券市场人为制造行情或者传递与证券交易有关的市场信号。因为"黑池"交易平台的开发本身就是在证券交易量不大、流动性缺乏的情况下,为证券投资者提供的一种全新的流动性来源。同时,由于"黑池"的主要参与对象是进行大宗交易的机构投资者,可以将其理解为重要客户的私人交易场所,交易量一般在1万股股票以上。巨额交易如果直接在证券交易所公开进行,可能会对市场价格产生显著影响。但若通过"黑池"进行,买卖盘不用挂出,就不会引发市场震动,不仅对投资者提供了买入或者卖出信息控制的可能性,而且避免了大额交割证券行为对于市场的影响。[2] 可见,证券公司在其控制的经纪账户之间进行自动对盘的过程,是一种内部流动性充分挖掘的交易类型创新,证券买卖以至成交价都不需要向交易所及公众披露,与洗售操纵犯罪人为控制证券市场供求关系或者人为制造特定证券的交易价格或者交易量存在显著的区别,所以,证券公司、投资银行等开辟"黑池"交易平台的机构不应当成为洗售操纵犯罪的行为主体。

此外,对于洗售操纵犯罪行为主体认定,还需要注意的问题在于如何

〔1〕Jatin Suryawanshi & John Fox, Shedding Light on Dark Liquidity, Insititutional Investor Journals, 2007, No.1, pp.22-27.

〔2〕吴成良:《"黑池"交易需要阳光》,载《人民日报》2011年5月20日。

认定"人头账户"提供者。在操纵证券市场犯罪司法实践中,"人头账户"是指行为人通过非法借用、盗用、购买等方式实际控制却不是名义持有人的证券账户。在相关证券账户实际控制人通过"人头账户"进行洗售交易的案件中,"人头账户"的实际控制人显然构成洗售操纵犯罪的行为主体,账户被盗用的名义持有人显然不能认定为洗售操纵犯罪的行为主体,但非法出借或者非法转让证券账户的行为人能否以共犯的身份构成洗售操纵犯罪的行为主体,实践中不无疑问。对此,笔者认为,仍然应当坚持以共同犯罪主观意思联络原理为基础认定非法出借或者非法转让证券账户者是否构成洗售操纵的主体。根据《证券法》第 80 条、208 条的规定,禁止法人非法利用他人账户从事证券交易;禁止法人出借自己或者他人的证券账户。违反本法规定,法人以他人名义设立账户或者利用他人账户买卖证券的,责令改正,没收违法所得,并处以违法所得一倍以上五倍以下的罚款;没有违法所得或者违法所得不足三万元的,处以三万元以上三十万元以下的罚款。对直接负责的主管人员和其他直接责任人员给予警告,并处以三万元以上十万元以下的罚款。证券公司为前款规定的违法行为提供自己或者他人的证券交易账户的,除依照前款的规定处罚外,还应当撤销直接负责的主管人员和其他直接责任人员的任职资格或者证券从业资格。可见,法人非法出借甚至出让自己的账户本身就是一种性质严重的证券行政违法行为,但即使其出借或者出让的证券账户客观上被他人用作洗售操纵犯罪,只要没有证据表明其明知操纵者具有实施操纵犯罪行为,就不能认定其与操纵者之间形成共犯关系。同时,尽管《证券法》没有明确规定自然人出借或者出让证券账户构成行政违法而应当受到行政处罚,但如果自然人明知相关操纵者借用或者购买其提供的证券账户就是为了进行洗售交易违法犯罪活动,则可以认定两者之间构成共犯关系,账户提供者也可以成为洗售操纵犯罪的行为主体。所以,无论是自然人还是法人,其明知他人实施操纵犯罪而提供"人头账户"的,应当认定账户提供者与实际操纵者之间具有操纵犯罪的疑似联络,构成共犯;如果没有证据证明共犯关系的,提供证券账户的法人构成证券违法接受行政处罚。

2. 在自己实际控制的账户之间进行交易的认定规则

构成洗售操纵犯罪的前提在于涉嫌操纵的相关证券交易行为发生在行为人实际控制的账户之间。对于如何认定实际控制的问题,证券法、刑法理论与司法实务都没有进行深入的分析与论证。理论上甚至有观点完全否认操纵者可以实际控制证券账户。例如,有学者认为,根据现有的证券交易技术与规范,投资者必须通过在证券经纪公司开立的账户进行证券交易,其交易过程实际上是委托证券经纪公司进行的,直接实施证券交易的主体是作为代理人的证券经纪公司。因此,即使存在洗售交易的情况,相关证券交易仍然是处于证券经纪公司的控制之下。同时,由于证券交易市场中从事相关证券交易的投资者众多,无法证明操纵者实际控制账户的交易实际上是针对同一笔证券进行的,事实上也不太可能存在某个实际控制账户卖出的股票就是其他实际控制账户买入的股票。所谓实际控制的状况至多存在于流动性极低的证券交易情形。[1] 这便进一步加深了理解实际控制概念的困惑与难度。

从国外的法律规定来看,与我国洗售操纵犯罪法律规制最为接近的是美国《证券交易法》的规定,当然,其使用的是"实质所有权"的表述,即禁止行为人实施不转移证券实质所有权的证券交易,但是,正如前文所述,所谓证券"实质所有权",应当是指基于协议、约定、持股等安排而对于证券具有实际控制权,或者当下、不久的将来能够将证券登记转让至本人账户,或者以配偶、未成年子女、配偶父母等人的名义或账户持有证券。因此,我国法律规定中的"实际控制"概念与美国法律规定中的"实质所有"概念基本相同,但由于我国民事法律规范中只有所有权的概念,没有实质所有权的规范表述,加之美国《证券交易法》也没有对如何认定"实质所有"进行明确的阐释,故国外的立法经验实际上无法为我们分析"实际控制"提供借鉴与参考。

笔者认为,即使在当前证券市场网络竞价技术的情况下,显然也应当肯定行为主体能够通过一定的交易技术在其实际控制的账户之间从事证券交易。根据我国证券市场现有的交易规则,证券交易采取集合竞价与连续竞价相结合的方式进行。根据证券交易所的交易规则,开盘与收盘

---

〔1〕参见赖英照:《证券交易法逐条释义》(第4册),台湾三民书局1991年版,第502页。

阶段采用集合竞价,即输入计算机主机的所有价格都是平等的,不需要按照时间优先和价格优先的原则交易,而是按最大成交量的原则来定出股票的价位,这个价位成为集合竞价的价位。可见,集合竞价形成的基准价格应当满足以下 3 个条件:成交量最大;高于基准价格的买入申报和低于基准价格的卖出申报全部满足(成交)。与基准价格相同的买卖双方中有一方申报全部满足(成交)。满足上述条件,该基准价格即被确定为成交价格,集合竞价方式产生成交价格的全部过程,完全由电脑交易系统进行程序化处理,将处理后所产生的成交价格显示出来。在实践中,由于券商或基金重仓持有特定证券,可能有在高位进行巨量对倒的现象,完全可以在集合竞价阶段在实际控制的账户之内巨量对倒操纵价格。[1] 集合竞价结束后,证券交易所开始当天的正式交易,交易系统按照价格优先、时间优先的原则,确定每笔证券交易的具体价格,这就是连续竞价交易。价格优先原则表现为:价格较高的买进申报优先于较低的买进申报,价格较低的卖出申报优先于较高的卖出申报。即价格最高的买方报价与价格最低的卖方报价优先于其他一切报价成交。时间优先原则表现为:同价位申报,依照申报时序决定优先顺序。电脑申报竞价时,按计算机主机接受的时间顺序排列;书面申报竞价时,按证券经纪商接到书面凭证的顺序排列。与上述集合竞价类似,在连续竞价操纵中,操纵者根据时间优先、价格优先的规则,完全能够在特定的交易时间里以事前策略预定的价格在实际控制的账户中实现对倒。因此,理论上认为现有网络交易条件下行为主体难以或者只能在流动性极低的盘面与实际控制的证券账户之间进行对倒,显然是不正确的。

更为重要的是,在洗售操纵犯罪语境下对实际控制证券账户展开分析,应当从实质内容与形式关系进行双层次的理解。从实质内容的视角分析,实际控制显然就是对证券账户排他性的使用、收益、管理、处分的权利,这与民法上的所有权概念实际上并不存在任何实质差异,因此,这种实质内容的理解只能是对实际控制的概念性把握,而不能直接指导反市

---

〔1〕参见孙有发:《基于集合竞价算法的股价短线操纵研究》,载《统计与决策》2011 年第 4 期。

场操纵犯罪司法实践具体判断相关证券账户是否受到操纵者的实际控制。刑法理论关键是要阐明在什么样的形式化联系下,可以认定行为主体对于相关证券账户存在实际控制关系。

对此,笔者认为,证券账户分为自然人账户与法人账户,对于行为主体实际控制自然人账户而言(排除控制自己名义开立的账户,因为其显然可以从形式上认定为实际控制),与涉嫌操纵的行为主体具有共同利益关系的自然人的账户,可以认定涉嫌操纵者对其进行实际控制;对于行为主体实际控制法人账户而言(排除涉嫌操纵者开设的一人公司的账户,因为其显然可以从形式上认定为实际控制),与涉嫌操纵的行为主体具有关联关系的法人的账户,可以认定涉嫌操纵者对其进行实际控制。

其一,与涉嫌操纵的行为主体具有共同利益关系的自然人,应当是指涉嫌操纵者的近亲属、情妇(夫)、共同投入向特定账户投入资金进行证券交易操作的合作伙伴等具有共同利益关系的人。

需要指出的是,由于现有的《刑事诉讼法》、《行政诉讼法》、《民事诉讼法》有关"近亲属"的范围规定并不一致,[1]一定程度上导致共同利益关系人中最重要的"近亲属"的界定困难。实际上,从诉讼法关于近亲属的规范界定论证实际控制自然人账户中具有共同利益关系类型之一的近亲属范围是无法获取合理解释的。因为,诉讼法定义近亲属是为了解决诉讼上的代理、证据效力等程序性问题,刑事诉讼法基于程序严苛性更强的要求,设定了相对狭窄的近亲属范围,[2]行政诉讼法与民事诉讼法基于

---

〔1〕根据《刑事诉讼法》第 82 条第 6 项规定,近亲属是指夫、妻、父、母、子、女、同胞兄弟姊妹。《民法通则》、《民事诉讼法》则依据 1988 年《最高人民法院关于贯彻执行〈中华人民共和国民法通则〉若干问题的意见》第 12 条的规定,将近亲属的范围确定为:配偶、父母、子女、兄弟姐妹、祖父母、外祖父母、孙子女、外孙子女。在行政诉讼中,根据 2000 年《最高人民法院关于执行〈中华人民共和国行政诉讼法〉若干问题的解释》第 11 条的规定,《行政诉讼法》第 24 条规定的近亲属,包括配偶、父母、子女、兄弟姐妹、祖父母、外祖父母、孙子女、外孙子女和其他具有抚养、赡养关系的亲属。

〔2〕当然,刑事诉讼法理论上对此一直存在不同看法。相关学者认为,《刑事诉讼法》第 82 条第 6 项将祖父母、外祖父母、孙子女、外孙子女以及同父异母或者同母异父的兄弟姐妹、养兄弟姐妹、继兄弟姐妹等非同胞兄弟姐妹等亲属排除出近亲属之列,界定的范围明显过窄,应予适当扩大。参见陈光中、陈瑞华、汤维建:《市场经济与刑事诉讼法学的展望》,载《中国法学》1993 年第 5 期。

便利诉讼的实用性考量,对近亲属的范围界定更为宽泛。而"实际控制的证券账户"是刑法操纵证券市场犯罪对洗售行为的一种实体法条件限定,实际控制账户中的近亲属账户范围,应当受到近亲属概念本身在实体上的法律属性的规范的制约,同时更应当与操纵证券市场犯罪谋取经济利润的基本特点相契合。所以,无论是从与刑法关系最为密切的刑事诉讼法中援引近亲属法律概念的内涵与外延,还是从行政诉讼法与民事诉讼法相关规范中进行推断,都会陷入近亲属概念刑法解释上的方向性误区。

　　笔者认为,社会生活中的近亲属概念要在刑法上探索其合理范围,必须以财产关系作为限制标准对近亲属进行范围限定。财产关系标准不仅具有实体法上的规范性,而且与操纵证券市场犯罪以谋取巨大经济利益为中心衍生的非法证券交易行为实质最为契合。根据我国《继承法》第10条至第12条的规定,遗产按照下列顺序继承:第一顺序:配偶、子女、父母。第二顺序:兄弟姐妹、祖父母、外祖父母。继承开始后,由第一顺序继承人继承,第二顺序继承人不继承。没有第一顺序继承人继承的,由第二顺序继承人继承。本法所说的子女,包括婚生子女、非婚生子女、养子女和有扶养关系的继子女。本法所说的父母,包括生父母、养父母和有扶养关系的继父母。本法所说的兄弟姐妹,包括同父母的兄弟姐妹、同父异母或者同母异父的兄弟姐妹、养兄弟姐妹、有扶养关系的继兄弟姐妹。被继承人的子女先于被继承人死亡的,由被继承人的子女的晚辈直系血亲代位继承。代位继承人一般只能继承他的父亲或者母亲有权继承的遗产份额。丧偶儿媳对公、婆,丧偶女婿对岳父、岳母,尽了主要赡养义务的,作为第一顺序继承人。从上述民事实体法律规定来看,除了夫妻、父母、子女、同胞兄弟姊妹等之外,继承法上的第一顺序、第二顺序和代位继承中具有法律继承权的主体,也应当视为近亲属。近亲与远亲之间的界限是模糊与主观的,最为可观的判断标准应当是财产关系上的远近亲疏。以财产继承关系为核心确定近亲属范围,不仅整体涵盖了三代以内直系血亲,而且根据亲缘结构与家庭财产归属的实际情况出发,将非婚生子女、养子女和有扶养关系的继子女,养父母和有扶养关系的继父母,同父异母或者同母异父的兄弟姐妹、养兄弟姐妹、有扶养关系的继兄弟姐妹,以及承担主要赡养义务的丧偶儿媳、女婿等纳入近亲属范围,不仅与共同利益关系的特征保持高度的一致性,更能实现"实际控制的证券账户"与市场操纵犯罪应然处罚范围之间的高度契合性。

其二,与涉嫌操纵的行为主体具有关联关系的法人,应当是与涉嫌操纵者具有关联关系的公司、企业等法人机构。

《公司法》第217条对关联关系进行了明确界定——所谓关联关系,是指公司控股股东、实际控制人、董事、监事、高级管理人员与其直接或者间接控制的企业之间的关系,以及可能导致公司利益转移的其他关系。但是,国家控股的企业之间不仅因为同受国家控股而具有关联关系。当然,《公司法》对关联关系的界定显然是比较原则的,在实践中有必要根据一定的形式化标准予以界定。笔者认为,《上海证券交易所股票上市规则》有关关联交易监管规定中对于关联关系的认定规则,[1]提供了具有重要参考价值的实践性分析视角。根据上述上市规则的规定进行拓展性思考,法人的关联人又进一步可以区分为关联法人和关联自然人。具有下列情形之一的,可以视为法人的关联法人——具有或者过去十二个月曾经具有下列情形之一的法人或其他组织:①直接或者间接控制公司、企业等的法人或其他组织;②前述法人直接或者间接控制的其他公司、企业等法人或其他组织;③由关联自然人直接或者间接控制的,或者担任董事、高级管理人员的,其他公司、企业等法人或其他组织;④持有公司、企业等法人50%以上股份的法人或其他组织;⑤根据实质重于形式原则认定的其他与公司、企业等法人有特殊关系,可能造成公司、企业等法人或其账户受其控制的法人或其他组织。具有下列情形之一的,可以视为法人的关联自然人——具有或者过去十二个月内曾经具有下列情形之一的自然人:①直接或间接持有公司、企业等法人50%以上股份的自然人;

----

[1]《上海证券交易所股票上市规则》相关规定:7.3.2具有以下情形之一的法人,为上市公司的关联法人:(一)直接或间接地控制上市公司,以及与上市公司同受某一企业控制的法人(包括但不限于母公司、子公司、与上市公司受同一母公司控制的子公司); (二)7.3.3条所列的关联自然人直接或间接控制的企业。7.3.3上市公司的关联自然人是指:(一)持有上市公司5%以上股份的个人股东;(二)上市公司的董事、监事及高级管理人员;(三)本条第(一)、(二)项所述人士的亲属,包括:1.父母;2.配偶;3.兄弟姐妹;4.年满18周岁的子女;5.配偶的父母、子女的配偶、配偶的兄弟姐妹、兄弟姐妹的配偶。7.3.4因与上市公司关联法人签署协议或作出安排,在协议生效后符合7.3.2条和7.3.3条规定的,为上市公司潜在关联人。

②公司、企业等法人的董事、监事及高级管理人员；③直接或者间接控制公司、企业等法人的董事、监事及高级管理人员；④前述第①、②项所述人士的近亲属；⑤根据实质重于形式原则认定的其他与公司、企业等法人有特殊关系，可能造成公司、企业等法人或其账户受其控制的自然人。关联法人或者自然人对于与其具有上述关联关系的法人证券账户之间，可以认定为具有实际控制关系。

3. 洗售操纵主观故意的认定规则

在刑法没有对洗售操纵的主观故意进行任何具体化规定的情况下，在解释上不能直接附加任何超越操纵证券期货市场犯罪故意一般内容的限定。对于洗售操纵犯罪而言，如果认为其主观故意应当包含具有制造市场活跃行情进而诱导他人从事相关证券交易的目的或者意图，则控方必须在市场操纵刑事案件诉讼中予以证明，但实际上刑法规定洗售操纵犯罪类型的目的就是显而易见的，即这种类型的交易行为通常就是为了操纵证券期货市场，在法律没有对其故意内容进一步具体化的情况下，控方只要证明洗售行为的存在，就已经成功地实现了操纵市场犯罪故意的推定。所以，制造虚假行情进而诱导他人从事相关证券交易并非洗售操纵犯罪实体上的构成要件要素，程序上也不需要进行直接证明。

但是，不能否定的是，在逻辑上，人为制造证券行情或者诱导他人从事特定证券交易虽然并非洗售操纵犯罪充分条件之一，但却是必要条件。不具有类似目的的洗售交易行为并不能认定为市场操纵违法犯罪。例如，根据中国证监会2008年《上市公司股东发行可交换公司债券试行规定》的规定，持有上市公司股份的股东，可以经保荐人保荐，向中国证监会申请发行可交换公司债券。可交换公司债券是指上市公司的股东依法发行、在一定期限内依据约定的条件可以交换成该股东所持有的上市公司股份的公司债券。预备用于交换的上市公司股票应当符合下列规定：该上市公司最近一期末的净资产不低于人民币15亿元，或者最近3个会计年度加权平均净资产收益率平均不低于6％。扣除非经常性损益后的净利润与扣除前的净利润相比，以低者作为加权平均净资产收益率的计算依据；用于交换的股票在提出发行申请时应当为无限售条件股份，且股东在约定的换股期间转让该部分股票不违反其对上市公司或者其他股东的承诺;用于交换的股票在本次可交换公司债券发行前,不存在被查封、扣押、冻结等财产权利被限制的情形,也不存在权属争议或者依法不得转让或设定担保的其他情形。可见,上市公司股东可以根据持有的上市公司证券进行融资。在这种情况下,如果具有融资需要的相关自然人或者法人,在其实际控制的账户之间进行证券交易,使持有相关证券账户所对应的自然人或者法人成为融资平台,进而实现短期融资的目的,其在相关证券账户之间的证券交易行为实际上并不指向操纵证券期货市场的违法犯罪目的。因为其完全没有制造虚假行情或者诱导他人跟盘的主观意图。所以,笔者认为,制造虚假证券行情或者诱导他人从事特定证券交易尽管不是洗售操纵主观故意中需要控方进行直接证明的要素,但是,受控从事洗售操纵犯罪的行为主体可以提出证据证明其完全没有制造虚假行情或者诱导他人跟盘的主观意图,从而否定其具有洗售操纵犯罪故意。

4. 相对委托与洗售的规范关系与类型界限

相对委托操纵与洗售操纵之间的唯一实质性区别在于行为操作主体结构上的差异。相对委托操纵是数个主体之间进行的虚假证券交易,而洗售操纵是单一主体实际控制下的虚假证券交易。因此,单一行为主体实际控制下的相对证券交易,虽然没有与他人进行共谋或者约定,不能构成相对委托操纵犯罪,但显然不能直接认定其不构成任何形式的市场操纵犯罪。洗售操纵犯罪实际上就是单一行为主体控制之下的相对委托交易,立法上没有刻意强调洗售交易的相对性是基于实际控制主体具有同一性的现实,在司法实践中不能进行机械理解。

不能认为不同行为主体证券账户之间发生的证券交易就是相对委托操纵。相对委托操纵犯罪的相对性不仅体现在证券交易账户的复数性,更为关键的是,相对委托必须是两个或者两个以上行为主体之间经过约定,以事先安排的价格、方向进行反复作价。只有在行为上完全符合这些相对性特征,相关行为主体才能够认定为相对委托操纵犯罪主体。操纵者在家人、亲属、朋友、公司员工等明知的情况下,利用他们的证券账户从事相互之间的证券买卖,并不意味着操纵者与这些提供账户的主体之间以约定的价格、数量、方式等相互进行证券交易。在实践中,提供这些账户的主体通常都不会实际参与任何与操纵者有关的证券交易。因此,不能以提供账户者明知操纵行为而将其认定为相对委托操纵,不明知的认定为洗售操纵犯罪。正确的规则是,明知操纵者使用或者控制其证券账户是为了操纵证券期货市场仍然将自己的账户供其使用的,应当认定为洗售操纵;如果提供账户之后进一步与操纵者约定,以特定的时间、价格、数量相互进行证券交易并实际实施这些操作的,应当认定为相对委托操纵。

(五) 财经媒体从业人员抢帽子交易操纵司法判断规则

在我国现有的反市场操纵法律以及司法解释的规范框架下,财经新闻媒体及其从业人员不能单独构成抢帽子交易操纵犯罪的行为主体,但是,在财经新闻媒体从业人员在与证券投资咨询机构通谋的情况下,完全可以构成抢帽子交易操纵。分析新闻媒体从业人员利用利益冲突信息从事相关证券交易谋利行为是否具有抢帽子交易操纵犯罪的性质具有重大的实践意义。笔者认为,在判断财经新闻媒体从业人员是否构成抢帽子交易操纵违法犯罪问题时,原则上应当采取相对严格的司法认定理念与法律判断标准。

对于发布证券投资咨询机构具有利益冲突的证券投资信息而言,只有新闻媒体机构及其从业人员明知证券投资机构在发布信息之前已经持有与信息所涉及的证券仓位时,才具有将媒体机构及其从业人员认定为抢帽子交易操纵犯罪共犯的归责基础。在媒体机构及其从业人员对证券投资咨询机构拟在媒体平台发布的信息进行必要的审查之后,其根本无从知悉证券投资咨询机构在发布信息之前已经持有相关证券仓位的,无法根据操纵证券期货市场违法犯罪追究其法律责任。因为新闻记者、编辑、评论员等媒体从业人员,客观上没有必要的条件判断与审查证券投资咨询机构是否持有其推荐、评价的股票或者债券,其只要在形式上进行审查即可,法律显然不应当强求媒体从业人员对证券投资咨询报告背后的证券投资咨询机构及其从业人员的证券交易情况进行审查。因此,认定媒体从业人员构成抢帽子交易操纵犯罪的共犯应当在主观故意上就上述明知内容进行充分且确实的证明。

媒体机构及其从业人员在事先持有或者建构相关证券仓位的情况下,发布与证券及其发行人有关的利好或者利空信息,随后进行相对应的卖出或者买入的证券操作,并且获取巨额利益的,不能直接认定为抢帽子交易操纵犯罪。应当看到,实践中确实存在财经记者、评论员等对证券期货市场投资者具有较大影响力的财经界"意见领袖"或者类似的意见主导者,提前买入或者做空相关证券,利用新闻媒体从业的职务便利,针对证券及其发行人的情况发布利好或者利空信息,在随后的证券交易价格上升时抛售股票,在随后的证券交易价格下降时买入,谋取巨额交易利润。刑法理论上有一种具有代表性的观点认为,这种通过发布信息影响市场并从中赚取价差的行为,应可认定其具有市场操纵的故意与行为。[1]但笔者并不同意上述看法。在新闻媒体机构及其从业人员根据对市场公开资料的分析发布相关意见或者评论时,只要其没有对基本的事实进行虚构或者编造,没有对评论意见进行夸大与扭曲,这种证券期货市场中的信息传递行为并不属于失实的新闻报道与评论。同时,新闻媒体机构及其从业人员向证券期货市场投资者发布信息,本身就是要通过这种信息传播的方式进行言论阐释,其对于证券期货市场或者相关投资者的资本配置行为产生影响,显然也是言论自由权利行使的当然结果,不能直接认定其具有操纵证券期货市场的违法犯罪故意。新闻媒体机构及其从业人员针对其评论、报道的证券从事相关交易,就其交易行为而言,实际上就是财经媒体人员根据专业知识进行市场投资或者投机,本身并不具有市场操纵违法犯罪行为的性质。当然,新闻机构及其从业人员没有向市场披露其评论、报道的证券相关的交易信息,在法律上应当属于对利益冲突信息的隐瞒,应当根据相关财经新闻媒体证券交易禁止性规定以及新闻职业道德规范,认定其利用利益冲突信息谋取证券交易利益的行为构成违规、违法,但不能认定其构成抢帽子交易操纵犯罪。

(吴波　撰)

---

〔1〕参见刘连煜:《新证券交易法案例研习》,元照出版有限公司2007年版,第453页。

第十二章 购买未上市公司股权
（股票）的司法认定

　　目前,非法出售未上市公司股权(股票)牟取暴利的行为常有发生。行为人先对未上市股份公司进行包装,再以该公司出售拟海外上市的原始股为名,虚构或夸大公司经营业绩,向公众高价出售股票。这类案件往往涉及众多受害人,资金损失巨大,易引发群体性事件。虽然证监会曾会同司法机关对这类行为进行多次整顿,却未能杜绝,并有蔓延之势。由于出售股票的公司确实存在,有些也在美国 OTCBB 等市场上市,而证券市场上股票也常会高溢价发行,因而具有很大的欺骗性。在出售股票过程中,行为人又采用多种方法规避法律,使行为表面上不违反公司法和证券法的规定。同时,目前相关法律对这类行为又未作出明确界定,司法部门对行为性质的认识产生了较大分歧,投资人遭受损失后也缺乏救济途径。因此,对这类行为的定性亟待明确。

一、案情实例

　　被告人潘某、韩某通过中介公司,以支付数千元代办费的方式在美国加州设立了"美国必氏公司",并以被告人张某为首席代表,设立了上海代表处。随后潘、韩与陕西"唐氏股份有限公司"签订协议,约定由必氏公司辅导唐氏公司在海外上市,并代理注册境外控股公司及融资等。潘、韩通过中介公司,支付万余元代办费用后,以唐氏公司董事长王某等人名义在美国加州设立了"王氏国际控股公司",并分两次加印了王氏公司股票1000 张。潘、韩指使被告人张某、宗某等人招募员工,采用拨打电话等方式,以每股 0.6 美元的价格,对外以王氏公司名义与投资人签订股票转让协议,非法出售王氏公司股票。在培训员工和对外出售股票过程中,潘、韩隐瞒了必氏公司、唐氏公司、王氏公司的真实状况,制作了虚假的"投资价值分析报告"、"战略投资人说明书"等宣传资料,夸大了必氏公司、唐氏公司、王氏公司的经营规模和业绩,编造了唐氏公司海外上市模式,并以投资获利周期短、回报率高和承诺回购等为诱饵,骗取不特定投资人购买王氏公司股票。潘、韩为实施诈骗,先后设立了由被告人张某担任法定代表人的某公司和由被告人金某担任法定代表人的某某公司,分别以这两家公司名义在某市设立销售点。被告人张某、宗某、金某等人分别负责在上述各销售点非法出售王氏公司股票,并以每销售 10000 股,提成 15000 元人民币等经营方式承包经营。嗣后,唐氏公司因必氏公司对外作不实宣传,终止了与必氏公司的合作关系。潘、韩为继续实施诈骗,通过私刻王氏公司印章、伪造唐氏公司董事长签名的方式制作王氏公司股票,继续对外销售。至案发,前述被告人共骗取 252 名被害人购买王氏公司股票 430 余万股,所得金额价值人民币 2000 余万元。法院以集资诈骗罪判处潘某无期徒刑,韩某有期徒刑十五年;以非法经营罪判处张某有期徒刑八年,宗某有期徒刑七年,金某有期徒刑三年。

二、非法出售股权(股票)的行为模式和形态

(一)基本行为模式

非法出售股权案件一般涉及三方当事人,未上市股份有限公司、销售人和投资人。未上市股份有限公司与销售人之间约定,销售人代销公司股权(股票)。销售人以投资咨询、产权交易等公司名义,采用随机拨打电话等方式,先以开办投资讲座等借口将投资人诱骗至销售场所,再以持有者或中介人身份表示有即将海外上市的原始股转让,夸大或虚构公司经营业绩和股票盈利前景,劝诱投资人购买。销售人以自己、公司或公司股东的名义与投资人签订股权(股票)出售或转让协议,记载每股的价格和成交股数。投资人付款后,未上市股份有限公司将股票或由所谓产权交易所出具的股权登记等股权凭证直接或通过销售人交付给投资者。未上市股份有限公司以每股面值 1 元人民币或略高的价格向销售人收取股权

转让款,销售人则加价向投资人出售,加价部分全部由销售人所得。

(二)具体形态区分

在基本行为模式框架内,影响非法出售股权行为刑事责任认定的,主要分为两种不同形态,一是出售真实股权(股票),二是出售虚假股权(股票)。股权或股票都代表持有人对公司享有的股东权利,具有"按一定比例分享收益,并享有投票权及承担责任"的特征和性质。[1] 行为人所出售股票实质具备这些特征和性质的是真实股票,反之则应视作虚假股票。出售虚假股票,主要有四种情形:第一、公司根本不存在,行为人虚构公司、伪造股票出售;第二、行为人自行设立空壳公司,对外出售股票;第三、公司存在但与行为人不存在代销关系,行为人自行伪造该公司股票出售;第四、未上市公司本身系空壳公司,将股票提供给他人或自行销售,所得资金未投入公司经营。这四种情形,无论公司是否设立,行为人所出售的股票都没有真正价值,实际上是虚假股票。

三、非法出售股权(股票)行为的基本性质

在非法出售股权行为的两种主要形态中,出售虚假股票的性质较易认定,明知虚假而销售应属于诈骗类犯罪。相对争议较大是非法出售真实股权(股票)行为性质的认定(以下称为非法出售股权行为)。

(一)非法出售股权行为的交易标的

这类案件中,即使行为人以股权名义进行交易,除出售虚假股票外,实际交易标的仍是股票。理由如下:

1. 交易标的采用股票形式

股票是一种股权权利凭证,代表持有人对股份有限公司的权利。[2] 根据我国公司法第 126 条关于"股份有限公司的资本划分为股份,每一股的金额相等。公司的股份采取股票的形式。股票是公司签发的证明股东所持股份的凭证,股票是股份有限公司股权的一种形式,且股份有限公司股份应当采取股票的形式。从该规定可以看出,股份有限公司的股权与

---

〔1〕郭雳:《美国证券私募发行法律问题研究》,北京大学出版社 2004 年版,第 14 页。
〔2〕雷兴虎:《股份有限公司法律问题研究》,中国检察出版社 1997 年版,第 240 页。

股票,只是实质与形式的区别。股权转让后,提供的股权凭证就是股票。

2. 交易行为是股票交易

行为人虽可以宣称自己出售的是股权,但实际交易行为却显示出是股票交易。所有案件中行为人对外宣传时均以公司即将"上市",这里的"上市"本身就是指股票上市。无论将交易契约视为买卖合同,还是所谓股权转让合同,就合同关系而言,行为人的宣传都属于要约邀请。行为人对外向普通公众发出了"有即将上市股票出售"的要约邀请,投资人基于这一邀请向行为人发出"购买即将上市股票"的要约,形成合意达成交易。这一过程中,交易双方意思表示一致的是"买卖即将上市的股票",而不是"转让+股权"。

3. 非法股票仍是股票

我国证券法规定"非依法发行的证券,不得买卖",实际禁止了未上市公司股票交易。根据这一规定,非法出售股权行为中涉及的未上市公司股票某种意义上都是"非法股票",从而产生了"非法股票"是不是股票的争议。实际上,是否合法发行和合法上市交易都不是区分股票的标准。发行是出售证券及创设证券权利的行为,在法律上虽有经核准和未核准之分,但这仅是判断行为合法性的标准,而不能以此区别来否定发行本身及其创设的证券与权利。我们从证券法第 190 条"证券公司承销或者代理买卖未经核准擅自公开发行的证券的,责令停止承销或者代理买卖"的规定可以看出,证券法虽将未经核准发行证券界定为非法行为,但并没有由此否认这种行为创设的证券。因此,未经核准发行的股票也是股票。

(二) 非法出售股权行为的特征

"股权转让"一词,我国公司法和证券法中都没有出现。如果从行为分析,股份有限公司"股权转让"可界定为公司法规定的股份转让,是指股份有限公司的股份持有人依法定程序出让给他人,使他人因此取得股份并成为公司股东的行为。[1] 非法出售股权的行为,可界定为未上市公司和销售人为以获取资金为目的,以虚假陈述和承诺,向不特定公众出售股

---

〔1〕黄赤东、高圣平:《公司法及配套规定新释新解》,人民法院出版社 2000 年版,第 1535 页。

票的行为。相对于股份转让来讲,非法股权转让行为以及体现其违法性的行为特征主要有四点:

1. 向不特定对象出售股票

这类案件中,行为人一般采用随机拨打电话等方式诱骗投资人至其经营场所,进而劝诱投资人购买股票。这种劝诱方式所指向的对象是不特定的,属于一种向不特定对象的出售股票的行为。"不特定对象"可以从三个角度理解,一是购买人是否属于特定人。特定人的范围包括机构投资者、与销售人关系密切的人、销售人之员工。[1] 在这三者范围之外的属于不特定人;二是从信息传播方式判断,销售人发布信息的传播方式所指向的接受者是不特定社会公众;三是根据人数确认,超过一定人数范围为不特定人。非法出售股权的案件,虽然人数不一,但其购买者和行为人所采用的传播信息方式针对的受众均在"不特定公众"之列。值得一提的是,虽然行为人召集购买者时并没有直接以出售股票或转让股权为名,但这种方式所召集的投资人是不特定的,向这些对象出售股票仍是针对不特定公众。

2. 股权拆细后票据化出售

股权转让交易是产权交易的特殊形态,是一种"特种产权交易"。[2]股票交易又是股权转让交易的一种特殊形态,其独立于一般股权转让的特征是股权票据化,即以票据形式代表股权。非法出售股权行为是将股权拆细后票据化出售。

3. 以虚假陈述和承诺诱骗投资人购买股票

行为人在出售股票时,一般都通过夸大或虚构公司的经营规模和业绩来吸引购买者,对投资人进行了虚假陈述。另一方面,行为人基本上都会向投资人承诺一定时间内完成股票上市,号称股票上市后会大幅上涨,并且可以回购,但其承诺根本不可能兑现。

4. 行为人的直接目的是获取出售股票的资金

〔1〕张旭娟:《中国证券私募发行法律制度研究》,中国法律出版社 2006 年版,第 101—106页。

〔2〕郑曙光:《产权交易法》,中国检察出版社 2005 年版,第 201 页。

非法出售股权行为的出售方是未上市公司和销售人,两者出售股票的目的都是为了获得出售股票所得资金。其中,虽然未上市公司出售股票的根本目的可能是为生产经营、个人占有、占用等,但直接目的只能是获取资金;销售人的根本目的则就是为获取溢价而个人占有,并且往往会获得超出原价数倍的高额收益。

(三)非法出售股权行为的性质

根据前文的分析我们不难看出,出售虚假股权的行为性质就是一种集资诈骗行为。对出售真实股票的,其性质是证券法规定的擅自公开发行证券。其中,提供股票的未上市公司的行为是擅自公开发行证券,销售人是非法经营证券承销业务。

1. 证券发行的特征

证券法未给出证券发行的定义,国务院 1993 年 4 月颁布的《股票发行与交易管理暂行条例》第 81 条第 3 项曾对股票公开发行规定为"是指发行人通过证券经营机构向发行人以外的社会公众就发行人的股票作出的要约邀请和要约或者销售行为"。虽然该条指向的是合法发行行为,但从中可以看到我国法律规定中的证券发行是发行人通过销售机构向他人就发行人的证券作出的要约邀请和要约或销售的行为。国内学者对证券发行有多种表述。无论是证券法及相关法规的规定,还是专家学者的论述,证券发行都与证券的销售,包括销售行为及与此相关的要约邀请、要约等相联系。简而言之,证券发行是发行人以获取资金为目的,自己或通过他人销售证券并创设证券权利的行为。

2. 非法出售股权行为的基本性质是擅自公开发行证券

非法出售股权行为特征是为获取资金,作虚假陈述和承诺,向不特定公众出售股票。这一行为特征,除虚假陈述和承诺外,与证券法上向不特定公众出售股票募集资金的公开发行行为基本一致。因此,该行为系一种公开发行证券行为。证券发行作为一项法律行为,其本质上应属于私法上的民事行为。[1] 由于证券发行尤其是公开发行,往往涉及数量众多的社会投资者,因而各国的监管当局都对证券发行实施严密监管,防止证

---

[1] 丁邦开、周仲飞:《金融监管学原理》,北京大学出版社 2004 年版,第 109 页。

券发行中的欺诈行为。我国同样严格限制公开发行，证券法第 10 条规定"公开发行证券，必须符合法律、行政法规规定的条件，并依法报经国务院证券监督管理机构或者国务院授权的部门核准；未经依法核准，任何单位和个人不得公开发行证券。"行为人在未经依法核准的情况下，公开发行股票，其本质应当是擅自公开发行证券行为。以股东名义将原有股份向不特定公众出售的情况，其行为实际上属于一种存量发行。[1]

3. 当事人具体行为性质

非法出售行为三方当事人中，未上市公司将自己的股票对外销售并提供股票，是证券发行的发行人，未经依法核准公开发行股票，其行为属于证券法第 188 条中规定的"擅自公开或者变相公开发行证券"。在非法公开发行中，销售人行为属于承销行为，系证券发行的承销人或承销商。根据证券法第 28 条的规定，证券承销分为证券代销和证券包销，分别指证券公司代发行人发售证券和将发行人的证券按照协议全部购入或将未售出证券全部自行购入的承销方式。这类案件中，销售人出售未上市公司股票，无论是代为销售还是以自己名义出售，都属于证券承销行为，前者是证券代销，后者是证券包销，因此其行为属于非法公开发行中的承销人。按我国证券法及相关行政法规规定，公开发行证券的承销业务属于证券业务的范围内，证券法第 122 条规定"未经国务院证券监督管理机构批准，任何单位和个人不得经营证券业务"。销售人未获批准从事证券业务，属于非法从事证券承销业务的行为。

四、非法出售股权行为的刑事责任

非法出售股权案件，虽然大多带有诈骗性质，但仍应根据具体案件事实和证据，区分不同情况认定刑事责任。能够认定行为人使用了诈骗的方法，具有非法占有目的，应认定为集资诈骗罪；在证据和事实不能认定具备非法占有目的的情况下，销售人认定为非法经营罪，而未上市公司则

---

〔1〕从股票来源区分股票发行，可分为两类：一是发行人增加新股发行给投资人认购，称增量发行；另一种是将公司老股东持有的原有股份在公开市场出售给投资人，称存量发行。国企至香港发 H 股时，曾多次采用存量发行，并将部分发行所得补充国家社保基金。

认定为擅自发行股票罪。

（一）集资诈骗罪的认定

根据刑法第 192 条规定，以非法占有为目的，使用诈骗方法非法集资，数额较大的，构成集资诈骗罪。

1. 非法集资的认定

根据最高人民法院《关于审理诈骗案件具体应用法律的若干问题的解释》（以下简称《解释》）第 3 条以及国务院《非法金融机构和非法金融业务活动取缔办法》第 4 条的规定，非法集资是指法人、其他组织或者个人，未经有权机关批准，向社会公众募集资金的行为。非法出售股权行为的特征符合上述规定，应属于非法集资行为。

2. 使用诈骗方法的认定

集资诈骗案件"使用诈骗方法"的认定，应以最高法院《解释》为依据，但非法出售股权行为具有一定特殊性。这类案件中，行为人或多或少都有虚假陈述、虚假承诺等欺诈行为，但我们不能仅以此就认定其使用了诈骗的方法，只有欺诈达到一定程度，才可认定为采用了诈骗的方法。最为典型的"使用诈骗方法"是前述出售虚假股票。前文已介绍了出售虚假股票的四种情形，如果行为属于四种情形之一即应当认定使用了诈骗的方法。然而，针对具体案件时，认定虚假股票应当慎重，判别的主要依据是对应公司的真实情况。如行为人为出售股票而注册空壳公司（多为海外公司），将所得资金个人占有或占用的，一般应认定为出售虚假股票。但对于出售国内已有未上市公司股票的，不能仅凭没有资金和经营就认定其出售的是虚假股票，还应进一步根据募集资金的流向分析。如资金流入公司进行或拟进行生产的，一般不宜认定为出售虚假股票；如果资金基本上被行为人个人占有，则可认定为出售虚假股票，从而认定行为人使用了诈骗的方法。出售股票所对应公司确实存在并有正常经营的，一般不能认定为使用了诈骗的方法，但也有特殊形态。如行为人明知该公司资不抵债，经营亏损且难以改善，即明知相应股权或股票已没有真实价值，却仍以海外上市为名，凭空夸大公司经营规模、效益及发展前景等诱骗投资者高价购买股票，实际仍是出售虚假股票，应可认定为诈骗行为。

3. 非法占有的目的的认定

　　首先,认定是否以非法占有目的,应根据所出售股票的真实性和作案手法进行分析。如果是能够认定行为人明知虚假股票,尤其是伪造的股票而出售或让他人代售,应当直接推定其具备非法占有的目的。在难以区分股票真假的情况下,如果行为人采用了冒用他人名义或虚构出售主体等方法实施的,也可以推定被告人具备非法占有的目的。其次,在不能直接推定的情况下,可根据行为人的供述和其它证据分析其实施行为时是否具备非法占有目的。具体可从行为人主观上对海外上市真实性、相关公司真实经营情况、相关股票能否真正上市并获得良好投资收益等方面的明知程度进行分析。如被告人明知海外上市不可能实现、相关公司并无实际经营或明知即使所谓上市成功股票也没有价值的,亦可认定行为人具备非法占有的目的。最后,如上述两点均无证据可以证实,则可从赃款去向推定,如果行为人有卷款逃匿或将销售股票所得大部分用于个人挥霍及赌博等违法犯罪行为的,则能够认定其具有非法占有目的。如果从上述三方面均难以认定,应不能认定为集资诈骗罪。

　　非法占有目的和诈骗方法是集资诈骗犯罪行为互为表里的两个方面,非法占有目的是实质,诈骗方法是形式。在审理具体案件时我们既不能将两者机械的分割,一定要求被告人供述以非法占有目的,也不能仅以诈骗方法判断行为性质。一些较恶劣和严重的诈骗方法往往可以直接推定出非法占有的目的,但有些行为即使带有诈骗性质,仍需结合其他证据来证明行为人的主观故意。

(二)非法经营罪的认定

　　这类案件中,销售人的行为性质是非法经营证券承销业务,已违反了证券法的规定,具备行政违法性。根据刑法第225条及刑法修订案的规定,未经国家有关主管部门批准,非法经营证券、期货或者保险业务,扰乱市场秩序,情节严重的,认定为非法经营罪。

(三)擅自发行股票罪的认定

　　未上市公司在未经依法核准的情况下,擅自发行股票,违反了证券法的规定。根据刑法第179条的规定,未经国家有关主管部门批准,擅自发行股票或者公司、企业债券,数额巨大、后果严重或者有其他严重情节的,应以擅自发行股票、公司、企业债券罪追究刑事责任。根据最高人民检察院、公安部《关于经济犯罪案件追诉标准的规定》第 28 条的规定,擅自发行股票罪,具有以下三种情形之一的,应当追究刑事责任：1.发行数额在五十万元以上的;2.不能及时清偿或者清退的;3.造成恶劣影响的。未上市公司的行为如果符合这三种情形之一的,应当以擅自发行股票罪追究刑事责任。

（四）实践中出现的其他问题

实践中,处理非法出售股权案件,还存在一些疑难问题需要进一步探讨。

1. 对行为人具备产权交易资质的认识

部分案件中,行为人在出售股票时直接使用或借用具备产权交易资质的公司名义实施。这种情况不影响其刑事责任的认定。虽然可以将股权转让甚至股票交易视作产权交易的一种类型,但股权转让和股票交易仍有特殊性,其交易规则除了民法之外,还要受到公司法和证券法的调整。因此,具备产权交易资质,并不必然具备股票交易的资质,如果要从事股票交易仍需经国务院相关部门许可。行为人虽然具备产权交易资质,但没有证券从业许可,其行为仍属于非法经营证券业务。

2. 认定非法经营罪后追邀赃款的处理

这类案件中,投资人购买了大量的股票,最终难以收回投资,如不能认定集资诈骗罪,而以非法经营罪定罪,则追缴赃款依法应当上缴国库,投资人的损失无法挽回,会影响社会稳定。对此,目前确实没有好的解决办法,法院对经济案件又不受理附带民事诉讼,实践中如何操作尚待明确。

3. 海外 OTCBB 等市场挂牌是否属于已完成上市而履行了出售股权时的承诺

美国 OTCBB 市场,系一个场外柜台交易系统,是完全不同于美国纳斯达克等市场的独立市场,主要是一些从主板市场退市或达不到在主板市场挂牌条件的证券在此交易,类似国内三板市场。在 OTCBB,市场股票流通性很差,近半的股票处于停止交易状态,平均股价只有几美分,在此上市的公司也很难融资。在 OTCBB 市场几万美元就可以购买一个壳公司,上市并没有经营规模和业绩的要求。因此在 OTCBB 市场上市并非我国国内股票上市的概念。即使在 OTCBB 市场上市，投资人手中的股票一般是难以出售，更谈不上赚取高额利润。另一方面，由于我国实行外汇管制，人民币与外汇在资本项目下不能随意兑换。投资人购买的股票实际上并没有合法的渠道到国外上市交易变现。因此，行为人实际上是利用了普通投资人对海外证券市场不了解，混淆了上市的概念，欺骗了投资人，即使在 OTCBB 市场上市，并不影响这类案件性质的认定。

五、几点建议

非法出售股权案件社会危害性较大，案件处理也存在一定争议。因此，希望能尽快统一认识，加强对这类行为的预防和打击，为此提出以下几点粗浅建议。

（一）相关部门应当尽快明确这类行为的行政违法性

非法出售股权行为中涉及的集资诈骗尚可归入传统犯罪类型，认定上争议相对较小，但非法经营罪和擅自发行股票罪属于法定犯（行政犯），认定刑事责任以行为的行政违法性为前提。这类行为属于证券领域，主管部门应尽快针对这类行为的行政违法性作出整体性而非个案的明确界定，便于司法部门统一认识，准确处理这类案件。

（二）对非法经营罪的赃款应当找到发还投资人的途径

根据现有法律规定，非法经营罪的赃款应当罚没，这显然会侵害投资人的利益，不利于社会稳定。相关部门应针对这一情况，找出赃款发还给被害人的途径。

（三）加强媒体宣传提高投资人的自我防范能力

追究行为人刑事责任仅是事后行为，一般难以挽回投资人的全部损失，只有提高投资人自我防范能力才能确实保护普通老百姓的利益。虽然目前相关财经类报刊杂志和电视台财经频道已多次公开提醒投资人不要参与这类行为，但这类案件的受害人主要是中老年退休人员，通常并不接触财经类媒体。建议通过一般媒体加大宣传力度，以确保社会普通公众对这一行为能够有清楚的认识，不再参与。

（四）行政部门应当及时查处和取缔

这类行为除司法机关要加强刑事打击外，相关行政管理部门应当及时查处和取缔。如果案件达到追究刑事责任的程度，投资人已遭受了重大损失，只有及时发现并处理，才能最大限度的降低社会公众的损失，减少犯罪行为的社会危害。

（吴卫军　撰）

第十三章　新兴众筹融资中非法集资犯罪的司法认定

　　如果要选择一个词作为这两年国内金融业的关键词,"互联网金融"大概是众望所归。一方面我们看到国内互联网金融企业爆炸式增长,[1]无论是网络公司还是传统金融企业都纷纷进入互联网金融领域,各种打着互联网金融旗号的产品层出不穷,目不暇接;[2]另一方面,互联网融资平台倒闭跑路事件时有发生,[3]金融监管部门一再提示风险,逐步明确

---

　　[1] 仅以 P2P 网贷平台为例,截止 2014 年 8 月 31 日,全国目前正在运营的网贷平台共计约 1357 家,预计今年底,我国网贷平台或增至 1800 家左右。全国网贷平台日均成交量达 6.76亿元,预计 2014 年全年总成交量将突破 2500 亿。网贷平台借款人数显著增长,8 月网贷行业投资人数 52.50 万人,平均单人投资金额 4.25 万元。投资人数是去年同期(8.03 万人)的 6.5 倍,环比增速达到 28.40%,预计年底投资人数或达 100 万。借款人数 9.09 万人,平均单人借款金额 22.34 万元。借款人数是去年同期(1.47 万人)的 6.1 倍,环比增速达 2.43%,预计年底借款人数会突破 20 万人。标的数 23.33 万笔,是去年同期(5.1 万笔)的 4.6 倍,环比增速达 2.91%。参见网贷之家:《中国 P2P 网络借贷行业 2014 年 8 月报》,来源: http://news. wangdaizhijia. com/news-33-1. html。
　　[2] 从支付宝的余额宝开始,微信的"理财通"、百度的"百发"、以及一些银行、基金公司自己发行的各种"宝"类的理财产品如雨后春笋,加上数以千计的 P2P 网贷平台和各种众筹产品,极大地带动了投资者的热潮。如余额宝不到一年时间,其客户已经超过 4900 万人。参见https://financeprod. alipay. com/fund/index. htm。
　　[3] 据网贷之家监测分析报告,2014 年 8 月问题网贷平台就多达 14 家,涉及金额超 2.7 亿元,涉及投资人 5000 人左右。需要关注的是,2014 初至今,问题平台数量达 78 家,已超过去年全年。来源: http://news. wangdaizhijia. com/20140901/13743. html。

监管原则。[1] 互联网金融的支持者认为,互联网是一种金融创新,是传统金融体系的有益补充,有助于实现普惠金融和金融民主,值得大力提倡。[2] 但在目前缺乏具体监管框架和细则的背景下,互联网金融的野蛮生长也一再出现监管套利,甚至突破法律底线,触及刑事责任。今年7月,深圳市罗湖区人民法院以非法吸收公众存款罪,一审对"东方创投"网络投资平台的法定代表人和运营总监邓某、李某作出有罪判决,[3] 引起业内广泛关注。不可否认,现行法律框架中通过刑事罪名对非正规渠道集资的惩治一直在学界聚诉不已,多有分歧。在司法实践中,两高亦不断推出相关司法解释,试图缓解适用法律条文与满足投资者诉求之间的矛盾。然而,面对所谓"第三种金融模式"的互联网金融,法律到底该如何回应? 本章将以众筹为例,分析众筹的种类及其特征,围绕众筹之"众"和所筹之"资"进行剖析,试图厘清众筹融资与非法集资之间的界限,寻求众筹融资的规制出路。

———————————

〔1〕2014年3月24日《金融时报》对全国人大财经委副主任吴晓灵采访,吴晓灵强调"用金融基本规则监管互联网金融",来源:http://finance.people.com.cn/money/n/2014/0324/c218900-24714370.html。人民银行副行长刘士余2014年也发表署名文章,认为互联网金融存在机构法律定位不明、资金第三方存管制度缺失、内容制度不健全三大风险。参见刘士余:《秉承包容与创新理念,正确处理互联网金融发展与监管的关系》,载《清华金融评论》2014年第1期。2014年4月29日,中国人民银行发布《中国金融稳定报告(2014)》,报告指出互联网金融监管应遵循五大原则:一是互联网金融创新必须坚持金融服务实体经济的本质要求,合理把握创新的界限和力度;二是互联网金融创新应服从宏观调控和金融稳定的总体要求;三是要切实维护消费者的合法权益;四是要维护公平竞争的市场秩序;五是要处理好政府监管和自律管理的关系,充分发挥行业自律的作用。

〔2〕参见谢平、邹传伟、刘海二:互联网金融模式研究,载《新金融评论》2012年第1期。

〔3〕轰动一时、涉案金额达1.2亿元的"东方创投案",是国内P2P自融平台被判非法吸收公众存款罪第一案。该案的主要案情是:2013年5月,邓某出资注册成立深圳市誉东方投资管理有限公司,由邓某任法定代表人及公司负责人,其朋友李某任运营总监。2013年6月,深圳市誉东方投资管理有限公司创建"东方创投"网络投资平台,向社会公众推广其P2P信贷投资模式。根据案件中当事人的供述,邓某及李某确实有意向将客户的投资款出借给实际有资金需求的企业,但实际操作后发现坏账率会超过6%,并且不能按时收回。为了做到能及时返还投资人的本息,邓某就决定通过其名下的企业以及其私人物业来实现增值利润反馈投资人。随后,邓某挪用投资人的投资款设立公司、购置商铺、办公楼并以物业进行抵押贷款,将利息偿还投资人。2013年9月至10月间,爆发P2P平台公司倒闭潮,投资人出现密集提现,导致东方创投出现资金链断裂。截止2013年底,"东方创投"网络投资平台共吸收1325名投资人共计公众存款人民币126,736,562.39元,投资参与人实际未归还本金为人民币52,503,199.73元。

228

一、众筹的界定与类别

随着互联网的普及和发展,众筹成为小微企业融资的一种新方式。[1] 众筹一词译自英文"Crowdfunding",字面含义是大众筹资或者群众募资,指的是一群人基于互联网技术或平台,出于营利或者非营利的目的,小额投资或者资助个人或公司的特定项目。众筹的理念和实践来源于两方面,一是众包(Crowdsourcing),指的是个人或企业突破雇员与供应商的界限,从大量人群中征集服务、概念、技术或者人力。众筹征集的资金,实质是面向资金的"众包"。[2] 二是微型金融(Micro-financing),即为穷人和小微企业提供小额资助,以解决其生存和发展问题。[3] 众筹合二为一,即从广大网民投资者募集小额资金,资助个人或小微企业。如果从融资者角度来看,众筹是创意者或小微企业等项目发起者利用互联网和社交网络传播的特性,集中公众的资金、能力和渠道,以资助个人、公益慈善组织或商事企业的小额资金募集方式。由此可见,众筹融资的主要特点就是:众人、小额、募资、互联网平台。

通常,一个众筹项目包括筹资人、[4] 投资者[5] 以及众筹平台运营

[1] 无论国内国外,小微企业融资困难,尤其是创业初期的小微企业更是如此。传统上企业融资一般有三个渠道:银行贷款、风险资本或者自身利润积累。对于小微企业而言,无一例外都难以获得。当然,目前还有一些被称为是"天使投资人"的富人会资助一些小微企业,但即便是天使投资一般也倾向于较大项目的投资。这样一来,作为社会经济发展驱动力之一的企业家精神往往难以伸展,小微企业生长不易。

[2] 通过众多网民共同努力完成浩大项目的众包模式在互联网时代已经非常普遍,诸如维基百科、Linux 开放软件等均是众包的成果。零点财经、零点数据:《众筹服务行业》,中国经济出版社 2014 年版,第 2 页。

[3] See Bradford, C. Steven, *Crowdfunding and the Federal Securities Laws*, Columbia Business Law Review, Vol. 2012, No. 1, 2012: 27. http://papers. ssrn. com/sol3/papers. cfm? abstract_id=1916184 (2014 年 8 月 30 日最后浏览); Paul Belleflamme, Thomas Lambert, Armin Schwienbacher, *Crowdfunding*: *Tapping the Right Crowd*, Journal of Business Venturing, Forthcoming; CORE Discussion Paper No. 2011/32: 6-7. 来源: http://papers. ssrn. com/sol3/papers. cfm? abstract_id=1578175。

[4] 筹资人也就是项目的发起人,通过众筹平台发布项目信息,设定筹资金额目标和预期回报。在实践中,一个项目可能包含多个投资档位,不同的档位有不同的预期回报。

[5] 投资者,也称众筹平台的用户或者支持者,通过浏览平台上的各种项目,选择投资目标,根据项目设定的投资档位进行投资后,取得预期回报。

方。[1] 从流程上看,可以分为筹资人提交项目、众筹平台审核上线、向公众募集资金、签署法律文件和项目运营五个环节。以股权众筹为例,筹资人需要提交详细的资料,包括完整的商业计划书和拟出让股份的数量、价格,必要的风险揭示,以及证明商业计划书真实性的公司章程以及财务报表等文件。待众筹平台审核通过后,该项目则上线面向公众募资。筹资成功之后,众筹平台一般会指定合作的律师事务所或者投资公司来处理股权转移、合同签订和信息披露等工作。[2]

基于投资者投资回报形式的不同,众筹融资主要分为四种类型[3]:

1. 捐赠型众筹:即投资者不求任何回报,包括投入资金本身。从法律性质上看,捐赠型众筹就是网络捐赠,往往是一些非营利性组织或公益性组织通过开通互联网平台开展募捐活动。

2. 预售众筹:也称为商品众筹,投资者通过向特定项目投入资金,获得相应价值的实物产品或服务,但不包括利息、分红或者其他营业利润收入等。一般而言,预售众筹的项目就是发起人打算出品的文艺作品或创意产品,投资者所获得的产品形式也因项目而异,不拘一格,有的是一张唱片、一本书、甚至就是产品中的致谢声明。[4]

3. 借贷型众筹:即 P2P 网络借贷(peer-to-peer lending),投资者提供资金并收取回报。借贷型众筹以是否收取利息,分为两种。前者以 Kiva 为代表,网上募集资金后通过其在世界各地的微金融合作伙伴发放

----

〔1〕众筹平台,负责互联网技术支持,审核发布筹资人提议的项目。

〔2〕投资合同签订后,筹资人(即股权转让方)需要指定未来投资者转股退出或者公司增资稀释股份的安排,建立定期信息沟通制度,向投资者汇报公司经营情况,并在公司盈利的时候进行分红。具体的公司设定、股权转让安排,因当地的法律法规而已。参见零点财经、零点数据:《众筹服务行业白皮书(2014)》,中国经济出版社 2014 年版,第 15 页。

〔3〕参见 Bradford, C. Steven, *Crowdfunding and the Federal Securities Laws*, Columbia Business Law Review, Vol. 2012, No. 1, 2012, 14 - 27.

〔4〕例如美国最有名的预售型众筹网站 Kickstarter 和 IndieGoGo,主要项目就是一些文艺产品的资助。两个众筹平台将从每个募资成功的项目中提取一定的管理费用。如果募资在预定的时间内未能成功,两个众筹平台略有不同,Kickstarter 不收任何管理费,而 IndieGoGo 会在一开始就允许发起人对募资金额是否锁定进行选择,并依据不同费率收费。国内的众筹网也推出过多个出版众筹,例如乐嘉、徐志斌、刘勇等人都曾以预售形式发售新书。清华大学新创刊的《清华金融评论》在 2014 年 1 月众筹募资,投资者投资 10 元可获得该杂志 2014 年首刊。

款项。Kiva 本身只是一个非营利机构,仅通过其平台募集、发放、返还资金,不收取任何费用,Kiva 网站的投资者也只回收本金。[1]另一种 P2P 筹资网站则以 Prosper 和 Lending Club 为代表,两家网贷平台自身发行债权凭证的票据(notes),由投资者购买,所募集的资金再通过 WebBank 贷给借款人。尽管网贷平台发售债权凭证票据,但平台只有在收到借款人偿还资金后才承担向投资者返还的义务。在这个意义上,网贷平台只是借款人还款的通道。Prosper 和 Lending Club 根据借款人的信用风险等级向借款人收取每笔项目贷款的发起费用,并向投资者收取 1% 手续费。[2]

4. 股权型众筹:主要针对创始企业或者实业投资,投资者购买众筹项目发起人的股份或债券。以美国实践为例,较之预售众筹,股权型众筹的筹款金额较大,一般都在 5 万美元以上;投资回报以投资者的股东权益体现,投资者享受现代公司治理制度中的各项股东权利;投资者的投资决策基于其对融资公司的商业模式和未来发展的理性分析与判断,在其投资额度内承担所有风险,其收益取决于融资公司的经营情况,具体收益比例需个别商定;股权投资的期限一般较长,例如美国的 ProFounder 网站规定了最长不超过 5 年的投资期限。为降低监管成本和风险,股权型众筹平台一般仅向合格投资者开放,其收益主要向融资方收取。[3]又如国内股权众筹的人人投网站,主要业务是为实体店铺开分店提供融资服务,融资方快速融资开分店且对项目经营的控制权、知识产权、核心技术等可以得到保护;另一方面,投资人可不参与经营并获得店铺盈利分红,而且

---

〔1〕How Kiva Works, Kiva,来源:http://www. kiva. org/about/how 按照其运作模式,Kiva 在性质上是一个小微金融的非营利机构,主要目标是通过互联网平台,减少和消除贫困,其公益性非常明显。

〔2〕参见 Prosper Marketplace,Inc. 在美国证监会网站的登记文件,来源:http://www. sec. gov/Archives/edgar/data/1416265/000114036112052353/forms1a. htm;又参见 Lending Club Corp. ,Amendment No. 3 to Registration Statement 8(Form S-1),来源:http://www. sec. gov/Archives/edgar/data/1409970/000095013408017739/f41480a3sv1za. htm(2014 年 8 月 30 日最后浏览)

〔3〕参见 ProFounder,https://www. profounder. com。

可分散资金投资多家店铺,降低风险。[1]

以法律视角观之,捐赠型众筹是投资者和项目发起人之间的赠与合同,受到我国《公益事业捐赠法》和《合同法》中有关条款的约束。[2] 预售众筹则是具体商品的买卖或者特定服务的提供,双方之间的合同权利义务关系应通过众筹平台的项目说明加以明确。[3] 这两种类型的众筹,本质上与资金的跨期配置并不相同,因此,就互联网金融意义上"资金众筹"而言,主要还是指借贷众筹和股权众筹。

具体到我国语境,目前股权众筹争议不大,应作为证券业务,股权众筹网站作为证券中介纳入证监会的监管范畴。[4] 银监会主要关注借贷众筹,将其视为类信贷业务,把 P2P 网贷平台归于从事银行业务的准金融机构,这从目前银监会对 P2P 的监管原则表述中可见一斑。近期银监会专门表态,P2P 业务发展要遵循六原则:一是 P2P 机构是一个网上的信息中介平台,绝不是一个信用中介平台;二是 P2P 公司的设立,要有一定的门槛,要是实缴资本;三是作为 P2P 机构,必须不能经手出借人和借款人的钱,必须是纯粹的独立的中介;四是对于出借人、借款人双方应当有一定资金额度的明确限制和一定的规模;五是要 P2P 从业人员都要有明确的要求;六是要打击假冒 P2P。[5]

---

〔1〕参见人人投网站,来源:http://www.renrentou.com/在融资方的提交材料要求上,一个餐饮实体分店的股权投资,融资方需要提供法人代表身份证、营业执照及其副本、税务登记证及其副本、组织机构代码及其副本、公司照片、场地租赁合同、卫生许可证等各种材料共网站审查。

〔2〕按照 1999 年《公益事业捐赠法》第 10 条的规定,只有公益性社会团体和公益性非营利的事业单位可以接受捐赠。包括以发展公益事业为宗旨的基金会、慈善组织等社会团体、从事公益事业的不以营利为目的的教育机构、科学研究机构、医疗卫生机构、社会公共文化机构、社会公共体育机构和社会福利机构等。如果受赠人为个人的,则可适用《合同法》有关赠与合同的规定,如第 185 至 195 条。

〔3〕除了《合同法》之外,对于具体产品的质量问题,也可适用《产品质量法》。对于出版物众筹,应遵守相关新闻出版的法律法规。

〔4〕目前正在修订中的《证券法》已经将股权众筹纳入"证券"的概念之中。全国人大财经委副主任吴晓灵在今年 6 月接受媒体采访时表示,在我国多层次资本市场发展还不够健全的情况下,股权众筹有它广阔的发展前景。在本次《证券法》的修法当中,也借鉴了国际经验,希望通过修法给股权众筹留下空间。来源:http://www.ceweekly.cn/2014/0630/85728.shtml。

〔5〕2014 年 8 月 22 日,中国银监会业务创新监管协作部副主任李志磊在 2014 年中国资产管理年会的发言,来源:http://www.anxin.com/news/industry/1311.html。

站在功能监管的立场上,事实上,P2P 和股权众筹都是针对公众募集资金,其募集资金的法律定性到底是公众存款、变相公众存款、还是发售证券,确实存在纷争。而且,如果考虑到实践中不断翻新的 P2P 融资模式以及未来 P2P 平台发展空间,从功能监管的视角分析资金众筹更有利于正确适用法律。由此,下文从众筹的公众性和资金法律性质略加阐述。

二、争议一:众筹之"众"

众筹与互联网的发展密不可分,是不断发展的社交网络与公司融资的传统因素嫁接开出的新花。事实上,在传统公司的资本形成中,普通公众由于资金所限,一般难以进入。在这个意义上,支持互联网金融的一个理由就是所谓"资本民主化",即原来仅向高富帅的合格投资者开放的高收益企业投资也允许普通投资者参与了。美国制定众筹法的目标之一也在于使公司的资本形成市场更加民主化。[1] 如此一来,我们发现,众筹之"众"呈现出一些显著特点。

首先,相比传统投资者,众筹之众是差异之众。所谓差异之众,是指众筹的投资者分布广泛,投资目标迥异,身份差异明显。互联网消弭了地域的差异,一个网上公开发售证券的信息,在理论上意味着全球任何地方的上网者均可能接触到,投资者地域分布广泛不言而喻。而且,按照学者的实证研究,众筹投资者的投资目标也迥然不同:有的是为了支持他们认同的重要事业,有的是出于自身兴趣偏好,追星捧场,还有一些人则是为了涓水细流,投资生财,各种初衷,不一而足。[2] 甚至,性别、种族、政治观点都不构成区分众筹投资者的标准。

其次,众筹之众是互联网之众。所谓互联网之众,意指参与众筹的投资者本质上是一种互联网现象,是网络驱动和支持的群体。网络技术很重要的一个特点就是合众,将个体整合成为各种能够识别的群体(crowds)。众筹的投资者和融资者之间投融资关系都是通过网络联系而

---

[1] Andrew A. Schwartz, *Keep It Light*, *Chairman White*: *SEC Rulemaking Under the Crowdfund Act*, 66 Vand. L. Rev. En Banc 43,44－45(2013).

[2] Ethan Mollick, *The Dynamics of Crowdfunding*: *An Exploratory Study*, 29 J. Bus. Venturing 1,3(2014).

形成,几乎所有的投资信息、投资环节、投资决策均是在网上作出。也就是说,投资者和融资者一般不需线下见面,很可能在实际生活中还是陌生人,相逢对面不相识,而在网上则早已是粉丝、博友和微信圈中人。与传统人际关系相比,基于互联网而产生的群体,一方面很松散,除了网上熟络之外再无干系;另一方面又非常紧密,天涯咫尺,时时刻刻能够通过网络进行实时交流信息,分享感受。传统上以血缘、身份、职业、地域形成的亲疏体系,被网络时代的共同兴趣、爱好、追求所打破,形成了线上和线下两种不同的群体联系和沟通基础上的社会架构。

　　第三,更重要的是,从行为心理学的角度来看,众筹之众呈现出盲从和从众的行为模式。所有的经济活动,由于它们的自然属性,都由群众心理所驱动。诺贝尔经济学家罗伯特·席勒曾言:任何人作为个人时,都还算是感性与理性,可一旦成为群体中的一员,他却立刻变得愚不可及。[1] 查尔斯·麦基(Charles Mackay)在其《非同寻常的大众幻想与全民疯狂》一书中对人类历史上的一些大众疯狂做过经典的论断,历史上如密西西比计划、南海泡沫、郁金香狂潮等都是经济学家所谓的投资从众行为。[2] 这些群体疯狂所涉及的利益动机、愚昧狭隘、轻信盲从等因素古今俱有。在现代社会心理学看来,从众行为是指个体在群体的压力下改变个人意见而与多数人取得一致认识的行为倾向,是社会生活中普遍存在的一种社会心理和行为现象。在风险资产市场上,从众行为的心理偏差常常出现于各类投资者中,作为投资者心态模型的一种重要形式,从众行为是"群体压力"或"社会影响"等情绪下贯彻的非理性行为,而且投资

---

　　[1] [美]查尔斯·麦基:《非同寻常的大众幻想与全民疯狂》,黄惠兰、邹林华译,北方联合出版传媒(集团)股份有限公司 2010 年版,前言。

　　[2] "翻开各国历史,我们发现,大众如同个人一样,具有自己的奇思怪想和独特之处;时而兴奋不已,时而心血来潮,忘乎所以,不计后果。我们发现有时候整个群体突然之间会迷上一件事,狂追不舍;又有时一起陷入幻想,直到他们的注意力又被其他新的傻事迷住"。麦基,前引书,第 10 页。在某种意义上,麦基可以算是行为经济学的鼻祖,他对群体行为的观察和论述对理性人和理性市场的经济学原则提出了挑战。这一点上,席勒教授在其《非理性繁荣》一书中亦有论证,认为个体会因为群体或者权威人物的选择或判断作出一致性的行为,而不是建立在具体的理性的成本收益分析之上。

者的从众行为对风险资产的价格具有重要影响。[1]

目前在股权众筹中新出现的"领投人"制度更加扩张了众筹的从众投资趋势。所谓领投人制度,又称财团众筹,是指由一名具备资金实力、投资经验或某方面专业技能的人员充当投资的引领人,其他投资人跟投。[2] 以目前国内知名的股权众筹平台天使汇为例,为增加融资的成功率,其平台对众筹项目进行线下尽职调查、完善融资方案后在线上推广,待投资人确定投资意向后,线下确定领投人。若预约认购额达到总融资额度50%以上,则正式上线快速合投,通过领投人的经验和金钱背书,吸引其他投资者跟投,在30天内完成快速投资。[3]

由此可见,互联网时代的众筹之"众",成员差异明显,亲疏聚合基础发生改变,完全不同于线下社会生活的"亲友"概念。同时,从众投资的行为模式以及"领投-跟投"股权众筹机制无疑放大了网络投资者之间非理性跟风概率。这也对以强化信息披露为基础的证券监管模式提出了挑战:如果理性人假设难以成立,围绕信息披露做文章可能并不会有效降低众筹投资人的风险。

三、争议二:众筹之"资"

讨论众筹之"资",主要是明确众筹投资的法律性质,进而才能辨明应适用的法律、适当的监管部门、以及合理的监管手段。这其中的核心问题是:什么是证券?借贷型众筹(P2P)是不是证券?

前面已经提及,国内谈到P2P,一般均认为是资金借贷,是类银行业务,理应由银监会制定监管细则。而在美国,P2P行业翘楚Lending Club和Prosper都受到美国证监会(SEC)监管,P2P业务也被认定为证券业

---

〔1〕百度百科,来源:http://baike.baidu.com/view/247187.htm?fr=aladdin。

〔2〕美国的Angelist、澳大利亚的ASSOB都实行的是领投人制度,参见零点财经、零点数据:《众筹服务行业白皮书(2014)》,中国经济出版社2014年版,第24—28页。

〔3〕天使汇所宣传的快、多、准,其基础就在于借助作为领投人的专业投资者,捆绑领投人的经验和影响力,鼓励领投人通过其社交网络快速募集项目资金,从而提升众筹的成功率。一般而言,快速合投融资成功后,总投资人数在3人以上,天使汇协助成立有限合伙,打款完成融资。参见天使汇官网,来源:http://www.angelcrunch.com/home/merit。

务。当然，一个显而易见的解释是，中美两国法律不同，对证券的定义迥异，[1]导致监管主体相异。但值得进一步追问的是，同样是出资以获得收益，为何一为借贷，一为证券？到底哪一种定性更有利于投资者保护，更有利于众筹市场的创新发展和公平有序？

立法中对证券采取宽泛立场，主要是为了法律能够在保持稳定的情形下通过司法裁量，及时应对"那些寻求使用他人金钱而炮制的无数不断变化的投资计谋"，[2]无论证券以何种形式出现，都能被归纳到定义之中，不至于逃出监管范围。因此，对证券的界定应该重内容而不是重形式，以经济现实作为判断基础。美国证券定义中最为宽泛的一个术语是"投资合同"，联邦最高法院在 Howey 案[3]中确立了四个要件：（1）将其资金投资于（2）一个共同企业，且（3）被诱导预期收益（4）仅来自发起人或第三方的努力。Howey 标准尽管在之后的司法实践中也有修正，但其核心观点一直未变。比如，投资人是否有收益预期的要件，即可排除捐赠型众筹的证券属性。又如，判断投资和消费之间的区别在于：投资是资金收益（financial return on investment），包括资本增值和收入分成，[4]在2004 年判例中，甚至是固定利息收入也被判定为投资收益。[5] 而消费是对实物的使用，购买价格是否打折毫无影响。这样一来，商品众筹或者预售众筹的投资者由于只是收到产品或服务，并没有获取任何资金收益，故均是消费，而非投资。对于 P2P，因为利息也是"收益"的一种，投资者出资的预期即是获取该利息，获取该利息也是出于众筹发起人的努力，而且

---

〔1〕我国证券法第 2 条仅规定，"股票、公司债券和国务院依法认定的其他证券的发行和交易"。对比美国 1933 年证券法，"证券"定义非常广泛，包括各种票证、股票、国库券、债券、无抵押债券、利益证明或参与某种利润分配协议的证明、担保信托证、筹建经济组织证、可转让股权、投资合同、有投票权的信用证、证券证明、油矿、气矿或其他矿藏开采权未分配部分的权益等等。

〔2〕SEC v. W. J. Howey Co. , 328 U. S. 293,299(1946).

〔3〕Howey 案中，被告 Howey 公司为了推销橘园，与投资人签订了土地销售合同。根据合同规定，Howey 公司对橘子的播种、收割和销售拥有完整的决策权，买方无权进入橘园且无权拥有任何产品。买方在收货季节获得收益支票作为回报。根据被告观点，该土地销售合同是交易性质，不属于证券范畴。针对此案，联邦最高法院提出了四要素来判定投资合同是否属于证券。SEC v. W. J. Howey Co. , 328 U. S. 293,299(1946).

〔4〕United Hous. Found. , Inc. v. Forman, 421 U. S. 837,853(1975).

〔5〕SEC v. Edwards, 540 U. S. 389,397(2004).

是多人共同出资给一个企业或项目，Howey 四要件均得到满足，SEC 对 P2P 进行证券监管并无异议。当然，明确证券性质进行监管，仍有必要深入讨论妥当的监管措施，以在保护投资者和促进资本形成二者之间寻求平衡。

事实上，对比我国目前的 P2P 网贷实践，投资人的收益预期及其实际收益都是非常明显的。网络之家 7 月份的统计表明，年化利率在 36%（月息 3 分）以上、30%—36%、24%—30%、12%—24%、12% 以下的 P2P 平台分别占比 9.42%、11.08%、15.79%、54.57%、9.14%。平均而言，大多数平台利率都高达 20% 以上，这还不包括平台本身所收取的管理费用。如此高的回报收益率，与专业的财富管理机构不遑多让。以风险收益正相关原理加以检视，P2P 的投资风险确实值得我们认真对待，尤其是当下国内 P2P 的投资者大部分为普通个人且数量众多，容易被高收益所吸引，而忽视自身的风险识别能力和风险承受能力，尽管 P2P 行业意义重大，但需要避免风险的链条式传染，引起公众风险。[1]

按照目前银监会披露的对 P2P 的监管原则——单纯的信息中介、设立门槛、人员要求、以及借贷双方的进入资格——虽然也能实现监管者保护"出借人"权益的目的，但基本上也限定了 P2P 进一步发展的空间，其产品和交易模式创新难以期望。如果进一步考虑到正在修订中的《证券法》已经将"投资合同"引入草案，众筹时代以投资为核心的"证券"概念无疑更加顺应金融实践的发展要求。因此，我们可具体区分 P2P 资金用途以明确其性质：用于个人消费的，则为借贷；用于企业或企业项目的，则为投资，是为证券。

四、争议三：众筹与非法集资之关系

资金众筹最大的一种风险在于非法集资的界限问题。一般认为，之所以惩治非法集资活动，是因为该类集资活动未取得必要的事前许可，归根到底是出于保护投资者的目的。考察刑法，涉及非法集资的罪名一共

---

〔1〕第一财经新金融研究中心：《中国 P2P 借贷服务行业白皮书（2013）》，中国经济出版社 2013 年版，第 117 页。

有 7 个,除了非法吸收公众存款罪和集资诈骗罪之外,还包括欺诈发行股票、债券罪(刑法第 160 条),擅自发行股票、债券罪(刑法第 179 条),组织、领导传销活动罪(刑法第 224 条),非法经营罪(刑法第 225 条),擅自设立金融机构罪(刑法第 174 条第 1 款)。按照前文第三部分的分析,借贷型和股权型众筹,如涉及非法集资,更适当的罪名应是与证券犯罪相关罪名,当然这需要进一步修正刑法第 160 条和第 179 条,以配合证券法扩大证券概念的修订。

囿于篇幅,这里仅以实践中争议比较大的非法吸收公众存款罪中"社会公众"之认定略作说明。很明显,非法吸收公众存款罪是一个非常具有中国特色的罪名,主要针对的是当下的中国金融市场。我们目前的金融市场,金融产品匮乏、利率管制、投资者教育欠缺,加上纠纷解决上的维稳意识,使得非吸这个罪名变成管制金融投资产品的刑法之剑,往往借以快刀斩乱麻。根据 2010 年的司法解释[1],构成非法吸收公众存款罪应具备非法性、公开性、利诱性、社会性四个特征。在此,刑法条文中的"社会公众"被解释为"社会不特定对象",且"亲友或者单位内部针对特定对象吸收资金的,不属于非法吸收或者变相吸收公众存款"。2014 年 3 月两高一部最新司法解释中,[2]亲友和单位内部人员在下列情形又被认为是社会公众:"(一)在向亲友或者单位内部人员吸收资金的过程中,明知亲友或者单位内部人员向不特定对象吸收资金而予以放任的;(二)以吸收资金为目的,将社会人员吸收为单位内部人员,并向其吸收资金的"。按照前文第二部分的讨论,深入辨析众筹之"众",我们原则上不会将网络粉丝、微信好友以及其他一些网络社交媒体所形成的"网友圈"一概界定为

---

〔1〕2010 年 11 月最高人民法院《关于审理非法集资刑事案件具体应用法律若干问题的解释》第一条规定:"违反国家金融管理法律规定,向社会公众(包括单位和个人)吸收资金的行为,同时具备下列四个条件的,除刑法另有规定的以外,应当认定为刑法第一百七十六条规定的"非法吸收公众存款或者变相吸收公众存款":(一)未经有关部门依法批准或者借用合法经营的形式吸收资金;(二)通过媒体、推介会、传单、手机短信等途径向社会公开宣传;(三)承诺在一定期限内以货币、实物、股权等方式还本付息或者给付回报;(四)向社会公众即社会不特定对象吸收资金。

〔2〕参见 2014 年 3 月 25 日,最高人民法院、最高人民检察院、公安部《关于办理非法集资刑事案件适用法律若干问题的意见》第三条。

"好友",而排除刑法 176 条的适用。其实,"社会公众"与"社会不特定对象"本来就是同义反复,并没有为第 176 条的适用提供可资参考的实质性标准。

社会公众的界定,更合理的考量维度在于:合格投资者标准和人数标准。其中合格投资者标准是基础,通过投资限额的上下设定,甚至能够豁免人数标准的限制,美国众筹豁免即为一例。[1] 在我国,以人数标准判断,有限合伙的合伙人人数以及集合资金信托计划中都不能超过 50 人,[2] 证券公开发售不能超过 200 人,股权众筹的投资人数亦是如此。[3]

需要强调的是,股权众筹虽然大大降低了公众参与的门槛,但并没有改变投资风险。市场经济中,投资创始企业是典型的高风险高回报的投资,一般创始企业的成活率不到 50%,因此,几乎各国都将股权众筹的投资人限定于合格投资人。

合格投资者标准是以投资人的风险识别能力和承受能力为基准,非法吸收公众存款罪中的"社会公众"应为合格投资者之外的普通投资者。合格投资者的认定,对于证券发行人而言是一种登记披露豁免。换句话说,募资对象是否是合格投资者,是划分公募和私募的一个标准。如果是私募,则不构成公开募集资金,不是向社会公众集资。这背后的原因不难

---

〔1〕美国 2012 年《创业企业融资法案》(Jumpstart Our Business Startups Act,即"JOBS 法案")中众筹豁免规定了公司从投资者进行融资的限额。对年收入或资产净值低于 10 万美元的投资者而言,公司对其 12 个月内的筹资限额为 2000 美元或者该投资者年收入或净值的 5%。如果投资者年收入或资产净值超过 10 万美元,则其一年内的投资限额为其收入或净值的 10%,但在 12 个月内不得超过 10 万美元。除此之外,公司通过众筹豁免的最大融资限额一年之内不得超过 100 万美元。JOBS Act,Pub. L. No.302,126 Stat. at 315-21.

〔2〕《合伙企业法》对有限合伙的合伙人人数有明确的规定,该法第 61 条规定:"有限合伙企业由两个以上五十个以下合伙人设立,但是法律另有规定的除外。有限合伙企业至少应当有一个普通合伙人。"《信托公司集合资金信托计划管理办法》(第 5 条第 3 款)中对信托计划的投资者人数进行了规定,"信托公司设立信托计划,应当符合以下要求:单个信托计划的自然人数不得超过 50 人,但单笔委托金额在 300 万元以上的自然人投资者和合格的机构投资者数量不受限制。"

〔3〕2011 年 11 月 23 日,《国家发展改革委办公厅关于促进股权投资企业规范发展的通知》,发改办财金【2011】2864 号。其第 1 条第 4 项规定:"股权投资企业的投资者人数应当符合《中华人民共和国公司法》和《中华人民共和国合伙企业法》的规定。投资者为集合资金信托、合伙企业等非法人机构的,应打通核查最终的自然人和法人机构是否为合格投资者,并打通计算投资者总数,但投资者为股权投资母基金的除外"。

理解,既然法律设置非法集资的落脚点在于保护投资者,因此,投资者的身份和资质显然是用来界定非法集资社会性的最为重要的标准之一。无论是从投资自由还是司法资源的有效利用,只有那些普通的公众投资者才需要法律给予特别保护,而富有经验的投资者(sophisticated investors)被推定为有能力自我保护。[1] 从各国经验来看,界定私募中的交易对象范围,不外乎三个标准:(1)投资经验:主要是金融机构和机构投资者;(2)特殊关系:例如集资者的高级管理人员或者亲友;(3)财富标准:有钱人。[2] 在一些投资理财产品中,目前我国虽有一些合格投资者的界定,[3]但缺乏统一的标准,[4]而且法律效力层次较低,不仅在司法实践中并没有得到很好的采用,反而纵容了一些"合格投资者",利用维稳导向的救济机制,通过制造外在压力,试图谋求无风险高收益。这在众筹涉及非吸等罪名时,同样不得不察,值得审慎对待。

规制众筹,其政策考量的核心在于实现鼓励创业、促进资本形成与投资者保护之间的平衡。需要指出的是,投资者权益需要通过建立和完善多元规则体系——民事、行政、和刑事的三重责任体系提供立体保护。这

---

〔1〕各国往往通过对投资者资质的要求限定私募对象的范围。例如,美国《证券法》中就使用了"获许投资者"(accredited investor)、《证券交易法》中使用了"合格投资者"(qualified investor)、《投资公司法》中使用了"合格购买人"(qualified purchaser)等概念来界定私募中的交易对象范围。

〔2〕机构投资者有丰富的投资经验,显然不需要法律的保护;集资者的高级管理人员和亲友基于与集资者的关系,熟悉集资者的情况,有能力保护自己;基于财富标准的理由则在于:这些投资者即使没有足够的投资经验作出明智的投资判断,也有财力聘请专业机构帮助他们投资,另外,足够的财富也使得他们有能力承担投资风险。

〔3〕《信托公司集合资金信托计划管理办法》(第6条)以信托计划的投资金额及投资者的财产情况作为投资者风险承担能力的判断标准,并借此对合格投资者作了明确的界定。合格投资者是指符合下列条件之一,能够识别、判断和承担信托计划相应风险的人:(一)投资一个信托计划的最低金额不少于100万元人民币的自然人、法人或者依法成立的其他组织;(二)个人或家庭金融资产总计在其认购时超过100万元人民币,且能提供相关财产证明的自然人;(三)个人收入在最近3年内每年收入超过20万元人民币或者夫妻双方合计收入在最近3年内每年收入超过30万元人民币,且能提供相关收入证明的自然人。

〔4〕上海2011年《关于本市股权投资企业工商登记等事项的通知》规定"单个自然人股东(合伙人)的出资额应不低于人民币500万元",而天津保税区管委会的文件中则规定"单个机构投资者的出资额不得低于2000万元",自然人出资人应提供1000万元以上的自由金融资产证明"。

三重责任体系之间的关系,打一个比方,就像一座冰山,浮出水面的冰山一角是刑事规制,水面以下是行政责任和民事责任,其中尤以民事责任为基础。反观我国目前的法律现实,资本市场上的民事责任由于诉讼机制的局限,投资者难以通过司法程序寻求充分及时的救济,而行政监管又存在比较明显的监管效率、监管漏洞和监管俘获的问题,这造成了我国资本市场上,刑事规制从后台走向前台。其实,刑法规制非法集资的最终目的依然落脚在投资者保护。因此,投资者的身份和资质显然是用来界定非法集资社会性的最为重要的标准之一。无论是从投资自由、便利资本形成、还是司法资源的有效利用,只有那些普通的公众投资者才需要法律给予特别保护,而富有经验的投资者被推定为有能力自我保护,很多时候根本不需要刑事介入。也基于此,刑法对众筹等投资者的保护只能是最后的选择,完善信息披露,开放私法救济以及引入举报奖励才是更为有效的措施。

（肖凯　撰）

参考文献

一、中文著作

［德］托马斯·魏根特：《德国刑事诉讼程序》，岳礼玲、温小洁译，中国政法大学出版社 2003 年版。

［美］艾伦·德肖微茨：《最好的辩护》，唐交东译，法律出版社 1994 年版。

［美］爱伦·斯黛丽、南希·弗兰克：《美国刑事法院诉讼程序》，陈卫东、徐美君译，中国人民法学出版社 2002 年版。

［美］查尔斯·麦基：《非同寻常的大众幻想与全民疯狂》，黄惠兰、邹林华译，北方联合出版传媒（集团）股份有限公司 2010 年版。

［美］米尔伊安·R·达玛什卡：《司法和国家权力的多种面孔——比较视野中的法律程序》，郑戈译，中国政法大学出版社 2004 年版。

［意］杜里奥·帕瓦多尼：《意大利刑法学原理》，陈忠林评译，中国人民大学出版社 2004 年版。

卞建林：《刑事诉讼的现代化》，中国法制出版社 2003 年版。

卞建林译：《美国联邦刑事诉讼规则和证据规则》，中国政法大学出版社 1996 年版。

陈瑞华：《比较刑事诉讼法》，中国人民大学出版社 2010 年版。

第一财经新金融研究中心：《中国 P2P 借贷服务行业白皮书（2013）》，中国经济出版社 2013 年版。

丁邦开、周仲飞：《金融监管学原理》，北京大学出版社 2004 年版。

宋冰编：《程序、正义与现代化》，中国政法大学出版社 1998 年版。

宋冰编：《读本：美国与德国的司法制度及司法程序》，中国政法大学出版社 1998 年版。

高铭暄、马克昌主编：《刑法学》，北京大学出版社、高等教育出版社 2007 年版。

顾肖荣、张国炎：《证券期货犯罪比较研究》，法律出版社 2003 年版。

郭雳：《美国证券私募发行法律问题研究》，北京大学出版社 2004 年版。

胡启忠等著：《金融犯罪论》，西南财经大学出版社 2001 年版。

黄赤东、高圣平：《公司法及配套规定新释新解》，人民法院出版社 2000 年版。

江礼华、杨诚主编：《外国刑事诉讼制度探微》，法律出版社 2000 年版。

赖英照：《证券交易法逐条释义》（第 4 册），台湾三民书局 1991 年版。

雷兴虎：《股份有限公司法律问题研究》，中国检察出版社 1997 年版。

李学军：《美国刑事诉讼规则》，中国检察出版社 2003 年版。

梁治平编：《法律的文化解释》，北京三联书店 1994 年版。

零点财经、零点数据：《众筹服务行业白皮书（2014）》，中国经济出版社 2014 年版。

林钰雄：《干预处分与刑事证据》，北京大学出版社 2010 年版。

刘连煜：《新证券交易法案例研习》，元照出版有限公司 2007 年版。

刘宪权、谢杰：《证券期货犯罪刑法理论与实务》，上海人民出版社 2012 年版。

马克昌主编：《犯罪通论》，武汉大学出版社 2001 年版。

闵钐：《中国检察史资料选编》，中国检察出版社 2008 年版。

彭东主编：《刑事司法指南》（总第 50 集），法律出版社 2012 年版。

裘索：《日本国检察制度》，商务印书馆 2011 年版。

苏惠渔：《刑法学》，中国政法大学出版社 1997 年版。

苏永钦《司法改革的再改革》，月旦出版社 1998 年版。

孙长永：《侦查程序与人权——比较法考察》，中国方正出版社 2000 年版。

王桂五：《王桂五论检察》，中国检察出版社 2008 年版。

王兆鹏：《刑事被告的宪法权利》，元照出版公司 1999 年版。

魏武：《法德检察制度》，中国检察出版社 2008 年版。

谢佑平、万毅：《刑事诉讼法原则：程序正义的基石》，法律出版社 2002 年版。

杨正万：《辩诉协商问题研究》，贵州人民出版社 2002 年版。

阴建峰、周如海主编：《共同犯罪适用中疑难问题研究》，吉林人民出版社 2001 年版。

张军主编：《破坏金融管理秩序罪》，中国人民公安大学出版社 1999 年版。

张明楷：《刑法学》（第四版），法律出版社 2011 年版。

张明楷：《诈骗罪与金融诈骗罪研究》，清华大学出版社 2007 年版。

张旭娟：《中国证券私募发行法律制度研究》，中国法律出版社 2006 年版。

张勇：《犯罪数额研究》，中国方正出版社 2004 年版。

郑曙光：《产权交易法》，中国检察出版社 2005 年版。

最高人民法院刑事审判第一庭主编：《现行刑事法律司法解释与适用》，人民出版社 2010 年版。

左卫民等著：《简易刑事程序研究》，法律出版社 2005 年版。

二、中文论文

曹坚：《构建专业化金融刑事司法体制之基本路径（一）》，载《上海金融报》2011年1月11日。

曹坚：《构建专业化金融刑事司法体制之基本路径（三）》，载《上海金融报》2011年1月25日。

曹坚：《金融犯罪刑事治理应关注三大问题》，载《上海金融报》2011年5月24日。

陈辐宽：《检察机关介入金融监管的依据与标准》，载《法学》2009年第10期。

陈光中、陈瑞华、汤维建：《市场经济与刑事诉讼法学的展望》，载《中国法学》1993年第5期。

陈国庆：《〈人民检察院检察建议工作规定（试行）〉解读》，载《人民检察》2010年第1期。

陈建旭：《日本规制证券犯罪的刑法理论探析》，载《北方法学》2010年第6期。

陈盈良、施光训：《金融舞弊犯罪动机、型态与侦查模式之探索研究》，载《警学丛刊》2006年第9期。

但伟、姜涛：《侦查监督制度研究——兼论检察引导侦查的基本理论问题》，载《中国法学》2003年第2期。

华为民：《检察引导侦查的基本内涵和基础理论》，载《人民检察》2001年第8期。

何兵：《纠纷解决机制之重构》，载《中外法学》2002年第1期。

胡怀邦：《学习先进经验　杜绝金融腐败——英国、新加坡和香港地区防治银行业腐败的经验与借鉴》，载《中国金融家》2006年第3期。

黄京平：《宽严相济刑事政策的时代含义及实现方式》，载《法学杂志》2006年第4期。

黄祥青：《从多次盗窃数额累计谈法条信息解读的完整性》，载《法律适用》2010年第1期。

高西庆：《论证券监管权——中国证券监管权的依法行使及其机制性制约》，载《中国法学》2002年第5期。

高艳东：《恶意透支型信用卡诈骗罪疑难问题探析》，载《华东刑事司法评论》2003年第2期。

李开远：《证券交易法第一百五十五条第一项第三款处罚股价操纵行为——"相对委托"刑事责任之探讨》，载《铭传大学法学论丛》2006年6月总第6期。

李伊琳：《吴英：尖刀上的舞者》，载《21世纪经济报道》2009年4月27日，第9、10版。

林秉晖：《认罪协商法制之研究》，中原大学财经法律学系硕士学位论文。

林国全：《操纵行为之案例分析》，载《证券暨期货月刊》2004年第12期。

林喜芬、成凯：《程序如何衍生：辩诉协商的制度逻辑与程序改良》，载《厦门大学法律评论》2008 年第 1 期。

刘华、李伊琳：《悬崖拯救：浙江紧急解围"高利贷危机"》，载《21 世纪经济报道》2011 年 10 月 3 日第 2 版。

刘明祥：《刑法中的非法占有目的》，载《法学研究》2000 年第 2 期。

刘沛谞：《宽严相济视阈下罪刑圈的标准设定》，载《中国刑事法杂志》2008 年第 1 期。

刘沛谞：《宽严相济政策的模式构建与实证研判》，载《犯罪研究》2007 年第 1 期。

刘铁流：《检察机关检察建议实施情况调研》，载《人民检察》2011 年第 2 期。

罗培新：《美国金融监管的法律与政策困局之反思——兼及对我国金融监管的启示》，载《中国法学》2009 年第 3 期。

龙宗智：《宽严相济政策相关问题新探》，载《中国刑事法杂志》2011 年第 8 期。

龙宗智：《经济犯罪防控与宽严相济刑事政策》，载《法学杂志》2006 年第 4 期。

龙宗智：《转型期的法治与司法政策》，载《法商研究》2007 年第 2 期。

吕涛：《检察建议的法理分析》，载《法学论坛》2010 年第 2 期。

毛玲玲：《恶意透支型信用卡诈骗罪的实务问题思考》，载《政治与法律》2010 年第 11 期。

宁建海、乔苹苹：《论恶意透支型信用卡诈骗罪的法律适用》，载《中国刑事法杂志》2011 年第 12 期。

牛克乾：《犯罪数额的认定应遵循主客观相一致原则》，载《人民法院报》2008 年 8 月 13 日，第六版

裴苍龄：《再论推定》，载《法学研究》2006 年第 3 期。

冯果、田春雷：《从美国金融改革实践看我国金融无缝隙监管体系的构建》，载《武汉大学学报(哲学社会科学版)》2009 年第 6 期。

秦炯天、蔡永彤：《"检察引导侦查"机制的反思与展望》，载《中南大学学报(社会科学版)》2009 年第 3 期。

秦前红、黄明涛：《试论司法权的能动性——金融危机中的司法权论辩》，载《海峡法学》2010 年第 3 期。

青岛市中级人民法院课题组：《关于金融危机司法应对问题的调研》，载《山东审判》2010 年第 2 期。

邵庆平：《论相对委托之规范与强化——从证券操纵禁止之理论基础出发》，载《月旦民商法杂志》2008 年第 3 期。

孙有发：《基于集合竞价算法的股价短线操纵研究》，载《统计与决策》2011 年第 4 期。

宋茂国等：《略论操纵证券交易价格罪》，载《云南法学》1998 年第 2 期。

宋鹏举：《完善检察引导侦查机制的思考》，载《河北法学》2011 年第 9 期。

唐光诚：《中国检察制度面临的矛盾与宪法价值回归》，载《东方法学》2010 年第

1 期。

唐玉丽，曹晓烨：《配合与制约：检察机关捕诉关系探讨——完善捕诉衔接机制，确保诉讼监督职能实现》，载《湖南公安高等专科学校学报》2009 年第 5 期。

陶喜年：《吴英案全记录：亿万富姐的罪与罚》，《记者观察》2010 年第 3 期（下）。

田鹤城、惠怡：《涉众型金融犯罪中检察、银监部门合作模式探析》，载《西部金融》2012 年第 2 期。

万毅：《公诉策略之运用及其底限》，载《中国刑事法杂志》2010 年第 11 期。

万毅、李小东：《权力的边界：检察建议的实证分析》，载《东方法学》2008 年第 1 期。

王保树：《金融法二元规范结构的协调与发展趋势——完善金融法体系的一个视点》，载《广东社会科学》2009 年第 1 期。

王海侨：《恶意透支型信用卡诈骗罪适用若干疑难问题的界定》，载《南昌大学学报》（人文社会科学版）2013 年第 5 期。

王振中、李鹏：《美国"安然"司法调查对我国金融监管的启示》，载《国际金融》2007 年第 12 期。

项谷、姜伟：《检察建议：一种参与社会管理的软法机制》，载《中国检察官》2012 年第 4 期。

吴丹红：《不要让舆论决定吴英生死》，载《环球时报》2012 年 1 月 20 日。

肖晚祥：《恶意透支型信用卡诈骗罪认定中的新问题》，载《法学》2011 年第 6 期。

谢平、邹传伟、刘海二：互联网金融模式研究，载《新金融评论》2012 年第 1 期。

谢佑平、万毅：《中国引入辩诉协商制度的三重障碍》，载《政治与法律》2003 年第 4 期。

谢煜伟：《宽严并进刑事政策之省思》，载《月旦法学杂志》2005 年第 11 期。

徐燕平：《充分发挥检察职能，服务国际金融中心建设》，载《检察风云》2009 年第 18 期，第 62 页。

延红梅：《行政与司法手段并重：努力形成打击金融犯罪的合力》，载《中国金融》2005 年第 10 期。

杨福明：《次贷危机中的监管"失灵"与中国金融安全体系构建》，载《经济学家》2009 年第 7 期。

杨宏芹、林清红、朱铁军：《借用他人信用卡恶意透支的定性》，载《人民司法》2013 年第 10 期。

杨柳、王义杰：《上海市检察院检察长：上海金融犯罪案年超千件》，载《检察日报》2012 年 3 月 9 日。

杨武力、陆洋：《金融安全的刑事司法保护》，载《中国检察官》2009 年第 5 期。

喻伟、聂立泽：《单位犯罪若干问题研究》，载《浙江社会科学》2000 年第 4 期。

于莹：《论以虚伪交易方式操纵证券期货市场》，载《国家检察官学院学报》2003

年第 5 期。

翟兰云、陆昊:《股市"黑嘴"汪建中一审获刑七年》,载《检察日报》2011 年 8 月 4 日。

张步洪:《构建民事督促起诉制度的基本问题》,载《人民检察》2010 年第 14 期。

张建、俞小海:《集资诈骗罪对象研究中的认识误区及其辨正》,载《中国刑事法杂志》2011 年第 9 期。

张明楷:《刑法在法律体系中的地位——兼论刑法的补充性与法律体系的概念》,载《法学研究》1994 年第 6 期。

张绍谦:《试论行政犯中行政法规与刑事法规的关系——从著作权犯罪的"复制发行"说起》,载《政治与法律》2011 年第 8 期。

张勇:《检察一体化与金融检察专门机构职能模式选择》,载《法学》2012 年第 5 期。

赵峰、高明华:《金融监管治理的指标体系:因应国际经验》,载《财政金融》2010 年第 9 期。

郑少华:《论金融监管权的边界》,载《法学》2003 年第 7 期。

钟辉:《虚假贸易背景推高不良 银行叫停小微采购卡贷款》,载《21 世纪经济报道》2013 年 10 月 24 日。

钟瑞庆:《集资诈骗案件刑事管制的逻辑与现实》,载《法治研究》2011 年第 9 期。

周平:《证券市场犯罪的刑法规范简介》,载《中央政法管理干部学院学报》1998 年第 1 期。

周玉华:《宽严相济刑事政策的定位与司法适用》,载《法制日报》2009 年 12 月 9 日。

周友苏、廖笑非:《金融危机背景下中国金融监管模式的选择与完善》,载《清华法学》2009 年第 2 期。

周泽:《对孙大午"非法集资案"的刑法学思考——兼谈非法吸收公众存款罪的认定》,载《中国律师》2003 年第 11 期。

朱铁军:《犯罪数额累计问题研究》,载《法治研究》2009 年第 10 期。

四、英文论文

Ainslie, E. K. (2006). "Indicting Corporations Revisited: Lessons of the Arthur Andersen Prosecution," American Criminal Law Review, Vol. 43.

Barron, L. M. (2009). "Right to Counsel Denied: Corporate Criminal Prosecutions, Attorney Fee Agreements, and the Sixth Amendment", Emory Law Journal, Vol. 58.

Belleflamme, P., Lambert, T., & Schwienbacher, A. (2011). "Crowdfunding: Tapping the Right Crowd", Journal of Business Venturing, Forthcoming; CORE Discussion Paper No. 2011/32.

Bibas, S. (2005). "White-Collar Plea Bargaining and Sentencing After Booker", 47 WM. &. MARY L. REV. 721.

Brown, H. L. (2001). "The Corporate Director's Compliance Oversight Responsibility in the Post Caremark Era," Delaware Journal of Corporate Law, Vol. 26.

Dervan, L. E. (2007). "Plea Bargaining's Survival: Financial Crimes Plea Bargaining, a Continued Triumph in a Post-Enron World", Oklahoma Law Review, Vol. 60, No. 3, Fall.

Easterbrook, F. H. (2000). "Criminal Procedure as a Market System", Journal of Legal Studies, Vol. 12 (1983).

Farmer, J. E. (1984). "The Role of Treble Damages in Legislative and Judicial Attempts to to Deter Insider Trading", 41 WASH. &. LEE L. REV. 1069.

Fisher, G. (2000). "Plea Bargaining's Triumph", 109 Yale L. J. 857.

Garrett, B. L. (2007). "Structural Reform Prosecution," Virginia Law Review, Vol. 93.

Giudice, L. (2011). "Regulating Corporation: Analyzing Uncertainty in Current Foreign Corrupt Practices Act Enforcement", Boston University Law Review, Vol. 91.

Greenhouse, L. (2005). "Justices Unanimously Overturn Conviction of Arthur Andersen", New York Times, 2005 - 05 - 31, at C1.

Khanna, V. , &. Dickinson, T. L. (2007). "The Corporate Monitor: The New Corporate Czar?," Michigan Law Review, Vol. 105.

Mollick, E. (2014). "The Dynamics of Crowdfunding: An Exploratory Study", 29 J. Bus. Venturing 1, 3.

Ramirez, C. E. (2002). "Andersen Workers Settle Into New Careers," The Detroit News, 2002 - 12 - 01, at 1D.

Resnik, S. A. , &. Dougall, K. (2006). "The Rise of Deferred Prosecution Agreements," New York Law Journal, 2006 - 12 - 18, at 9.

Senko, M. (2009 - 2010). "Prosecutorial Overreaching in Deferred Prosecution Agreements," Southern California Interdisciplinary Law Journal, Vol. 19.

Schwartz, A. A. (2013). "Keep It Light, Chairman White: SEC Rulemaking Under the Crowdfund Act", 66 Vand. L. Rev. En Banc 43, 44 - 45.

Siconolfi, M. (1991). "NASD Is Developing Guidelines for Punitive Awards to Investors", WALL ST. J. , June 7, at C1.

Spivack, P. , &. Raman, Sujit. (2008). "Regulating the 'New Regulators': Current Trends in Deferred Prosecution Agreements," American Criminal Law

Review, Vol. 45.

Steven, B. C. (2012). "Crowdfunding and the Federal Securities Laws", Columbia Business Law Review, Vol. 2012, No. 1.

Suryawanshi, J., & Fox, J. (2007). "Shedding Light on Dark Liquidity", Insititutional Investor Journals, No. 1.

Swenson, T. (1995). "The German 'Plea Bargaining' Debate", 7 Pace Int'l L. Rev. 373.

Tomasic, R. (2011). "The financial crisis and the haphazard pursuit of financial crime", Journal of Financial Crime, Vol. 18, Issue 1.

Warin, F. J., & Schwartz, J. C. (1997 – 1998). "Deferred Prosecution: The Need for Specialized Guidelines for Corporate Defendants," Journal of Corporate Law, Vol. 23.

Wray, C. A., & Hur, R. K. (2006). "Corporate Criminal Prosecution in a Post-Enron World: The Thompson Memo in Theory and Practice," American Criminal Law Review, Vol. 43.

五、英文判决书

Michel v. City of Richland, 950 P. 2d 10, 13 (Wash. Ct. App. 1998).

New York Central & Hudson River Railroad v. United State, 212 U. S. 481, 489 – 491 (1909).

Pinkerton v. United States, 328 U. S. 640 (1946).

Robinson v. California, 370 U. S. 660, 665 – 667 (1962).

SEC v. Edwards, 540 U. S. 389, 397 (2004).

SEC v. W. J. Howey Co. , 328 U. S. 293, 299 (1946).

SEC v. WorldCom, Inc. , 273 F. Supp. 2d 43 1 , 432 (S. D. N. Y. 2003).

United Hous. Found. , Inc. v. Forman, 421 U. S. 837, 853 (1975).

United States v. Armstrong, 34 AM. CRIM. L. REV. 1071, 1080 n. 33 (1997).

United States v. Armstrong, 517 U. S. 456 (1996).

United States v. Arthur Andersen, LLP, No. CR II 02 - 121 (S. D. Tex. Mar. 7, 2002).

United States v. Arthur Andersen, No. 02 – 121 (S. D. Tex. June 15, 2002).

United States v. Arthur Andersen, 125 S. Ct. 2129 (2005).

United States v. Arthur Andersen, 374 F. 3d 281, 285 (5th Cir. 2004).

United States v. Ciocca, 106 F. 3d 1079, 1084 (1st Cir. 1997).

United States v. Guterma, 281 F. 2d 742, 745 (2nd Cir. 1960), cert. denied 364

U. S. 871.

United States v. HSBC Bank USA, N. A. , No. 12 – CR – 763 (E. D. N. Y. July 1, 2013).

United States v. Johnson, 383 U. S. 169, 172 (1966).

United States v. Mangovski, 785 F. 2d 312 (7th Cir. 1986).

United States v. Prudential Sec, Inc. , No. 94 – 21 89 (S. D. N. Y. Oct. 27, 1994).

United States v. Richter, 610 F. Supp. 480, 486 (N. D. Ill. 1985).

United States v. Stein, 435 F. Supp. 2d 330, 381 (S. D. N. Y. 2006).

United States v. Vasquez, 53 F. 3d 1216 (11th Cir. 1995).

United States v. WakeMed, No. 5: 12 – CR – 398 – BO – 1 (E. D. N. C. Feb. 8, 2013).

Upjohn v. United States, 449 U. S. 383, 389 (1981).

后　记

　　金融犯罪的检察治理是刑事法领域中非常值得关注的理论范畴,本书只是在此方面做了一个初步尝试。本书能呈现在读者面前,首先有赖于参加撰写该书的各位理论学者与实务专家,其中,除了上海实务界的几位朋友肖凯处长、吴卫军副处长、吴波副检察长、李小文博士和黄翀博士,还包括浙江大学叶良芳教授和南开大学高通教授,良芳兄是我在哥伦比亚大学法学院的学友,高通兄在我家乡天津的南开法学院工作,他们都为人谦和,对金融检察有自己独特的思考。虽然大家在撰写的篇幅上有多又少,内容上有理论有实务,维度上有程序有实体,但都贡献了各自所长,均写下了各自的研学心得。在此,融合一体,希望对解决近年来金融检察实务中的各种问题能有所助益。

　　本书初期酝酿得益于笔者于2013至2014年期间在上海市人民检察院法律政策研究室的挂职经历。在此,感谢上海市人民检察院和交大法学院给了我一次"理论联系实务"的宝贵机会。作为中国金融犯罪检察治理的试点单位,上海市人民检察院在该领域的诸多改革举措均非常有特色,这启发我们从理论上进行更深入的思考。在挂职期间,研究室陶建平主任、张少林、肖宁副主任以及其他同事给我提供了诸多帮助,让我对上海刑事司法实务有了更深入的了解。另外,此书很多想法和素材还得益于与上海刑事司法实务界的交流与探讨,每次参与司法实务机关组织的带有改革或试点色彩的研讨会或专题会,总能得到很多新的动态、信息与启发。每次与忙碌于各级法院、检察院、公安不同业务条线的司法机关朋友以及律师朋友交谈,对我都是一种全新的体验。在此,恕我不一一提及他们的名字。本书后期完成也得益于很多学术界师友的指点、帮助。初稿完成后，上海交通大学金融检察法治研究基地主任张绍谦老师不仅提出一些真知灼见，还欣然为拙著作序推介，在此谨致以特别的感谢。

最后，感谢上海三联书店的冯静博士和郑秀艳编辑，她们在编辑本书过程中付出了很多精力！在编辑过程中，张弛博士、孔倍锐、汤正、华思成、苏世琦、吴含章等同学帮忙校对了部分章节的内容，在此一并感谢！

林喜芬
于香槟
二零一六年八月十六日

图书在版编目(CIP)数据

金融检察与金融刑法：程序与实体的双重维度/林喜芬等
著. —上海：上海三联书店,2017.4
ISBN 978 - 7 - 5426 - 5699 - 5

Ⅰ.①金…　Ⅱ.①林…　Ⅲ.①金融监管－金融法－研究－中
国②金融－刑事犯罪－刑法－研究－中国
Ⅳ.①D922.280.4②D924.334

中国版本图书馆 CIP 数据核字(2016)第 235416 号

金融检察与金融刑法——程序与实体的双重维度

著　　者 / 林喜芬　肖　凯等

责任编辑 / 冯　静　郑秀艳
装帧设计 / 汪要军
监　　制 / 李　敏
责任校对 / 张大伟

出版发行 / 上海三联书店
　　　　　(201199)中国上海市都市路 4855 号 2 座 10 楼
邮购电话 / 021 - 22895557
印　　刷 / 上海叶大印务发展有限公司

版　　次 / 2017 年 4 月第 1 版
印　　次 / 2017 年 4 月第 1 次印刷
开　　本 / 640×960　1/16
字　　数 / 220 千字
印　　张 / 17.25
书　　号 / ISBN 978 - 7 - 5426 - 5699 - 5/D・337
定　　价 / 42.00 元

敬启读者,如发现本书有印装质量问题,请与印刷厂联系 021 - 66019858